세계를 품다
2016

GLOBAL LEADERS

세계를 품다
2016

글로벌 리더 선정자 30인 지음

매일경제신문사

매경미디어그룹 회장
장대환

　'2016 대한민국 글로벌 리더' 수상자로 선정되신 기업 및 기관 대표자 여러분께 먼저 진심으로 축하의 말씀을 올립니다.

　매경미디어그룹은 대한민국 경제 발전을 위해 기여하고 계신 우리나라 최고의 리더들을 세상에 알리고 그 살아있는 경영 스토리를 전파함으로써 공적을 치하하고 귀감이 되도록 하기 위해 '2016 대한민국 글로벌 리더 상賞'을 제정했습니다. 이 상은 산업통상자원부를 비롯해 전국경제인연합회, 대한상공회의소, 한국무역협회, 동반성장위원회가 후원해주셨습니다.

　지금 대한민국 경제는 전례 없는 위기상황에 직면해있습니다. 글로벌 금융위기의 여파에서 완전히 회복하지 못한 채 저성장의 늪에 빠졌고 기업들은 생존을 위해 몸부림치느라 제대로 된 일자리를 창출하지도 못하고 있습니다. 특히 중국 기업들의 맹추격으로 글로벌 시장에서 우리 대기업들의 입지는 날로 좁아지고 있습니다.

정부 역시 내수 활성화와 일자리 창출, 수출경쟁력 강화를 위해 다양한 정책을 쏟아내고 있지만 상황이 호전되고 있다는 신호는 아직 감지되지 않고 있습니다.

지금과 같은 힘든 시기에 여러분은 혁신적이고 창조적인 방법으로 여러 악재를 꿋꿋이 이겨냈을 뿐 아니라 조직을 계속 성장 및 발전시키셔서 글로벌 리더로 선정되셨습니다. 여러분은 남들보다 한발 앞서 미래를 내다보는 혜안과 냉철한 판단력으로 새로운 시장을 만들고 끊임없이 일자리를 창출하고 있습니다. 여러분 같은 리더가 늘어나야만 지금 대한민국 경제가 처한 위기를 극복할 수 있을 것입니다. 이렇게 자랑스러운 분들의 공적을 매경미디어그룹에서 치하할 수 있게 된 데 대해 큰 자부심을 느낍니다.

글로벌 리더 여러분들께서는 앞으로도 창조적인 마인드와 미래를 꿰뚫는 통찰력으로 기업을 세계 속에 우뚝 세워주시길 당부드립니다. 대한민국을 지금보다 더 나은 국가, 국민이 행복한 국가로 만드는 데 여러분이 앞장서주시길 기대합니다.

저희 매경미디어그룹이 글로벌 리더를 선정하는 궁극적 목표
가 바로 여기에 있습니다.

선정자 심사 과정에서 오랜 기간 수고해주신, 홍석우 위원
장님을 비롯해 바쁜 와중에도 심사에 열성껏 참여해주신 심사
위원 여러분께도 감사의 말씀을 드립니다.

선정자 여러분께 다시 한 번 경의를 표합니다.

추천사

2016 대한민국 글로벌 리더 선정위원장
홍석우

대한민국을 글로벌 경제 대국으로 이끄는 리더들의 공적을 치하하자는 취지에서 2013년 처음 시작한 글로벌 리더 제정이 올해로 4회째를 맞이했습니다. 매년 추천사를 쓸 때마다 경제가 힘들다고 얘기했지만 시간이 지날수록 국민이 체감하는 어려움은 더 심해지는 것 같아 참으로 안타깝습니다.

지금 대한민국 경제는 30년 전 시작된 일본의 '장기 저성장'을 쫓아가는 것 같습니다. 정부에서 돈을 풀어도 서민에게 온기가 전달되지 않고 내수가 살아나지 않으니 중소기업들은 경영난에 시달립니다. 기업이 힘들다 보니 일자리도 생겨나지 않고 있습니다. 흙수저니 헬조선이니 하는 자조적 말이 나오는 것을 볼 때 젊은이들의 열정도 바닥을 기고 있는 것으로 보

7

입니다.

청년들의 열정이 식고 있다는 것은 결국 경제 전반에 영향을 미칩니다. 열정이 없다면 경쟁력 있는 인재가 배출될 수 없습니다. 기업은 인재가 끊임없이 공급돼야 제 기능을 합니다. 이미 우리 기업의 노동생산성은 점점 떨어지고 있습니다. 혁신적인 기술로 승부하려 해도 중국이 무서운 속도로 추격해오고 있습니다. 이런 상황에서 쓸만한 청년 인재 마저 줄어든다면 상황은 갈수록 악화될 것입니다.

하지만 상황을 부정적으로만 봐서는 안 됩니다. 위기는 곧 기회이기도 합니다. 다 같이 어려운 지금 창조적인 해법을 찾아낸다면 대한민국은 진정한 선진국 반열에 오를 수 있습니다. 이럴 때 필요한 것이 바로 리더입니다. 우리는 이미 여러 차례 리더의 힘을 경험했습니다. IMF 사태로 잘 알려진 1990년대 외환위기나 2000년대 초반 카드대란 등으로 경제가 휘청일 때마다 리더들은 솔선수범의 자세로 우리 경제를 정상으로 돌리는 데 일조했습니다. 지금 대한민국 경제는 다시 한 번 리더의 역할을 요구하고 있습니다.

매경미디어그룹은 이 같은 시대적 요구에 부응하고자 '2016 대한민국 글로벌 리더'를 선정했습니다. 서비스, 환경,

사회공헌, 기술혁신, 브랜드, 인재양성, 경영혁신, 품질 및 R&D 등 8개 분야로 나눠 각 분야에서 혁혁한 성과를 일궈낸 기업과 공공기관 30곳이 최종적으로 글로벌 리더에 이름을 올리셨습니다.

글로벌 리더 여러분은 급변하는 경영환경과 무한경쟁의 시장 속에서 뛰어난 리더십으로 조직과 국가의 발전을 이끌어오셨습니다.

저를 포함한 선정위원들은 글로벌 리더에 부합하는 분을 찾고자 노력에 노력을 거듭했습니다. 글로벌 경영 성과나 재무구조는 물론, 기업의 사회적 공헌도, 고객만족도, 고용창출, 노사관계에 이르기까지 평가할 수 있는 모든 지표를 고루 반영했습니다. 특히 지금보다 내일이 더 기대되는 작지만 강한 중견·중소기업 중심으로 발굴하기 위해 노력하였습니다.

선정된 글로벌 리더 여러분들이 많은 기업과 청년들에게 희망이 되어주시기를 부탁드립니다. 다시 한 번 수상기업과 기관을 대표해 수상하는 대표자분들에게 축하와 감사의 말씀을 전합니다.

9

CONTENTS

송창근 회장

KMK GROUP

KMK그룹

송창근 회장

학력
1978   대전 충남 고등학교 졸업
1985   울산대학교 기계공학과 졸업

경력
1990~現   KMK GROUP 회장
2009~2013   재 인도네시아 한국 신발협회 1, 2대 회장
2009~現   아시아 한상 연합회 부회장
2013~現   재 인도네시아 한인 상공회의소 회장
2014~現   세계 한상 대회 리딩 CEO
2015~現   제14차 세계 한상 대회 대회장
            제17기 민주 평화 통일 자문회의 아세안 지역
            부의장

상훈
1993   대한민국 국무총리 표창 수상
2000   대한민국 국민 포장 수상
2001   인도네시아 대통령 표창 수상
2007   인도네시아 대통령 표창 수상(여성 근로자들이
        가장 일하기 좋은 회사 선정)
2011   대한민국 국민훈장 수상(석류장)
2012   인도네시아 대통령 표창 수상(여성 근로자들이
        가장 일하기 좋은 회사 선정)
2015   재외동포신문 올해의 인물상 수상(한인 경제 부문)
        제6회 월드 코리안 대상 수상(국가 브랜드 부문)

KMK GROUP

KMK글로벌스포츠그룹

KMK글로벌스포츠그룹은 1989년 인도네시아에서 설립된 기업으로 나이키, 컨버스, 헌터 등 세계적인 브랜드의 풋웨어Footwear를 제조하고 있다. 인도네시아 로컬 스포츠신발 브랜드인 이글과 고무재생센터Rubber Recycling Center 등 총 6개 사업체로 구성되어 있으며 약 2만여 명의 종업원이 일하는, 연매출 2억 5,000만 달러 규모의 글로벌 기업이다. KMK는 1989년 전신이었던 KMJ로 설립된 이래 25년간 글로벌 스포츠신발 제조업체로서 끝없는 혁신과 개선을 통해 고객에게는 최상의 품질을 제공하고 내부적으로는 직원으로부터 사랑과 신뢰를 쌓는 인간중심 경영을 실천하는 기업이다.

1989년 아디다스 및 리복으로 시작하여 1995년 세계적인 브랜드 나이키 신발 생산, 지금까지 20년간 특수화 신발(포화신발 1위)을 개발, 생산하고 있다. 2000년 사명을 KMK Global Sports사로 변경하고 기존의 신발 공장 이미지를 완전히 탈피하는 현대적인 시설의 친환경 공장 'K1'을 설립했고 2001년에는 아시아 최초로 컨버스 브랜드 신발을 생산하는 업체로 지정되어 현재의 컨버스가 최고의 브랜드로 재탄생 되는 인큐베이터의 역할을 담당하였다. 2006년 인도네시아 로컬 스포츠신

KMK 본사 생산현장 전경. 약 15,000명의 직원들이 근무하고 있는 이 곳은 세계 최고의 신발인 나이키 등 브랜드 신발들을 생산하고 있다.

발 브랜드인 이글을 인수하여 주문자상표부착$_{OEM}$ 방식 사업에서 자체 브랜드로까지 영역을 넓혀, 현재 이글은 내수 시장에서 선두권 스포츠 브랜드로 자리매김하고 있다. 2011년 KMK는 인도네시아 최초로 영국 프리미엄 패션 브랜드 헌터를 생산하기 시작했다. 20년간 축적된 신발 개발, 생산 노하우를 바탕으로 단기간 내 헌터브랜드의 메인 생산 기지로서 발돋움하였고, 스포츠 신발, 샌들, 부츠에 이르기까지 사업영역을 다각화하며 글로벌 스포츠 풋웨어 제조업체로서 보다 확고히 자리매김하였다.

2016년 현재 약 2만 명의 현지 종업원 그리고 연간 약 2억 5,000만 달러의 매출을 내는 기업으로 성장했다. KMK는 2017년 완공을 목표로 2개의 신발 공장을 건설 중이다. 증설을 통해 총 월 300만 족 생산체제를 갖추고, 2025년까지 10억 불 매출을 목표로 하고 있다.

인도네시아 신발산업의 선구자

KMK글로벌스포츠그룹은 1989년 설립 이후 지난 25년간 인도네시아 신발산업의 중심 역할을 해왔다. 송창근 KMK 회장은 1988년 단돈 300달러를 들고 인도네시아로 건너가 현지 기업인과 해외 바이어의 신뢰와 도움을 받아 신발 사업을 시작했다.

평소 송창근 회장은 '기업은 곧 사람' 즉, 인간중심 경영철학 Human Touch Management을 바탕으로 정직한 경영을 해오고 있다. 1998년 국제통화기금IMF 외환위기로 촉발된 인도네시아 폭동 당시 수많은 외국계 기업이 인도네시아를 떠났지만, 송 회장은 종업원들을 위해 자리를 지켰으며 미국 바이어에게 직접 찾아가 종업원들의 목소리를 담아 호소함으로써 생산량을 유지하기도 했다. "당신의 베이비baby를 나에게 주면 우리 종업원들과 내

2006년 자사 현지 내수 브랜드 이글의 20주년 기념 행사가 자카르타에서 열렸다. 송 회장은 이날 관련 업체 및 모든 직원들에게 감사 인사를 전달하고 새로운 도약을 다짐하고 있다.

가 부모가 자식을 키우듯 정성을 다해 키우겠습니다." 당시 송창근 회장이 나이키에 직접 찾아가 했던 이 말은 지금까지도 유명한 일화로 회자되고 있다.

2006년에는 인도네시아 자체 브랜드인 이글Eagle을 인수해 인도네시아 내수시장 1위 브랜드로 성장시켰다. 2011년에는 세계적인 패션 부츠 브랜드 헌터를 인도네시아 최초로 생산해 현재까지 안정적으로 성장 중이다. 이처럼 KMK는 전 세계 3위 신발 생산국인 인도네시아에서 신발산업의 발전을 선도하는 모범기업으로 성장하고 있다.

인간중심 경영으로 지역사회서 존경받아

KMK글로벌스포츠그룹은 휴먼경영으로 회사의 사회적 위상이 강화하고 있다. 대내적으로는 노사 간 협력을 위해 끊임없이 노력하고 있다. 송창근 회장은 종업원을 사랑하는 마음으로 회사 창립 이후부터 '기업은 곧 사람'이라는 핵심 가치를 강조해오고 있다. 인도네시아인들의 민족성을 고려해 한국 같은 수직적 조직문화를 지양하고 가족 같은 분위기를 만들기 위해 임원진부터 사랑을 실천하고 있다.

송 회장을 비롯한 KMK 경영진은 종업원이 일하고 싶은 회사, 종업원의 목소리에 귀 기울이는 회사를 만들기 위해 종업원 거주 지역 방문, 명절 인사, 사내 병원과 이발소 등을 만들었으며 종업원을 위한 세심한 배려로 인도네시아 정부에서 선정한 여성들이 가장 일하고 싶은 회사로 2차례 선정되기도 했다.

특히, 종업원 거주 지역 방문의 경우 송창근 회장은 1998년 처음 시작하여 사업체별로 직원을 선정, 직접 방문해오고 있다. 송 회장이 방문하는 날은 그 마을의 큰 잔치가 열리는 날이다. 마을의 가장 나이가 많은 어른부터 아이까지 모두 그 직원의 집 앞에 모여 마음껏 즐기고 노래하고 먹는 잔치가 벌어진

매월 열리는 현지 직원 마을 방문의 날. 송 회장이 방문하는 날은 그 마을의 잔치가 열리는 날이다. 수백 명의 직원 및 마을주민들이 함께 어울리며 교제하고 나눔의 시간을 갖는 자리이다.

다. 그리고 송 회장은 단지 방문에 그치지 않고 실질적으로 도움을 주고자 한다. 마을 발전 기금 전달, 집수리 및 보수 등을 해오고 있으며, 고아와 아이들을 위한 교육 장학금 지원 등 현재까지 매월 빠지지 않고 18년이 넘게 이 일을 해 오고 있다. 이러한 일들은 모두 직원을 신뢰와 믿음을 바탕으로 함께 교감하고 소통하며, 직원들의 마음을 터치하는 감동을 주는 경영을 해야 한다는 송 회장만의 특별한 휴먼경영 철학이 녹아 있기에 가능한 일이다.

KMK글로벌스포츠그룹의 비전은 크게 스마일SMILE로 요약

된다. 스마일의 S는 지속가능성_{Sustainability}을 뜻한다. 고객과 협력업체, 내부 임직원 모두에게 다양하고 새로운 경험 및 가능성을 제공하기 위해 노력하며 끝없는 도전과 역량 강화 그리고 품질 향상을 통해 지속적으로 성장해 나가는 기업이 되겠다는 메시지다. M은 문화 다양성_{Multi-Culture}이다. KMK는 인종, 민족, 종교, 언어, 국적에 구애되지 않는 다양한 문화를 존중하는 기업을 표방한다. 능력 및 개성을 가진 개개인을 존중하고 채용하며 국적, 성별, 경력에 구애되지 않는 글로벌 경영을 전개하고 모두의 의견을 존중하는 글로벌 그룹, 이것이 바로 KMK의 지향점이다. I는 혁신_{Innovation}이다. 혁신 및 재창조 그리고 개선을 통한 변화를 추구하며 지속적인 발전과 결과를 내어놓기 위해 끊임없이 노력하는 것이다. L은 사랑_{Love}으로, 나누면 반이 되는 것이 아닌 배가 되는 가치다. KMK는 직원, 고객, 관계사 등 함께 하는 모든 사람을 사랑하고 기업으로서 사회적 책임활동을 통해 지역사회와 함께 나눔으로써 같이 성장하고 더 크게 발전해 나가는 기업이 되고자 한다. 끝으로 E는 우수함_{Excellence}이다. 오직 최고의 가치만을 전달하기 위해 헌신하는 기업이라는 의미다.

송창근 회장은 평소 '보스'와 '리더'의 차이를 강조한다. 그

새해 첫날 이른 아침 출근 시간. 회사 정문에서 만여 명이 넘는 전 직원들과 한 명 한명 악수를 나누고 있는 송창근 회장.

가 말하는 보스는 직원들을 내려다보며 명령과 지시만을 한다. 두려움이라는 모티베이션을 사용해 조직을 통제하고 조직 구성원들로부터 대우받기만을 바란다. 이런 사람은 말만 앞설 뿐 직접 나서서 조직을 이끄는 경우는 드물다. 반면 리더의 자리는 위에서 직원들을 내려다보며 지시하는 위치가 아니라 직원들과 동일한 눈높이에서 그들이 올바른 방향을 찾도록 이끌어 주는 자리라는 것이 송 회장의 생각이다.

송 회장은 KMK의 리더와 직원들을 코치와 선수들에 비유하곤 한다. 리더는 회사와 직원들을 코치하는 역할을 하지만 직원들이야말로 회사를 위해서 달리는 선수들이다. 각각의 직원들이 그들의 위치에서 잠재력을 이끌어내고 역량을 발휘할 수 있도록 멘토가 되어주고 코치의 역할을 해 주는 것이 리더의 역할 중 하나라는 것이다.

송 회장은 리더라면 기업이라는 울타리를 넘어 국가에 사회적 책임감을 가지고 있어야 한다고 강조한다. 물론 회사의 리더로서 우선 직원들에게 가장 무거운 책임을 가져야 하지만 개개인의 직원들 또한 한 가정의 아버지, 어머니, 아들, 그리고 딸로서 그들의 사회적 역할이 있다는 것이다. 이렇게 조금씩 시각을 확장하면서 송 회장은 기업의 리더가 사회 전체에 얼마나 큰 영향을 가지고 있는지 새삼 무거운 책임감을 느낀다고 한다. 사회가 없다면 기업이 설 수 없듯 KMK 역시 기업이라는 조직을 넘어 지역사회에 이바지할 수 있도록 노력하고 있다. 청년실업 문제 등 한국에서 일어나고 있는 크고 작은 사회 문제에도 관심을 기울이며 조금이나마 리더로서의 책임을 다하고자 한다.

인도네시아 한인 사회 발전에 기여

송 회장의 정직성과 열정이 만들어낸 또 하나의 자산은 인

'2014 세계한인차세대대회'에서 기조강연 중인 송창근 회장. 21개국 수백 명의 차세대 리더들이 참석한 가운데 송 회장은 휴먼터치 매니지먼트에 대한 기조강연을 하고 있다.

도네시아 현지 정치, 경제계의 인맥 네트워크이다. 2013년 제3대 재인도네시아 한인상공회의소 회장으로 취임한 이후 송 회장은 현재까지 인도네시아 한인 기업들의 발전뿐만 아니라 주한 대사관과 현지 부처 장관들과의 인적 네트워크 강화와 협력에도 노력을 다하고 있다. 우리는 주인이 아닌 손님으로서 이곳 인도네시아 있으며 한인들이 현지인과 함께 조화 속에서 위기를 극복해 나가야 한다는 것이 송 회장의 취지이다.

또한 송 회장은 2015년 10월 경주에서 열린 세계한상대회에서 역대 최연소 대회장을 역임하면서 한상 네트워킹 활성화와

전 세계 40여 개국 3,000여 명의 한상 및 국내 기업인이 모이는 제14차 세계 한상대회 오프닝. 역대 최연소 대회장으로 한상대회 역사상 최고의 성과를 거둔 대회로 평가되고 있다.

국내 중소기업의 해외진출과 견인이라는 두 명제 아래 대회장으로서 변화의 씨앗을 뿌리는 주역의 역할을 하였고, 특히 청년실업 문제에 한상 기업인들이 힘을 모으는 초석을 다졌다는 평가를 받았다.

열정이 만든 진취적 미래

KMK는 뜨거운 열정이 있기에 미래 비전 역시 진취적이다. KMK 임직원들은 스스로 자신의 능력을 발전시키고 성과를 향상시키는 데 힘쓰고, 끊임없이 자신을 혁신해가려는 의지로

인도네시아 국립대학 초청강연 중인 송창근 회장. 평소 젊은 인재의 중요성을
강조하는 송 회장은 젊은 학생들에게 '창의', '열정', '신뢰' 세 가지 성공 열쇠에
대하여 강연을 하고 있다.

똘똘 뭉쳐있다. 회사 역시 젊고 열정 있는 인재들을 키워 새로
운 미래를 열어갈 KMK의 주역으로 성장할 수 있도록 돕고 있
다. KMK는 구성원들의 땀과 열정, 헌신으로 KMK가 세계적
인 브랜드와 어깨를 나란히 하고, 나아가서는 전 세계에서 가
장 경쟁력 있는 기업으로 성장하는 것을 목표로 하고 있다.

KMK는 기업문화 역시 다른 기업들과 조금 다르다. 권위적
인 상명하복의 문화는 찾아볼 수 없다. 생산 현장의 근로자, 인
턴사원을 비롯해 모두가 자신의 목소리를 내고 의견을 개진할
수 있다. 누구나 더 나은 아이디어가 있다면 KMK는 언제든지

그들의 목소리를 들을 준비가 되어 있다. 직위를 불문하고 모두가 서로를, 그리고 서로의 아이디어를 존중하는 것이 KMK의 별다른 문화 중 하나다.

송창근 회장은 늘 임직원들에게 주인의식을 강조한다. 모든 임직원이 주인의식을 가질 수 있도록 기업의 리더로서 임직원들의 이름을 외우는 사소한 관심부터 시작해 20여 년간 생산 현장 직원들의 집을 꾸준히 방문하고 있다. 워크숍 등 사내 행사도 자주 연다. 이러한 사내 행사를 통해 직원들의 목소리를 직접 듣고 함께 하며 직원들과 보다 가까워지려는 노력이다. KMK는 이러한 문화를 25여 년간 발전시켜오고 있으며 젊은 세대에게 더 많은 기회를 마련해 줄 수 있도록 노력하고 있다.

편안함과 반복되는 일상에서 오는 매너리즘에 빠져 새로운 것에 도전하는 열정을 잃게 되는 경우를 주위에서 흔히 볼 수 있다. 이를 혹자들은 '컴포트 존Comfort Zone'이라고도 표현한다. 현재의 것에 만족하고 더 이상의 개선 및 발전이 없는 상태에 머무르는 것을 말한다. KMK는 이러한 모습에서 벗어나기 위해 끊임없이 도전적인 미션과 목표들을 직원들에게 주고 있다. 직원들이 주도적으로 스스로를 개발할 수 있도록 회사에서는 다양한 프로그램을 마련하고 있다.

사람이 곧 자산

'사람이 곧 자산' KMK의 경영철학을 한마디로 보여주는 문구다. 이처럼 KMK는 Human Touch Management 경영철학 아래 신뢰와 믿음을 바탕으로 직원들의 마음에 감동을 주고 있으며 직원과 함께 소통하고 직원이 원하는 것을 채워줄 수 있는 회사를 표방한다.

송 회장은 직원 또한 주주와 마찬가지로 투자자라고 생각한다. 투자자들이 돈을 투자한다면 직원은 돈이 아닌 인생을 투자한다는 논리다. 하루 24시간 중 대부분의 시간을 일터에서 보내는 직원들에게 직장은 인생에서 무엇보다 중요한 부분이고 많은 영향을 미칠 수 있다. 그런 점에서 회사는 이러한 투자자를 잘 관리해서 자산으로 남겨야 한다는 것이 송 회장의 인재경영이다. 실제 중소기업에서 경험 많고 일 잘하는 직원만큼 훌륭한 자산은 없다.

KMK는 2만여 명 모든 직원과 가족들이 회사 내에서 전문적인 진료와 처방을 무료로 받을 수 있도록 지원하고 있다. KMK 클리닉은 기본적인 치료 및 응급처치를 할 수 있게 시설이 되어 있고 현재는 안과 및 치과까지 의료 서비스를 늘렸다.

성공한 한인 사업가로서 송 회장은 우리 대한민국의 경제를 이끌어 나갈 미래가 젊은 청년들이라고 조언한다. 실제로 현재 15명 이상의 젊은 20대 청년들이 채용되었으며, 매년 인턴십을 통해 더욱 많은 젊은 인재들을 채용할 예정이다. 이는 미래 비전을 위한 경영패러다임의 교체와 변화를 꾀하고 더불어 대한민국 청년 실업 해소에 기여 하고자 하는 것이 송 회장의 취지다.

 젊은이의 호기심과 열정, 그리고 도전의식이 오늘의 발전을 이루었고, 기성세대가 지닌 지혜와 조화를 이룬다면 더 성장하는 대한민국이 될 수 있다고 그는 굳게 믿고 있다.

강성희 회장

캐리어에어컨

강성희 회장

학력
1981 한양대학교 문과대 졸업
1982 고려대학교 경영대학원 수료

경력
2000~現 ㈜오텍 대표이사/회장
2007~現 ㈜한국터치스크린 회장
2011~現 ㈜캐리어에어컨 대표이사/회장
　　　　　㈜캐리어냉장 대표이사/회장
2016~現 오텍-오티스 파킹시스템 대표이사/회장

상훈
2005 대통령상(신기술 실용화 부문)
2008 은탑산업훈장
2009 모범납세자상
　　　　한국을 빛낸 창조경영인(사회책임 부문)
　　　　노사 상생 양보교섭 실천기업 인증
2010 자랑스런 한국인 대상
　　　　한국을 빛낸 창조경영인(R&D경영 부문)
2011 한국 참언론인 대상 공로상
2012 서울특별시 장애인 체육대회 표창장
2013 대한민국 글로벌 리더 선정(창조경영 부문)
　　　　대한민국 창조경제 리더 선정(사회책임경영 부문)
2014 대한민국 글로벌 리더 선정(창조경영 부문)
　　　　고용노동부 노사협력 최고경영자 선정
　　　　행복더함 사회공헌대상(복지사회공헌 부문)
　　　　고령친화사업 육성사업 유공분야 보건복지부 장관 표창
2015 대한민국 글로벌 리더 선정(창조경영 부문)
　　　　한국을 빛낸 창조경영 대상(R&D경영 부문)
2016 한국을 빛낸 창조경영 대상(R&D경영 부문)

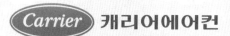

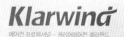

고객 만족이 흑자의 열쇠

캐리어에어컨은 2016년 디자인과 성능을 대폭 개선한 '에어로_{Aero} 18단 에어컨'을 출시했다. '에어로 18단 에어컨'은 바람의 세기를 18단계로 미세하게 조절하는 '18단 패밀리 에어컨트롤' 기능을 탑재했다. 세계 최초로 선보인 '18단 패밀리 에어컨트롤'의 개발 배경은 바로 '고객 만족'이다.

국내 특수목적 차량 1위 기업인 오텍의 강성희 회장은 2011년 캐리어에어컨을 인수했다. 인수 직후 강 회장이 내세운 캐리어에어컨의 전략 핵심은 고객이 원하는 1등 제품을 개발하는 것이었다. 강 회장은 지난 5년간 매년 100억 원 이상을 투입해 캐리어에어컨의 디자인을 개선하고 혁신적인 신제품을 개발하는 데 심혈을 기울였을뿐만 아니라 제품 이미지를 개선하기 위한 광고와 홍보도 꾸준하게 진행했다.

'고객 만족'을 위한 혁신은 실적에 그대로 반영됐다. 만년 적자기업이던 캐리어에어컨은 오텍 그룹이 인수한 지 1년 만에 매출 2,762억 원을 기록하며 흑자전환에 성공했다. 이후 가정용 에어컨 매출을 매년 20%씩 성장시켰으며, 국내 에어컨 3위 기업으로서의 자리를 굳건히 다졌다.

캐리어에어컨은 현재 광주 하남 산업단지 내 약 3만 평의 대

2015 한국냉난방공조전 캐리어에어컨 기념사진(가운데 강성희 회장)

규모 공장 시설에서 가정용, 상업용 및 산업용 에어컨을 생산하고 있으며 서울과 광주에 기술연구소와 정부 공인 시험연구소를 운영하고 있다. 2003년 국내 최초로 고효율 인버터 벽걸이 에어컨을 공급한 '원조 인버터 에어컨 개발 기업'으로, 이후로도 지속적으로 인버터 터보 냉동기, 고효율 흡수식 냉동기, 인버터 스크류 냉동기, 시스템 에어컨 등의 초절전 제품을 출시해오고 있다.

스피드 경영으로 빠른 변화와 성장을

강성희 회장은 끊임없이 변화하는 시장 상황에서 기업이 살아남기 위해서는 스스로를 능동적으로 변화시켜 나가야 한다는 모토 아래 '정도경영, 혁신경영, 스피드경영'을 경영철학으로 삼았다.

정도경영은 안정적인 수익 창출을 기반으로 기업 구성원 모두의 행복과 평안을 추구한다. 또한, 협력업체에는 동반성장의 기회로, 어려운 이웃에게는 희망이 되는 기업으로 성장하는 것이다.

혁신경영을 대표하는 키워드는 '30, 30, 30' 전략이다. '30, 30, 30' 전략은 기업의 수명과 혁신 사이클이 짧아지는 최근의 경쟁 상황에 대처하기 위해 기존의 것에 30%의 혁신을 통해 점진적으로 변화해야 한다는 이념을 의미한다.

세 가지의 경영철학 중 강 회장이 가장 강조하는 스피드 경영은 변화의 속도가 우리의 생존을 보장하는 것임을 인식하고, 구성원 모두가 자발적으로 변화에 참여해 빠른 경영혁신을 실천하는 것이다.

세 가지의 경영철학을 바탕으로 강 회장은 마케팅 및 영업 조직을 대폭 강화해 영업현장 중심으로 경영환경을 전환시켰다. 소비자에게 캐리어에어컨의 뛰어난 기술력이 접목된 제품을 널리 알리기 위한 것이었다. 다양한 브랜드 마케팅으로 인지도를 높이는 데 주력했고, 가정용 에어컨부터 시스템 에어컨까지 토탈 공조솔루션을 갖춘 기업임을 대외에 알렸다.

또한, 종업원과 정기적인 커뮤니케이션 회의를 진행해 종업원이 회사를 이해하고 주도적으로 업무를 추진할 수 있는 사내 분위기를 조성했다.

시장확대를 위한 불굴의 도전

캐리어에어컨은 일본의 도시바, 중국의 미디어 등 전 세계 180여 개국의 글로벌 캐리어 관계사와 정기적인 교류를 맺고 해외시장 진출에 속도를 내고 있다.

캐리어에어컨의 뛰어난 에너지세이빙 기술력은 유럽시장에서도 인정받고 있다. 지난해 4월 캐리어에어컨은 기존 심야전기 보일러와 비교해 최대 60%까지 에너지를 절감하는 '캐리어 인버터 하이브리드 보일러'를 업계 최초로 유럽시장에 수출하는 데 성공했다. 캐리어만의 에너지세이빙 기술력이 EU의 까다로운 CE 인증과 에너지 효율 기준을 통과하는 견인차 역할을 했다.

캐리어에어컨 인버터 하이브리드 보일러 선적식

　또한, 캐리어에어컨은 시속 300㎞ 이상의 고속철도에 탑재되는 냉난방 장치를 제작 및 생산할 수 있는 국내 유일의 기업이다. 2014년 브라질에 철도 차량용 에어컨 합작공장 준공 후, 지난해 8월 처음으로 현지 현대로템 브라질 법인 철도 차량기지로 제품을 초도 납품했다. 캐리어에어컨은 올해 말까지 총 836대의 철도 차량용 냉난방기를 공급할 계획이다.

　캐리어에어컨은 중국시장 공략에도 적극적이다. 지난해 2015년형 '이서진 에어컨'으로 세계 최대 규모의 중국 가정용 에어컨 시장에 처음 진출했다. 1년 내내 먼지와 황사가 심한 중국의 기후에 맞춘 냉방, 공기청정, 제습, 난방의 원터치 사계절 에어컨으로 각광을 받았다. 캐리어에어컨은 올해 출시한 '에어로 18단 에어컨'으로 중국을 넘어 유럽과 미주, 중동지역까지 공략할 계획이다.

이와 같은 성과를 바탕으로 2012년 8%에 불과하던 캐리어에어컨의 수출 비중은 2015년 20%까지 증가했다. 향후 3~4년 이내에 전체 매출에서 수출 비중을 50%까지 확대하는 것이 현재의 목표다.

최고의 냉난방공조시스템 기술력

캐리어에어컨은 차별화된 기술과 독자적인 시장을 가져야만 세계적인 기업으로 성공할 수 있다는 경영 철학을 가지고 특정 분야에서 독보적인 기술 선도 기업이 되기 위해 노력하고 있다.

캐리어에어컨이 신성장동력으로 삼은 사업은 빌딩 내 기계 설비를 제어해 에너지를 절감하는 BIS Building & Industrial System 부문이다. 캐리어는 인천국제공항, 킨텍스 전시장, 국립중앙박물관 등 국내 유수의 건물에 BIS 장치를 설치하고 운전 중에 있다. 최근에는 인천 2공항의 신규 오더와 1공항 교체용 터보 냉동기를 전량 수주했으며, 해외 수주 역시 진행 중이다.

올해 캐리어에어컨의 BIS 사업 전략의 핵심은 BIS 소프트웨어에 있다. 냉난방 기기뿐만 아니라 건물 전체의 에너지를 효율적으로 관리하는 BIS 솔루션 소프트웨어를 도입한다는 것이다.

세상에 없던 1등 제품 개발

110년을 이어온 에어컨 원천 기술과 에너지세이빙 기술력으로 고객의 요구를 파악해 꾸준히 새로운 제품을 출시하고 있다.

2016년 가정용 에어컨 신제품 '에어로Aero 18단 에어컨'은 세분화된 개인의 취향에 따라 미세하게 바람을 조절해 '맞춤형 냉방'을 제공하는 것이 특징이다. 일본 가전업계에서 10단계 이상으로 풍량을 조절하는 선풍기가 좋은 반응을 얻고 있는 것에서 착안, 세계 최초로 풍량을 1단에서 18단까지 제어하는 '18단 패밀리 에어컨트롤' 기능을 개발한 것이다.

열쾌적지수를 고려해 제품 스스로 최적의 냉방 상태를 유지하는 '쾌적디지털맞춤바람PMV 기능' 역시 고객에게 맞춤형 냉방을 제공하기 위해 개발한 신기술이다. 실내 온도와 상대 습도에 따라 고객이 최고의 쾌적함을 느낄 수 있도록 자동으로 냉방을 제어하는 기능이다.

'에어로 18단 에어컨'에 탑재한 '울트라 하이브리드 팬'은 기존의 사류팬과 축류팬을 결합해 더 많은 양의 바람을 더 멀리, 더 빠르게 전달한다.

캐리어에어컨만의 에너지세이빙 기술력도 눈에 띈다. 초절전 DC인버터로 전력 걱정 없이 사용할 수 있으며, 세 개의 팬 중 하나만 운전 시 최대 81%까지 에너지를 절약할 수 있다. 냉방을 사용하지 않을 때도 독립 제품처럼 사용할 수 있는 공기청정과 제습기능은 각각 1,350원과 7,660원이면 한 달 사용이 가능하다.(8시간 기준, 자사 시험치 기준)

기업은 사람과 함께 성장한다

기업은 사람과 함께 성장해야 한다는 정도경영의 일환으로 캐리어에어컨은 어려운 이웃에 대한 지속적인 후원을 진행해 오고 있다. 특히, 모기업인 오텍이 장애인을 위한 특장차 사업을 진행하고 있는 만큼 장애인 후원과 복지 증진을 위한 활동에 관심이 많다.

수익 일부를 장애인 자립 프로그램에 기부하는 행복 나눔 N 캠페인에 지속적으로 참여하고 있다. 2012년 런던 장애인올림

오텍-오티스 파킹시스템 사업 공동사업 협약 체결

픽과 2014년 인천 장애인아시아경기대회의 공식 후원사로 활약했으며, 이 밖에도 아이스슬레지하키, 장애인 힐클라임 등 다양한 장애인 스포츠를 지원하고 있다.

특히, 뇌성마비 장애인을 위한 특수 구기 종목인 보치아에 대한 기여를 인정받아 강성희 회장이 대한장애인보치아연맹의 제4대 회장으로 취임하기도 했다. 2013년부터는 '오텍 그룹배 장애인보치아전국대회'를 개최했고, 지난해에는 후원의 규모를 더욱 확대해 국내 최초 보치아 국제대회인 '2015 보치아 서울국제오픈대회'를 개최했다.

오텍그룹, 인천장애인아시아경기대회 후원

최근에는 신예 여성 골퍼를 발굴하고 세계무대 경험을 제공하는 레이디스 루키 챔피언십 대회를 후원하는 등 사회 공헌 활동의 영역을 점차 확대하고 있다.

소비자를 생각하는 기업

강성희 회장은 "대한민국에서 인정받고 세계에서 사랑받는 회사를 지향한다"며 "세계가 인정하는 세계 최고 공조기업, 냉동분야 세계 최고 전문회사가 되는 것이 목표"라고 전했다.

이를 위해 캐리어에어컨은 초절전 인버터 원조 기업의 기술력을 기반으로 소비자가 원하는 최고의 제품을 다양하게 출시한다는 계획이다. 또한, 최근 가전업계 최대 트렌드인 사물 인터넷 기술을 강화해 캐리어에어컨 전 제품에 IoT 기술을 적용할 계획이다.

계열사 간의 기술 시너지 역시 증대할 계획이다. 최근 오텍 그룹은 자동차 파킹시스템 분야 진출을 위해 조인트벤처 '오텍-오티스 파킹시스템'을 설립했다. '오틱-오티스 파킹시스템'은 캐리어에어컨의 공조 기술과 함께 향후 빌딩 솔루션 사업의 주요한 전략적 자산이 될 것으로 기대하고 있다.

강 회장은 앞으로 ㈜오텍과 캐리어에어컨, 캐리어냉장, 한국터치스크린, 오텍-오티스 파킹시스템까지 5개 사업체의 다각적인 기술과 사업 융합을 추진해 글로벌 시장에 더욱 적극적으로 나서겠다는 계획이다.

김동관 대표이사

평화오일씰공업주식회사
PYUNG HWA OIL SEAL INDUSTRY CO., LTD.

평화오일씰공업

김동관 대표이사

학력
1982　인하대학교 공과대학 산업공학과 졸업
2001　상지대학교 대학원 경영학 박사
2006　인하대학교 대학원 산업공학과 박사

경력
1984~1987　㈜ATLASBX TQC 사무국
1987~1994　한국생산성본부 책임전문위원
　　　　　　(지도실장 역임)
1994~2008　ATM컨설팅그룹 대표
1998~2000　상지대학교 공과대학 산업공학과 겸임교수
1999~2002　한국철도차량공업협회 컨설팅사업단 단장
2002~2004　인하대학교 경영학부 겸임교수
2003~2010　㈜ROOT경영연구소 대표컨설턴트
2004~現　　㈔한국자격인증원 운영위원/감사
2004~2009　품질경쟁력 우수기업 심사위원
2005~2007　KS인증심사원 자격심의위원
2005~2010　대한민국 공군 정책발전자문위원
2006~2010　한국품질경영학회 운영이사
2010~現　　㈜평화오일씰공업 대표이사 사장
2012~現　　㈜평화홀딩스 대표이사 사장
2012~2014　㈜평화CMB 대표이사 사장
2014~現　　㈜피엔디티 사장
2015~現　　평화산업 사장

상훈
1994　중소기업 기술지도 공로 상공자원부 장관 표창
2004　친환경제품 기술 공로 환경부장관 표창
2007　한국품질경영학회 혁신품질기업인상
2011　노사상생협력 유공자 국무총리 표창
2014　노사상생협력 산업포장 서훈
2015　대한민국 글로벌리더 3년 연속 수상

평화오일씰공업주식회사
PYUNG HWA OIL SEAL INDUSTRY CO., LTD.

중공업의 개척, 평화오일씰공업

1977년 2월 평화홀딩스와 일본 NOK의 합작을 통해 설립된 평화오일씰공업은 창조성과 개척정신으로 무장해 설립 초기부터 신기술개발 및 선진 전문기술 도입에 앞장서 왔다. 이렇게 확보한 기술을 발판 삼아 오일 씰Oil Seal, 오링O-Ring, 엔지니어링플라스틱Engineering Plastic 등의 제품을 생산함으로써 자동차, 전자, 중공업 등 우리 산업 전반의 발전과 기술향상에 이바지하고 있다.

국내 오일씰 설계기술과 제조기술이 국제 수준에 미치지 못하던 1970년대 중반, 오일씰 부문의 전문화를 위해 설립된 평화오일씰공업은 1980년 현대 포니자동차용 오일씰 국산화를 시작으로, 우수한 기술력과 품질경쟁력을 바탕으로 아반떼, 소나타 등 국내를 대표하는 모든 차종에 제품을 공급하고 있는 대표적 오일씰, 오링 생산기업이다.

평화오일씰공업은 사람을 먼저 생각하는 기업문화를 바탕으로 창립 이후 30여 년간 노사분규가 한 번도 없었다. 모범적인 무분규사업장으로 다수의 국가표창을 수상했을 뿐 아니라 2011년 산업통상자원부에서 지정한 '우리지역 일하기 좋은 기업'으로 선정됐고 고용노동부로부터 노사상생협력 유공 정부

포상도 수상했다.

평화오일씰공업은 생산 및 경영혁신을 위해 2005년부터 진행해오던 TPS, TPM 등 경영효율활동을 더욱 강화하기 위해 2010년부터는 'SAM' 경영혁신활동을 실시하고 있다. 그 결과 공정개선 204건, 개선제안 1만 85건, 테마개선 1,000여건 등을 통해 생산성향상, 원가절감 등의 성과를 이뤄냈다. 개선활동에 대한 보상으로 선진 해외부품사 벤치마킹 기회 제공, 혁신 포인트 부여 등 반대급부를 제공함로써 직원 스스로가 능동적으로 참여할 수 있는 개선문화를 이뤘다.

이러한 기술과 사람의 혁신을 위해 지속적으로 노력 결과 2011년 최대고객인 현대·기아차의 품질, 기술 평가에서 오일씰 업계 최초로 최우수 등급인 5스타를 달성했고, 경영혁신 및 생산성 향상에 대한 공로로 산업통상자원부에서 인증하는 품질경쟁력우수기업으로 2010년부터 6년 연속 선정됐다. 또 2011년 국가생산성대상 지식경제부장관표창, 2012년 국가생산성대상 종합 부문 대통령표창을 수상했고, 2013년에는 GM에서 연간 불량률 0%를 기록한 우수공급업체에게 수여하는 GM Supplier Quality Excellence Award상을 3년 연속 수상하였다.

평화오일씰공업의 이 같은 경영성과는 안정적인 노사관계를 바탕으로 경쟁사보다 과감한 투자와 지속적인 기술개발을 통해 국내 최고 수준의 기술력과 생산성을 달성한 덕분에 가능했다. 안정적인 노사관계가 있기에 생산, 품질부문 혁신활동을 지속적으로 실시할 수 있었고 이러한 노력이 축적돼 기업 경쟁력으로 발현된 것이다.

기본이 튼튼한 혁신경영

2010년 3월 취임한 김동관 대표는 기존의 TPM, TPS, 공장혁신활동등 기존의 혁신활동을 통합한 SAM(Standard·기본, Attitude·태도, Method·방법) 경영혁신활동을 정립하고 생산혁신, 품질혁신, 인재혁신을 통해 내부 업무 프로세스 개선했으며 품질 최우선 정책을 통해 고객 신뢰를 끌어올렸다. 이같은 노력으로 연평균 12% 이상의 고성장을 지속하고 있다.

김 대표는 취임 초기 기존의 경영형태로는 성장의 한계에 봉착하게 될 것이라 판단해 New Start를 위한 경영혁신 태스크포스를 구성했다. 태스크포스는 회사내부의 문제점 파악과 개선방안을 도출했고 이를 통해 연구소 및 영업조직을 세분화하여 고객 맞춤 기술개발 및 영업활동을 전개해 나갔다. 제조

평화오일씰 전시실 전경

기술의 확보와 강화를 위해 2013년 생산기술연구소를 설립하여 설비, 금형, 자동화 등에 역량을 집중하였다.

또한 자동차에 국한되어 있던 매출구조를 개선하기 위해 특유의 추진력을 바탕으로 비자동차 부문 전문팀을 구성하고 전자, 기계, 조선부품에 대한 영업활동을 추진한 결과 선박용 연료전지 가스켓 개발, 포크레인 등 산업용 부품용 오일씰 개발, 세탁기 등 가전부품 시장 확대 등 가시적인 성과로 이어다. 향후 3년 내에 매출구조에서도 비자동차 부문이 많은 부분을 차지할 것으로 기대하고 있다.

매출실적은 2009년 1,400억 원대였던 매출이 2015년 2,800억 원대로 늘며 연 평균 12% 이상의 성장을 달성했고 수익 또한 안정적으로 유지되고 있다.

김 대표는 '기본부터 다시 시작하자'는 취지에서 기존의 업무를 프로세스화해 부가가치 업무에 집중하도록 하고 현장에서는 현대자동차 5스타를 벤치마킹해 만든 Line 5스타 제도를 현장의 모든 공정에 적용하여 최고 수준의 관리 시스템을 이루었다. 품질 마인드 고취를 위해 전 사원이 참여하는 품질확보 툴을 실시하여 현장의 부적합을 개선하고 현장 작업자 교육을 통해 공정 부적합을 20%이상 감축, 고객 불만 또한 현저히 줄어들었다.

김 대표는 2003년 준공된 신기술 연구소를 더욱 활성화하기 위해 고객 지향적으로 조직을 개편했고 매년 매출의 5% 수준의 금액을 연구개발비로 투입하고 있다. 공격적인 투자를 바탕으로 재료개발, 공정연구, 재활용 기술개발, 내구성 강화시험, 모듈개발 등 연구를 동시다발적으로 진행하고 있다. 그 결과 매년 30건 이상의 특허를 출원하고 7건 이상을 등록하고 있다.

이러한 연구개발의 결과물로 국내 최초로 연료전지스택용

2015 IR52 장영실상 수상기념

분리판 일체형 가스켓, 허브베어링 엔코더씰, 댐핑와샤씰 등
의 제품을 개발했다. 특히 자동차의 연비, 배기가스를 저감하
는 저마찰 엔진용 오일씰을 개발하여 2015년 제5주차 IR52 장
영실상을 수상하기도 했다. 이러한 제품들은 국내 자동차 산
업의 국제 품질경쟁력 확보에 크게 기여하고 있다.

사람을 먼저 생각하는 기업문화

평화오일씰공업은 '기업의 안정적인 경영활동은 노사관계
안정에 달려있다'는 김 대표의 경영철학에 따라 '직원이 만족하는 초일류기업을 만드는 것'을 경영의 최우선 과제로 두고 직원 만족도 및 회사 이미지 향상을 위한 복지제도 도입에 앞장섰다. 신바람 나는 직장을 구현하고 노사관계에 있어서도 소통의 문화를 조성해 직원 역량이 하나로 응집되는 것을 유도, 근로자 복지향상과 활기찬 직장 만들기에 힘써왔다.

이처럼 일하기 편하고 즐거운 직장을 만들기 위해 기본 인프라를 구축한 김 대표는 혁신 성과 창출 프로젝트에 참여해 성과를 창출한 직원에 대해서는 충분한 보상이 이루어지도록 제도를 정비했다.

그 결과 1977년 창립 이후 30년 이상 분규 없는 모범적인 노사문화를 이어오고 있고, 이러한 공로로 2011년 지식경제부로부터 '우리 지역 일하기 좋은 기업'으로 선정, '2013년 인적자원개발 우수 기관' 선정, 2014년 노사상생협력 유공자로 선정되어 노사상생협력 산업포장을 수상하였다.

김 대표가 가져 온 가장 큰 변화는 고객의 신뢰회복과 기업의 지속성장 기반을 마련한 점이다. 대표이사 취임 전부터 회사의 많은 부분에 대해 파악하고 있던 김 대표는 취임과 동시에 품질경영 강화에 많은 투자를 단행했다. 그는 전 임직원의 의식개혁 없이는 고객이 요구하는 품질을 만족시킬 수 없다고

목표달성 워크샵

판단, 품질 전문가를 초빙해 품질에 대한 지도와 의식개혁을
실시했으며, SAM 경영혁신활동을 통해 생산, 품질, 인재에 대
한 지속적인 혁신활동을 추진했다. 2015년부터는 제2차 SAM
경영혁신활동으로 전 사원이 참여하는 품종별 현장 맞춤형
Q-RISK 예방 활동을 전개하여 실질적인 F-Cost예방, 고객 불
만 원천 차단을 실현, 고객만족 향상에 만전을 기하고 있다. 또
한 지속적인 고객방문을 통해 회사 문제점을 고객으로부터 직
접 청취하는 등 직접적인 개선활동에 나섰다.

　더불어 고객이 원하는 수량을 원하는 시점에 즉시 납품할 수 있는 공급체계를 마련하기 위해 설비와 인력도 대폭 추가했다. 고객의 수요를 예측하는 프로세스 개선을 도입함으로써 납기 준수율이 개선되자 고객 만족도는 매년 향상되고 있다.

이처럼 평화오일씰공업은 고객만족을 위한 품질, 납품체계 개선으로 2012년 현대·기아차가 실시하는 품질·기술 평가에서 동종업계 최초로 5스타 등급을 달성했고 만도경영혁신 대상, 현대자동차 올해의 협력사상을 수상하는 등 거래하는 모든 고객사로부터 기존보다 높은 평가를 받고 있다.

어느 정도 회사 내실을 다진 김 대표는 곧바로 기업 지속성장의 기반 마련 작업에 돌입했다. 사업 영역이 자동차부품 부문으로 한정된 탓에 2006년 이후 정체돼 있던 매출을 끌어올리기 위해 그는 공격적인 영업전략을 폈고 산업용 기계, 전자기계, 농기계 등 오일씰 및 오링이 장착 가능한 모든 부문으로 영업대상을 확대했다. 매년 200억 원 수준이던 신규 수주액이 최근에는 400억~500억 원까지 확대됐다. 이 같은 성장세가 지속된다면 2020년 매출 5,000억 원 달성도 가능할 전망이다.

'3개의 최고' 달성

김 대표의 비전은 '좋은 환경에서 우수한 제품 만들어 함께

기술사관학교 입학식

잘 살아보자'로 '3개의 최고$_{Best}$'를 달성하는 것이 핵심이다.

첫 번째는 원칙에 충실한 기업문화 정립과 깨끗한 기업경영 실천이다. 생산, 납품, 인력, 자금운영과 같은 회사의 경영활동마다 기본과 원칙이 지켜지는 기업은 결과적으로 깨끗한 경영을 할 수 있는 것은 물론이며 신뢰도를 높이고 기업의 좋은 이미지를 소비자에게 인식시켜 기업 스스로의 경쟁력을 높일 수 있다. 이 같은 기업활동은 고객사와 연계돼 있는 협력사에도 막강한 파급효과를 미치기 때문에 경영에서 김 대표가 가장 강조하고 중점을 두는 부분이다.

두 번째는 고객이 만족할 수 있는 최고의 제품을 공급하는 것이다. 이는 비단 김 대표나 평화오일씰공업만의 문제가 아니다. 제조기업이라면 생존하기 위해서 꼭 지켜야 할 진리와도 같다. 김 대표는 '고객 없는 기업은 존재할 수 없다'는 마음가짐으로 기술개발과 품질 향상을 위해 매년 매출의 5% 이상을 연구개발비로 투자하고 있으며 해외 선진기업의 우수한 기술도 적절히 벤치마킹하고 있다.

또한 2015년부터는 고객이 감동할 수 있는 미래 기술인재를 육성하기 위해 기술사관학교 제도를 시행하여 대학 졸업생 중 우수 인력을 선발하여 현업에 바로 투입하지 않고, 사내외 전문가를 통해 금형설계, 생산기술 부문에 대한 전문지식을 1년 동안 교육하는 프로그램을 운영 중이다.

세 번째로 김 대표가 역점을 두는 분야는 근로자들의 복지 향상이다. 회사운영의 핵심은 회사를 위해 일하는 근로자들이 행복한 삶을 영위할 수 있어야 한다는 것이 그의 철학이다. 이를 위해 1989년부터 사내근로복지기금을 만들어 직원 자녀들의 대학 졸업까지 학자금을 지원하고 있으며 미혼직원 결혼 시 결혼 보조금 지급, 동호회 활동비 지급, 주택자금 지원 등 종업원 개개인의 라이프 사이클에 맞춘 복지정책을 시행하고 있다.

평화오일씰공업은 급변하는 21세기에서도 지속적으로 발전하기 위해 임직원 모두가 변화와 혁신을 추구하는 제도를 마련하는 중이다. 기업은 적극적인 투자를 통한 미래가치를 창출하고 이를 위해 최고경영자인 김 대표는 회사 비전을 명확히 제시하려 한다. 임직원 모두가 자발적으로 변화와 혁신에 동참할 수 있는 여건을 마련하는 것이다.

이를 통해 2020년 매출 5,000억 원 영업이익률 15%의 세계 일류 오일씰기업이 되는 것이 평화오일씰공업의 미래 비전이다.

지역과 함께 성장하는 평화오일씰공업

평화오일씰공업은 기업의 발전은 곧 지역사회와 함께한다는 인식 아래 사회 봉사활동을 경영활동의 일부분으로 규정하고 전임직원이 적극적으로 실천하고 있다.

다양한 지역사회 공헌활동이 전 임직원의 자발적인 참여 아래 회사차원에서 이뤄지고 있다. 지역 내 복지법인과 불우이웃을 대상으로 정기적인 금전적 지원과 봉사활동을 실시하고 있고, 환경정화운동, 연탄나누기, 헌혈운동 등의 비정기적인 활동을 병행하고 있다.

노사상생유공자 포상

  또한 지역사회 구성원들을 위한 일자리를 창출하여 매년 80
여 명 이상의 인력을 신규채용하고 있다. 2014년에는 적극적
인 고용활성화에 기여한 공로를 인정받아 일자리창출 대통령
표창과 고용창출 100대기업 인증을 수상하기도 하였다.

  평화오일씰공업은 앞으로도 신규고용을 확대하고, 사회공
헌 활동에 대한 지속적인 피드백과 사후관리를 통해 수혜기관
의 만족도를 높이고 수혜자에게 실질적인 도움이 될 수 있도
록 끊임없는 노력을 전개할 예정이다.

김영귀 대표이사

KYK 김영귀 환원수

KYK김영귀환원수

김영귀 대표이사

학력

2004 대구대학교 경영대학원 수료

2005 서울대학교 국제대학원 GLP 수료

2006 서울대학교 자연과학대학 SPARC수료

2007 청도이공대학교 경영학박사 학위 취득

2010 산동대학교 경영대학원 글로벌 CEO 과정 수료

2012 고려대 경영대학원 AMQP수료

2014 KAIST 글로벌 중견기업 아카데미과정 수료

경력

1980 물과학연구 36년

2004 KYK 김영귀환원수㈜ 대표이사

2005 KYK 과학기술연구소 소장

2008 중국청도이공대학교 석좌교수

　　　 ㈔한국대학발명협회 고문

2010 산동대학교 초빙교수

2014 세계 최초 IRB승인 서울대병원 알칼리환원수

　　　 임상시험 성공

2015 세계물포럼 참가, 물과학연구발표

2004~2016 세미나 발표, MBC, SBS, KBS 등 TV 출연 다수

상훈

2008~2013 독일, 스위스 등 국제발명전 금메달 9관왕

2009 지식경제부 장관상 수상

2011 제46회 발명철탑산업훈장 수훈

2011~2012 신기술으뜸상(2년 연속)

2013 일본 세계 천재인대회 금메달 수상

　　　 아시아 로하스 대상 환경부 장관상 수상

2014~2015 대한민국 2년연속 글로벌리더 선정

2015 홍콩 국제 혁신디자인 및 기술제품 최우수상 그랑프리수상

KYK 김영귀 환원수

그는 왜, 물 과학 연구 36년을 정진해왔는가?

과거(보릿고개 시절)에 비해 현대인들은 잘 먹고 편리한 생활을 누릴 뿐만 아니라 의료보험 혜택으로 비교적 부담 없이 병원 치료를 받고 살고 있다. 그런데 왜, 무슨 연유로 비만, 당뇨, 고혈압, 암 등 만성병들이 계속 증가하고 있는 것일까? 단 한마디로 정의할 수는 어렵지만 큰 문제가 아닐 수 없다. 이는 사회적 문제이며 국가적인 과제다.

KYK김영귀환원수㈜ 대표이사 김영귀는 이 문제에 대해 남다른 눈으로 보고 이상하게 생각했다. 수많은 만성병은 '왜 생기는 것일까?', '왜 고치기 어려운 것인가?' 이 두 가지 화두를 고민하다가 자연의학에 입문하게 된다. 이유는 서양의학과 한의학이 날로 발전하고 각종 건강식품과 건강지식이 넘쳐나고 있지만, 만성질환자들이 오히려 증가하고 있는 현실이 지금까지의 방법으로는 근본 대책을 마련할 수 없다고 판단했기 때문이다.

김 대표는 '생명은 자연의 균형과 조화로 탄생하고 유지하며 발전한다'라고 생각한다. 따라서 화학·물리적인 방법으로 만성질환의 근본적 문제를 해결하기에는 한계가 있다고 보고, 생명과 자연의 연관성에 눈을 돌려 노벨상을 두 번씩이나 수상한 미국 라이너스 칼 폴링『분자교정의학』을 비롯해 한의학의 근간이 된『사상의학』등 세계적으로 유명한 자연의학 전문 지식을 공부했다. 이후 습득한 지식을 응용해 동호회 회원들에게 적용해 보았지만 일시적 또는 부분적으로 효과가 있을 뿐, 역시 근본적인 해답은 찾을 수 없었다.

고민에 빠진 김 대표는 다시 원점으로 돌아가서 인체를 살피기 시작했다. 바로 이 시점에 생명과 건강의 근원은 물이며 그 비밀의 열쇠를 쥐고 있는 것 또한 바로 물이라는 사실을 깨달았다. 이때부터 김 대표의 본격적인 물 연구가 시작되었다.

만병의 해결책 알칼리환원수를 찾다

김 대표는 인체를 원점에서 바라봤다. 그때 그의 눈에 보던 것이 바로 물이었다. 인체의 70%, 혈액의 83%, 세포의 90% 이상을 차지하는 물이 만병의 비밀을 쥐고 있음을 깨달았다. 김 대표는 '어떤 물이 좋을까'에 대해 생각했다. 가장 먼저 떠올린 것이 깨끗한 물이었고 지구상에서 가장 깨끗한 물을 찾아 나섰다. 공해가 전혀 없는 청정지역에서 아침 풀잎에 맺히는 이슬물이 그것이었다. 그러나 이슬물은 일상생활에 활용할 수가 없어 이슬물과 똑같은 물을 만들기 위해 김 대표는 미 항공우

물과학연구 36년을 정진해온 김영귀 박사

주국NASA에서 사용하는 R/O(역삼투압 멤브레인)를 수입해 이슬물을 만들었다. 김 대표는 이렇게 만든 물로 토종 콩을 키우면 얼마나 맛있는 콩나물이 자라는지 시험해 보았다. 하지만 의외의 결과가 나타났다. 올라온 콩나물 줄기가 명주실처럼 가늘어지더니 이내 죽어버렸다. 그 물에는 콩나물이 먹고 자랄 양분(미네랄)이 없었던 것이다. 또 이물질이 전혀 없는 초순수의 물속에 든 쇠가 녹스는 현상을 발견하고는 그 물의 산화력에 의한 것이라는 걸 알게 됐다. 김 대표는 이슬물(증류수)은 실험용이나 공업용 이외에 식물이나 동물, 사람에게는 맞지 않는다는 사실을 깨닫게 되었다.

그 이후 김 대표는 동의보감의 33가지의 물을 비롯한 전 세계 수백 가지 종류의 물을 본격적으로 연구하기 시작했다. 끈질긴 연구 끝에 그는 물은 크게 산화력이 있는 물과 환원력이 있는 물, 2가지 종류로 나누어진다는 결론을 도출했고, 이 중 의학적 효능이 있는 물은 환원력을 가진 알칼리환원수라는 것도 알게 됐다. 이는 김 대표가 인고의 세월을 통해 밝혀낸 새로운 사실이다. 김 대표는 국내 최초로 알칼리환원수의 메커니즘을 체계적으로 알린 장본인이다. 물의 성분이나 효과를 검증하기도 힘들었지만, 그 몇 배 이상으로 힘들었던 것은 알칼리환원수라를 홍보하고 보급하는 과정이었다.

"개는 짖어도 열차는 간다"

김영귀 대표는 물 연구보다도 식약청, 보건소, 경찰서, 검찰청, 언론, 이해관계 집단과 싸우는 일이 몇 배 더 힘들었다. 국민의 건강과 진정한 알 권리를 위해 내용의 진실 여부를 파악하려는 노력보다는 이해관계의 집단이나 개인의 이기주의에만 급급해 행정력과 언론의 권력으로 개인에게 공격을 퍼부어댄 점이다. 위기의 순간이 수도 없이 다가왔지만, 물에 대한 김 대표의 강한 의지를 꺾진 못했다. 어디에서 이러한 강한 의지가 나왔을까?

'인간이 할 수 있는 모든 일 중에서 가장 의롭고, 가장 고귀하며, 가장 위대한 일'이라고 굳은 믿음과 철학, 사명이 있었기 때문이다. 융단폭격과 같은 입체적인 공격에 도와주는 사람 하나 없어도 그때마다 김 대표는 '개는 짖어도 열차는 간다!'는 강한 신념으로 많은 고난과 장애를 딛고 일어서 오늘의 위상을 세웠다.

'알칼리환원수'란 무엇인가?

알칼리환원수를 한마디로 정의하면 환원력 에너지가 있는 알칼리성 물이다. 환원력이란 산화력의 반대작용으로, 다시 말해 환원수는 산화를 방지하는 물이라고 해석할 수 있다.

'알칼리'란 말은 영어가 아니고 3,000년 전 그리스말로 '식물을 태운 재'라는 뜻이다. 육류나 당분을 태우면 산성이 나타난다. 결국, 알칼리는 생명의 원소인 광물질을 말한다. 이러한 광물질은 해조류나 채소에 함유되어 있지만 현대인들은 자연식보다 달콤하고(당성분의 식품) 고소하며(육류지방 식품) 부드러운(밀가루 식품) 산성 식품들을 즐겨 먹는다. 음식의 서구화

발명특허 기술의 직접 개발 및 제조된 KYK제품들

로 인해 현대인들의 산성식품 섭취는 더욱 증가하고 있다. 그 뿐만 아니라 산성 물질로 가득 찬 공해, 스트레스로 인한 산성 호르몬 발생 등 현대인의 산화는 실로 심각한 상태다.

알칼리환원수는 생명건강 유지에 필수 원소인 광물질(미네랄)이 풍부하게 들어있으며 산화를 방지하는 환원력 에너지가 있는 물로 환원력의 주요 원소는 바로 수소에서 나오는 것이다. 즉, 미네랄과 수소가 풍부하게 들어있는 물이 바로 알칼리환원수이다.

알칼리환원수로 채소, 과일을 씻으면 잔류농약이 99% 제거되고 신선도가 오래간다. 식물을 키우면 잘 자라고 열매가 튼실하고 영양가가 높다. 병아리를 키우면 폐사율이 낮고 잘 자라며 애완견에게 먹이면 털이 윤기가 나고 냄새도 적어지고 건강해진다. 이 물로 밥을 지으면 윤기가 흐르고 밥맛이 좋고 여름철에도 잘 상하지 않는다. 차를 끓이면 찬물에서도 잘 우러나고 차의 향기가 좋고 깊은 맛이 난다. 이 물을 사람이 마시면 부드럽고 맛이 좋으며 흡수와 배설이 신속하게 이루어지는 것이 특징이다. 이것은 물 분자(클러스터: 송이, 덩어리) 크기가 이 지구상에서 작은 분자$_{54Hz}$이기 때문에 부드럽고 흡수와 배설이 신속하게 이루어진다.

알칼리환원수의 좋은 작용을 다 열거하기는 어렵지만 가장 핵심은 질병과 노화의 원인인 활성산소를 제거하는 것이다. 이 물이 병을 직접 치료하는 것이 아닌, 몸속에 축적된 활성산소와 산성노폐물을 청소함으로써 혈액과 세포가 건강해지고 면역성과 자연 치유력이 높아져 질병을 이겨내는 것이다. 그 예로 비타민C가 항산화제라고 해서 한때 전국 약국에서 동날 정도로 열풍이 불었지만 비타민C를 많이 섭취할 경우 또 다른 산화작용이 생긴다는 임상시험이 미국 과학학술지 BBRC에 게재되고 국내에서도 보도되자 비타민C의 열풍은 바로 식었다(채소나 과일에 들어있는 천연 비타민C와 달리 정제된 비타민C를 말한 것이다).

알칼리환원수는 일체의 부작용이나 역작용이 전혀 없는 안전하고 이상적인 항산화 작용을 한다. 그리고 가장 경제적이고 편리한 방법으로 내 몸의 항산화 작용을 일으킬 수 있는 매우 좋은 방법이다. 알칼리환원수(이온수)는 의학적인 효능, 효과가 검증됐고, MFDS(식품의약품안전처)로부터 약으로도 고치기 어려운 4대 위장증상인 소화불량, 위장 내 이상발효, 만성 설사, 위산과다 개선에 도움이 되는 물로 공식 허가된 공신력이 있는 물이다.

알칼리환원수를 생성하는 기기는 일반 정수기처럼 한 가지 물만 나오는 것이 아니다. 알칼리물 4종류(pH8.5, pH9.0, pH9.5, pH10.0), 산성물 4종류(pH5.5~pH3.5), 정수물 총 9가지의 물이 출수됨으로 다양한 용도에 맞는 맞춤형 물로 효과적으로 사용할 수 있어 그 차별성과 유효성이 있다.

"건강은 이론이 아닌 결과로서 사실을 증명하라!"

김 대표는 "건강은 이론이 아닌 결과로서 사실을 증명하라!"고 말한다. 세상에서 좋은 약을 팔고 좋은 치료를 하는 사람은 많지만, 정작 건강을 책임지는 사람은 단 한 사람도 없다. 건강에 대한 정보와 이론은 많지만 현실은 이와는 반대로 만성 난치병 환자가 증가하고 있다.

김 대표는 특별히 좋은 약이나 건강법을 취하지 않고 장수를 누리면서 건강하게 살고 있는 세계적으로 유명한 장수촌 사람들을 주목했다. 김 대표가 연구·조사한 결과 장수촌 사람들은 좋은 물이라는 공통분모를 갖고 있었다. 또한 공기가 비슷해도 물이 좋지 않은 지역에서는 건강한 장수가 이뤄지지 않는다는 사실도 알게 됐다. 물론 물 하나만 가지고 장수가 성립된다는 말은 아니다. 그러나 매일 마시는 물을 좋은 물로 바꿔 몸에 든 물을 갈아주고 채워줘야 하기 때문에 다른 것이 제아무리 좋아도 물이 나쁘면 장수가 이뤄지기 힘들다는 것이다.

세계보건기구_{WHO}에서는 "인간의 질병의 80%는 물과 관련이 있다"라고 발표한 바 있듯 "물은 능히 질병도 만들 수 있고, 건강도 만들 수 있다"라는 것이 김 대표의 지론이다.

봉이 김선달에서 발명 철탑산업 훈장과 백만불수출탑까지

사업 초기에 그는 '현대판 봉이 김선달'로 취급받았다. 우여곡절 끝에 그는 2008년 한국 식약처로부터 4대 위장증상인 소화불량, 만성설사, 장내이상발효, 위산과다 등의 개선에 효과가 있는 물로 입증하는 데 성공했다.

세계적인 명성과 권위를 인정받은 제60회 독일 뉘른베르크 국제 발명 대회에서 한 기업으로서는 최초로 2개의 금메달

제46회 발명의 날 이명박 대통령으로부터 발명철탑산업훈장 수훈

을 수상한 것을 비롯하여 스위스 제네바 국제 발명전과 제16
회 일본 세계 천재인대회까지 총 10개의 금메달을 수상, 그 과
학적인 효과와 기술력을 여실히 입증하여 국위를 선양하였다.
한국 물산업계에서는 최초로 2010년 46회 발명의 날에 철탑
산업훈장을 이명박 대통령으로 부터 수훈하는 영광을 안았고,
2013년 백만불 수출탑을 박근혜 대통령으로 부터 받는 영광과
함께 바로서 고난과 역경의 결실의 꽃을 피우기 시작했다.

자기 일보다 소개하는 일 앞장서는 열렬팬 많이 생겨

광고를 보고 찾아온 한 주부가 "몸이 좋지 않아 양방, 한방,
건강식품 등 안 해본 것이 없는데 못 고쳤다. 어떻게 물로 고칠

수 있느냐?"고 따지고 들었다. 김 대표는 "다른 건 다 해 보셨지만 물로 해봤습니까? 물로 해서 안 되면 그때 저한테 책임을 물으십시오"라고 했다. 의심이 많았던 주부는 또 한 번 속는 셈 치고 제품을 구입했다. 그런데 얼마 후 사람들이 몰려들기 시작했다. 몸이 좋아진 주부가 주변 사람들에게 알칼리환원수에 대해 설명하고 소개를 했던 것이다. 그뿐만 아니라 약효를 본 주부는 직접 자필 체험 사례와 실명, 사진, 전화번호까지 신문에 실어 홍보를 했다.

또 한 부부는 부인의 질병과 남편의 당뇨를 고치고 부인은 지하철에서도 모르는 사람들에게 선전을 하는가 하면 남편은 김 대표 사무실 업무를 무료 봉사하는 등 이루 헤아릴 수 없는 지지와 아낌없는 봉사를 받아 동종업계에서는 상상할 수 없는 많은 판매기록을 세웠다.

또 김영귀 대표의 고객 중에는 기적 같은 체험사례가 많이 있다.

주부 A씨는 자녀 4명을 낳아 키우던 중에 나이 40에 남편과 사별했다. 가난한 살림에 아이들을 혼자 키우다 보니 어려움은 이루 말할 수 없었다. A씨는 아이들을 가르치기 위해 자신의 몸은 돌보지 않고 일해서 대학까지 다 보내고 자식들은 의사와 약사로 잘 키웠다. 하지만 정작 A씨 몸은 망가질 대로 망가지고 말았다. 병원 치료나 약도 소용이 없었고 자식들이 냉장고를 채워 주지만 식욕도 없고, 삶에 의욕도 없이 매일 병원 두 군데 이상을 다니는 신세였다. A씨는 하루에 한 끼 식사도 겨우 했지만 배는 임산부처럼 항상 불러 있었고, 복통 때문에 하룻밤에 꼭 4번 이상을 깨서 화장실을 가거나 응급실에 실려 가는 일은 다반사였다.

김영귀 알칼리환원수가 좋다고 하여 알칼리환원수를 먹은 지 약 20일 정도 됐을 때 일이다. 엄청난 양의 시커먼 변을 보고 나서 복통도 없어지고 밤새 한 번도 깨지 않고 숙면을 취한 것이다. 컨디션이 좋고 머리도 맑고 기분이 좋아지자 식욕이 생겼고 점점 기운이 나자 삶의 의욕과 자신감까지도 생겼다. A씨는 훌륭한 의사, 약사 자녀를 두었지만 정작 자기 몸은 고치지 못했다. 건강이란 특별한 약이나 음식에서 오지 않는다는 것을 말해주는 대목이다.

지인들이 알아보지 못할 정도로 상태가 좋아진 A씨는 동네 사람들 앞에서 자신의 경험담을 진정으로 알렸다. 이야기에 모두 감동했고 많은 사람이 김영귀 대표의 제품을 구입했다.

원스톱 시스템으로 신뢰를 구축하다

KYK김영귀환원수의 가장 큰 혁신은 연구제조, 판매, 관리 등 모든 것을 직접 해결하는 토탈 프로세스 원스톱 시스템을 구축했던 점이다. 건강 제품을 제조하는 기업으로서, 외주 시스템으로 인한 품질 저하로 고객의 건강과 직결되는 부작용을 간과할 수 없기 때문이다. 이처럼 KYK김영귀환원수는 까다로운 품질관리로 경쟁력을 확보했고, 혁신경영은 성과로 이어졌다.

KYK김영귀환원수 만의 이른바 'Big4 차별화 전략', 즉 성능, 기능, 디자인, 서비스 전 분야의 효과적인 종합 품질관리를 바탕으로 제품은 거듭 진화했다. 불량률 제로에서 서비스 품질 만족에 이르기까지 고객의 호평을 받으며 '착한 브랜드'의 이미지를 거듭 각인시켰다.

품질 관리를 위해 KGMP, ISO 등 품질경영시스템과 NRTL, CE, FCC, C-tick 등의 품질 인증 등을 갖추며, 검증된 CS 경영 추진시스템과 PL시스템 등을 통해 고객서비스 중심의 만족 경영을 펼쳐 꾸준하게 목표를 실현해갔다.

김영귀 대표는 발명가이자 교수로서 높은 평가를 받았지만 회사 경영 측면에서도 역량을 인정받고 있다. 고객의 요구를

세계 각국에서 물건강 강연하는 김영귀 박사

충족시키기 위해 다양한 상황변화 관리체제를 도입해 전략경
영을 하고 있다. 회사 설립 초부터 구축한 '원스톱' 시스템은 소
비자의 트렌드 및 요구, 기대, A/S, 고객불만 등을 신속하게 처
리하고 있고 아울러 경쟁업체보다 수준 높은 품질과 서비스,
가격 경쟁력, 전문지식을 갖출 수 있는 경쟁 우위 시스템을 보
유할 수 있게 됐다. 제품별 생산라인을 구축해 신제품 개발 및
품질관리를 실시하고 있으며, 변화에 맞는 첨단 설비 및 신기
술 도입에도 적극적으로 나서고 있다. 소비자의 웰빙 트렌드
에 맞춘 기획형 상품에서부터 산업용 제품, 휴대용 제품은 물

론 다양한 기능을 갖춘 최고급 제품까지 다양한 Line-Up을 구축해 소비자의 선택폭을 넓히는 일에도 주력하고 있다. 이 같은 노력은 제품의 생산성, 생산 효율성 측면에서 성과를 나타내고 있다.

눈부신 성장의 배경에 빼놓을 수 없는 것은, 세계인류 건강 증진이라는 사명과 가치관으로 뭉쳐 열정적으로 모든 일에 임하는 KYK김영귀환원수만의 단합력, 직면한 문제를 슬기롭게 해결해 나가는 창의력을 비롯해 꾸준한 변화와 혁신의 노력, 그리고 고귀한 사명을 밑거름 삼은 끊임없는 연구개발 정진에 있다.

김영귀 대표는 가치를 만들어 내는 창조경영만이 기업의 가치를 향상시키는 핵심이라고 굳게 믿고 있다. 그는 모든 임직원에게 회사의 가치관을 모태로 기업이 나아가야 할 방향과 주인의식을 끊임없이 강조하는 반면, 언제나 열린 경영으로 회사와 조직을 발전시킬 수 있는 의견을 지휘고하를 막론하고 건의할 수 있도록 분위기를 조성하고 발의된 의견을 겸허하게 수용하여 유연하고도 창의적인 경영전략을 펼치고 있다.

과거 자금이 부족했을 때도 품질에 문제를 발생시키는 외주업체들을 과감하게 배척했다. 직접 최고급 원료를 사용하여 연구, 제조, 판매 및 A/S까지 원스톱으로 하는 경영시스템을 구축하여, 탁월한 품질의 제품 및 서비스 제공에 혼신의 힘을 쏟았다. 이러한 창의적인 문제 해결 능력과 품질에 대한 각별한 관리 및 시스템의 혁신은 KYK김영귀환원수 성장에 더욱 박차를 가하는 계기가 되었다.

또한 물의 효과에 대한 공격과 따가운 시선 속에서도 물러서거나 와해되지 않고 모든 구성원이 단단히 뭉쳐 현명하게 대처했던 것도 지금의 KYK김영귀환원수가 성과를 이뤄낼 수 있었던 이유로 꼽고 있다.

여기에는 오랜 기간 관행화되었던 연공서열 위주의 인사정책에 혁신을 추구한 것도 한몫했다. 임원급은 물론 팀원 승진에도 투명한 절차에 따라 '발탁인사'가 행해지고, 능력에 따라 보임하고 성과에 따라 보상받는 '성과중심'으로서 인재의 능력에 따른 적절한 보상이 주어지게끔 체계화했다. 이는 구성원들 간의 마찰을 줄이고 동기를 자극하며 목표를 스스로 설정하여 생산효율을 높이는데 크게 기여해 김영귀 대표의 탁월한 경영역량을 다시금 크게 과시한 계기가 되었다.

연구에 매진하는 KYK과학기술연구소 연구원들

세계 최초 「IRB」 승인하에
분당 서울대병원 물 임상시험 성공

대동강 물을 팔아먹은 봉이 김선달 이야기도 아니고, 그렇
다고 의약품도 아닌 사람이 마시는 물을 가지고 권위적이고
배타적인 종합병원 전문의사가 사람을 상대로 임상시험을 한
다는 것은 참으로 상상하기 힘든 일이다.

정식으로 「IRB Institutional Review Board, 임상시험심사위원회」 승인을 받아서
대한민국 최고 권위이자 세계적 명성을 얻고 있는 분당서울대
병원에서 물을 가지고 임상시험을 한다는 것은 역사적이고 획

기적인 일이었다.

본 임상시험팀의 책임 교수는 소화기내과계에서 그 권위를 인정받고 있는 이동호 교수가 시행했다. 임상시험 항목은 「과민성장증후군」이었다.

「과민성장증후군」이란 복통, 복부 팽만감과 같은 불쾌한 소화기 증상이 반복되며 설사 혹은 변비 등의 배변 장애 증상을 가져오는 만성적인 질환이다. 조금만 음식을 잘못 먹거나 기분이 상해도 증상이 나타나고 약으로도 잘 듣지 않는 게 특징이다. 전체 인구의 약 10% 정도가 이 증상을 갖고 있으며 「과민성장증후군」은 악화와 완화를 반복하는 만성질환이다. 반복되는 증상으로 인해 삶의 질이 크게 떨어지며 의료비의 지출이 증가된다. 이 병은 환자의 호소증상이 다양하며 현재까지 발병기전과 병태생리가 정확히 알려지지 않아 치료가 어려우며 치료약제가 개발되어 있지만 그 효과가 크지 않고 약제의 장기투여에 따른 부작용이 나타난다.

임상시험 방법은 남녀노소 구분 없이 본인의 신청을 받아 사전 내시경 검사와 관련 검사를 마치고 환자의 집에 KYK김영귀환원수 제품을 설치해 놓고 하루에 2L 이상을 음용하게 하며 음식조리와 채소, 과일 씻는 물까지 이 물로 사용하게 했다.

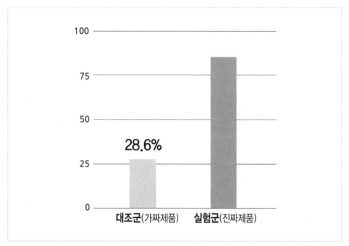

100
75
50
28.6%
25
0

대조군(가짜제품)   **실험군**(진짜제품)

의사가 제공하는 것은 플라세보 효과가 있지만 진짜제품을 사용한 사람이 가짜 제품을 쓴 사람보다 효과가 3배 더 높았다.

중요한 점은 의사가 환자에게 허위 약을 주더라도 사람은 심리적으로 효과를 보는 소위 Placebo(플라세보) 현상이 있기 때문에 이를 배제하고 정확한 결과를 도출하기 위해 특별한 방법을 선택해서 시행한 점이다. 육안으로 봐도 동일한 제품 이고 똑같이 작동되는 제품이지만 정상 제품은 환자도 모르고 의사도 모르게 두 부류로 나눠서 환자 집에 설치해 놓고 사용 하면서 8주간에 걸쳐서 임상시험을 했다.

또한 환자들이 작성한 설문지(국제적으로 공인받은 설문항

분당 서울대 병원 임상시험 의료진팀

목)는 모든 치료법의 근간이 되는 항목들로 구성되어 있으며 사업성을 배제하고 병원 내방 환자들만을 대상으로 임상시험을 했기 때문에 좀 더 객관적인 결과를 도출할 수 있었다.

결과는 기대 이상이었다. 허위 제품의 Placebo(플라세보) 효과를 본 사람보다도 정상 제품을 사용한 환자들의 효과가 3배나 높은 결과가 나타났다.

또한 보고된 부작용은 없으므로 매우 안전한 치료법으로 판단되며 전 세계적으로 물로써 과민성장증후군 증상 개선이라는 유산균 실험 등에서도 도출하기 힘든 유일무이한 결과가 나왔다.

이 같은 결과는 국내 과민성장증후군 환자 치료에 획기적으로 기여할 것으로 예상되며 각 병원에서도 양약 치료만이 아니라 실생활에서 마시는 물의 습관을 바꿔 빠른 자연치유의 긍정적인 효과를 기대해 볼 수 있다.

위장질환이 있는 환자에게 유효성을 검증하여 약으로만 고쳤던 위장질환을 알칼리환원수로 고칠 수 있는 혁신적인 일이 의학계에서 큰 이슈가 될 것이라고 전망하고 있다.

물과 공기는 사람이 살아가는데 빼놓을 수 없는, 건강과 밀접한 관련이 있는 가장 중요한 요소가 아닐 수 없다. KYK김영귀환원수는 이 두 가지를 잘 이해하고, 뛰어난 기술력과 혁신을 바탕으로 눈부시게 발전하고 있다.

김 대표는 "건강은 궁극적으로 인류가 풀어야 할 영원한 숙제로서, 이론이 아닌 결과로 증명해야 하는 매우 중요한 것"이라며 "근본적인 핵심을 짚어내고 풀어내며, 실효성에 대한 입증으로 KYK김영귀환원수가 세계인류 건강 증진에 기여하는

홍콩국제혁신 디자인 및 기술 제품 최우수상 그랑프리 수상

선봉에 서서 그 입지를 더욱 굳건히 할 것"이라고 말했다.

그는 "대한민국의 경제를 이끌어 나갈 미래는 '하드웨어'가 아닌 윤리적인 기업가 정신, 공정한 경쟁 시스템 등의 '소프트 파워'와 기술의 융합에서 비롯한다"고 말한다. 1970년대식 하드웨어 혁신과제만으로는 창조경제를 실현할 수 없고 이를 뛰어넘는 경제 발전을 이루어 낼 수 없다는 것이다. 지식을 뛰어넘는 것은 '뜨거운 열정과 도전정신'에 있다는 것이 김 대표의 주장이다. 전문가가 아니더라도 노력으로 충분히 뛰어넘을 수 있는 부분이며, 지식을 기반으로 한 불가능을 비로소 가능케

하는 것은 수많은 시행착오의 극복과 멈추지 않는 도전정신이

기 때문이다.

김희수 총장

건양대학교

김희수 총장

학력
1946   공주고등학교 20회 졸업
1950   세브란스 의과대학(연세대학교) 졸업
1956~1959   미국유학(일리노이 주립대학, 뉴욕 세인트
프랜시스병원, 시카고 안과병원 수학)
1966   연세대학교 의학박사 학위 취득
2008   일본 죠사이국제대학교 명예 교육학박사 취득
2014   미국 린치버그대학교 명예 이학박사 취득

경력
1962   김희수 안과의원 개원
1979   학교법인 건양학원 이사장(건양 중·고등학교 설립)
1990   건양대학교 설립
2002   건양대학교병원 개원
2001~2015   건양대학교 4대, 5대, 6대, 7대 총장
2015~現   8대 건양대학교 총장
2016~現   학부교육선도대학(ACE)협의회 회장

상훈
1996   충청남도 개도 1백주년 기념 충남을 빛낸 100인 선정
2004   대통령 표창(산학연 유공단체부문)
2007   국민교육발전 유공자 국민훈장 무궁화장 수상
2009   한국윤리경영학회 기업윤리대상 수상
2011   자랑스런 한국인 대상 교육발전 부문 수상
2012   한국을 빛낸 창조경영 글로벌경영 부문 수상
2012~2015   4년 연속 참교육대상 창의융합교육 부문 수상
2013~2014   2년 연속 대한민국 글로벌리더 글로벌인재
교육 부문 수상
2015   캄보디아 훈센총리 훈장 수상

빛을 세우는 건양대학교

건양대학교는 취업교육 전용건물 개관, 창의융합대학 신설, 동기유발학기 실시 등 국내 최초 수식어가 따라다니는 혁신학교로 '산학협력 선도대학 육성사업', '교육역량강화사업', '학부교육선진화 선도대학ACE', '지방대학 특성화사업CK-I' 등 대형국책사업에 선정되며 진가를 인정받았다.

대전·충남권 사립대학 중 최저 수준의 등록금으로 다양한 장학금 제도를 운영하고 있으며, 2,800여 명을 수용할 수 있는 기숙사 7개 동을 보유하는 등 학생들의 복지를 위한 편의시설을 갖추고 있다.

2016년 논산 창의융합캠퍼스에 전격 RCResidential College 체제를 도입해 기숙형 대학으로 변모, 매주 각 사회의 저명한 인사가 직접 논산 캠퍼스에 찾아와 학생과 지역민 대상으로 특강 및 공연을 펼침으로써 문화에 소외됐던 논산 지역에 혜택을 주고 있다.

사명감으로 이루어 낸 건양대학교의 위상

건양대학교(총장 김희수)는 1988년 12월 교육부의 승인을 받아 1991년 3월 10개 학과, 400명의 신입생을 받으며 대학 교

2015년 의과대학 설립 20주년을 맞아 동문과 의료계의 다양한 권위자를 초청한 심포지엄을 개최했다.

육의 첫발을 내디뎠다. 건양대는 설립 초기부터 실용학문 중심의 교육 특성화에 주력해 왔다. 1992년 4월 종합대학으로 승격된 데 이어, 1994년 의과대학을 인가받고 6년 후인 2010년 의사고시 수석 합격자를 배출했고 매년 100%에 가까운 의사고시 합격률을 보이고 있다. 2009년 전국 대학 최초 '윤리경영대상'을 수상했고, 2011년에는 '자랑스러운 한국인 대상'에서 교육발전부문 대상을 받으며 각종 대학종합평가 및 경영평가에서 우수대학으로 선정됐다. 그리고 2012년에는 '산학협력 선도대학 육성사업', '교육역량 강화사업', '학부교육 선진화 선도대학$_{ACE}$' 등 3가지 대형 국책사업에 모두 선정됐다.

1991년 설립된 건양대가 짧은 기간에 성과를 낼 수 있었던 것은 학생을 가르쳤으면 끝까지 책임진다는 사명감으로 실용 인재 육성을 위한 교육시스템을 개발하고 운영하는 지속적인 노력이 있었기 때문이다. 현재는 9개 단과대학(재활복지교육대학, 세무경영대학, 군사경찰대학, 의료공과대학, 창의융합대학, 과학기술융합대학, 의과대학, 간호대학, 의과학대학)으로 구성돼 있으며 8,000여 명이 넘는 학생들이 재학 중이다.

최초라는 이름으로 최고를 향한다.

건양대학교에는 혁신적인 시도로 국내 최초라는 수식어가 곳곳에 붙어있다. 우선, 2004년 전국 최초로 취업교육 전용건물을 개관한 이래 취업에 필요한 외국어·IT 교육 등 과외 프로그램을 운영하고 있으며 전국 최초로 취업지원관을 채용해 취업정보와 경쟁력을 향상하고 현장 맞춤형 인력개발에 전력을 기울이고 있다. 특히 산학취업본부 내 창업지원단은 창업에 필요한 교육부터 창업까지 원스톱$_{One-Stop}$으로 지원해 학생들의 취업뿐 아니라 역량 있는 젊은 CEO 육성에도 박차를 가하고 있다. 그 결과 건양대학교의 한 재학생이 양파를 이용한 '어니

언 양갱'을 토대로 유통업체인 '건강 100'이라는 회사를 창업해 주목을 받기도 했다. 이 밖에 의류 쇼핑몰과 화장품 온라인 쇼핑몰 등 다양한 분야에서 창업이 이뤄지고 있다.

'창의융합대학'의 신설 또한 전국 최초의 타이틀을 거머쥐고 있다. 'Change in Education, Change of the World'라는 비전에 맞춰 타 대학과는 차별화된 전문적인 산학연계 특성화 교육과정을 갖추었고 지역 인재를 양성하는 데 총력을 기울이고 있다. 산학협력 선도대학 육성LINC사업으로부터의 지원을 기반으로 신설된 창의융합대학은 건양대 LINC 사업의 특징을 살려 기업이 필요한 인재를 육성하고 취업률을 높이는데 목표를 두고 있으며, 향후 지역 인재가 지역에 안착해 지역경제를 발전시키는 선순환 구조를 만들겠다는 계획이다.

창의융합대학은 기존 강의중심 교육에서 벗어나 학생중심의 팀 프로젝트 활동을 통한 자기 주도적 학습에 초점을 맞췄다. 기존 학사제도의 틀을 완전히 탈피해 4주를 한 학기(연 10학기제)로 커리큘럼을 짜 집중교육 시스템을 운영한다. 창의융합대학은 융합 IT학부(임베디드시스템 전공, 융합소프트웨어 전공), 의약·바이오학부(의약·바이오전공), 글로벌 프런티어 스쿨Global Business Major, 융합디자인학부 등으로 구성돼있다.

김희수 총장은 학생들과의 소통을 중시해 매년 1, 4학년 전체 학생들과 간담회를 갖는다.

　창의융합대학의 신입생 전원은 기숙사에서 생활하며 학생 5명을 1팀으로 구성해 문제 중심, 사례 중심 프로젝트를 매주 2개씩 수행하며 대학원식 토론수업과 교수들의 밀착지도가 이루어진다. 학생들에게는 팀 활동에 필요한 강의실과 개인 공간이 별도로 주어지고 창의적 활동을 위해 캡스턴 디자인 스튜디오를 갖추는 등 자기 주도적 학습이 가능한 최적의 환경을 구축한다는 계획이다. 창의융합대학이라는 명칭에 걸맞게 한 가지 전공만 파고드는 것이 아닌 2개 이상의 전공 취득은 기본이다. 학부의 전공과정을 통해 깊이 있는 전문지식을 습득하고 또 다른 전공인 '리버럴아츠' 과정을 통해 각 분야 전문가 및 명사들을 교수진으로부터 폭넓은 지식을 습득할 수 있다.

　창의융합대학 학생을 위한 지원은 이뿐만이 아니다. 우선, 건양대학교와 협약을 맺은 기업이 후원해 4년 동안 등록금의 50%에 가까운 장학금을 제공한다. 기업들은 장학금 후원만 하는 것이 아니라 직접 교육과정개발에 참여하고 기업현장실습, 기업 공동프로젝트 등을 통해 현장의 산지식을 제공한다. 또한, 신입생 전원이 기숙사_{Residential College}에 입사해 자기계발을 할 수 있는 다양한 프로그램을 통해 외국어와 문화, 예술 관련 지식을 습득한다.

　마지막으로 건양대는 2011년 전국 대학 최초로 신입생을 위한 4주간의 특별 교육프로그램인 '동기유발학기'를 시행했다. 동기유발학기란 입학 후 한 달간 '자기 주도적 학습능력' 향상과 성공적인 취업설계까지 가능하도록 돕는 특별 프로그램이다. 동기유발학기 프로그램은 대학에 입학하자마자 바로 수업을 하지 않고 '왜 공부를 해야 하는지', '꿈을 이루기 위해 어떤 노력을 해야 하는지', '취업 진로 설계는 어떻게 세워야 하는지' 등 다양한 주제별 체험활동 및 교육 프로그램을 통해 학생들의 학습 동기를 부여한다.

　동기유발학기는 2011년 17개 학과 900여 명을 대상으로 실

건양대학교는 전국 최초로 신입생을 위한 동기유발학기를 도입해 많은 대학으로부터 벤치마킹 열풍을 불러일으키고 6개 대학이 유사제도를 도입하기도 했다.

시했는데 학생들 사이에서 호평을 받으면서 2012년에는 모든 신입생을 대상으로 확대 시행했다. 현재 건양대 동기유발학기 프로그램은 3주간 진행되며 '3일간의 자아발견캠프', '미래직장방문', '멘토특강' 등 신입생들의 학습의욕 향상, 취업설계, 자아발견 및 창의력 향상을 위한 다양한 프로그램으로 구성됐다. 특히 3일간의 자아발견캠프는 학생들에게 할 수 있다는 자신감과 올바른 인성을 함양시키는 동기유발을 위한 핵심프로그램이다. 도전정신을 심어주기 위해 사회 각계의 다양한 인사를 초청하는 미래비전특강은 희망연구소장 서진규씨, 구글러 김태원씨, 공모전 23관왕 박신영씨, 스타일쉐어 윤자영씨, 방송인 김제동씨 등이 연사로 초청돼 강연을 진행했다. 2015학년도부터는 2학년을 대상으로 전국 최초 취업 동기유발학기를 시행했는데 여름방학의 마지막 주 1주일간 2학년 학생을 대상으로 취업에 대한 목표를 정하고 자신의 진로를 명확히 되돌아보는 시간으로 구성됐다.

취업의 구심점, 산학협력 체제를 구축하다.

건양대학교 관계자는 "전문기업인 교수제를 운영해 학생들과 국내 유수의 기업체를 연계시켰고 학기 중 현장실습, 인턴십 프로그램을 시행해 졸업 후 학생 전원이 우수한 기업에 취업할 수 있도록 돕고 있다"며 "2016년에는 대한민국 최고의 산학협력교육 선도모델이 되고 2020년에는 세계적인 학부교육 특성화 모델을 목표로 삼고 있다"고 말했다.

건양대학교의 산학취업본부는 현장실습센터, 창업지원단, 공동활용장비센터, 지역산학협력센터 등으로 구성돼 있으며 그 가운데 지역 산학협력센터는 미니 클러스터를 구성해 취업의 구심점 역할을 하도록 했다. 기존의 대전, 오창 산학협력센터를 확대하고 공주, 서천, 계룡 산학협력센터를 신설해 운영

건양대학교는 설립 이후 25년간 지속적인 변화와 혁신을 꾀하고 있다. 그 결과 교육부 주요 국책사업에 모두 선정되었다.

중이다.

이 밖에 산학친화형 대학체제 구축을 위해 교원업적평가에 산학협력 관련 반영비중을 50%까지 확대하고 산학협력실적을 승진, 재임용에 반영하고 있다. 또 역량 있는 학생 CEO 육성을 위한 창업지원단을 설치하고 창업교육부터 창업까지 One-Stop으로 이루어 질 수 있도록 지원하고 있으며 창업 강좌를 운영하고 있다.

이 같은 산학협력 역량을 바탕으로 논산 창의융합캠퍼스는 한산모시, 식음료 산업 등 지역 특화산업과 연계하고, 의과대학이 있는 대전 메디컬 캠퍼스는 메디바이오 특성화로 지역산업과 밀착시켜 공생·발전한다는 계획이다.

융복합 교육과정이 창출하는 건양의 시너지

건양대학교는 융복합 교육과정을 통해 학문 간의 시너지 효과를 창출하는 데 역점을 두고 2012년 의료공과대학, 군사경찰대학, 재활복지교육대학 등 융복합 단과대학을 신설해 운영하고 있다.

의료공과대학은 의과대학, 의과학대학, 병원 임상교수로부터 받는 전문 강의와 대학병원, 연구소, 임상시험센터 등 실습지원기관에서의 현장교육, 의료산업체에서 받는 인턴십 등 의료보건 인프라를 활용해 졸업 후 바로 실전투입이 가능한 전문 의료공학인을 양성한다. 특히 대학의 최고 강점인 의과대학과 간호대학, 의과학대학(작업치료, 안경광학, 방사선, 물리치료, 병원관리, 임상병리, 치위생, 응급구조), 건양대학교병원과 연계한 교육을 통해 의료 및 의료산업 분야 특성화 대학으로 발전시키겠다는 계획이다.

군사경찰대학은 건양대학교가 위치한 논산 주변의 3군 본부를 비롯해 육군훈련소, 교육사령부, 부사관학교, 항공학교 등 군 관련 기관들이 밀집해 있는 지역적 특성을 최대한 활용했다. 군사경찰대학은 국방경찰행정학부, 군사학과 등 2개의 학과로 구성되며, 국방경찰행정학부는 국방 및 경찰 분야를 함께 학습할 수 있는 전국 유일 학부다.

재활복지교육대학은 사회복지의 분야를 담당할 전문가를 양성하기 위해 신설했다. 재활복지교육대학은 건양대학교의 보건의료분야 관련학과 및 대학병원이라는 인프라를 바탕으로 지역사회의 특수학교와 사회복지관과 연계해 새로운 특수교육 모델구축을 목표로 하고 있다.

학생소비자시대를 겨냥한 최고의 복지 지원

학생 복지와 편의를 높이기 위한 지원 역시 아끼지 않는다. 논산 창의융합캠퍼스에 위치한 '짐나지움'은 600여 명을 수용할 수 있는 관람석과 농구, 배구 등 구기 종목을 위한 주 경기장과 스쿼시장, 볼링장, 탁구장, 피트니스센터 등을 갖추고 있어 학생들의 여가생활과 건강증진에 기여하고 있다.

'e-포트폴리오' 시스템은 학생들이 4년 동안 자신의 역량과 성장 과정을 모두 기록하고 관리할 수 있도록 개발됐다. 특히 스마트폰 전송기능을 이용해 컴퓨터에 연결하지 않고 자신의 포트폴리오에 각종 활동사진이나 동영상을 올릴 수 있고 대학 자체 소셜 네트워크로 교수들과 커뮤니케이션도 가능하다. 이 밖에 다양한 장학제도와 무료 건강검진, 통학버스 운행 등 학생복지와 편의에 힘쓰고 있다.

건양대는 등록금 동결 및 인하를 통해 대전·충남권 사립대학 중 최저수준의 등록금을 유지하고 있다. 학생들이 금연이나 다이어트를 해도 장학금을 지급하고 있으며 자격증 취득, 공모전 수상 등 항목별로 포인트를 지급해 포인트가 쌓일 경우 장학금을 지급하는 등 포인트 장학금 제도를 운영 중이다. 그 밖에 형제, 자매가 같이 대학을 다니면 주는 '동반장학금', 근로, 봉사, 공로 장학금 등 다양한 장학제도로 학생들에게 혜택을 주고 있다.

또한, 학생들이 교수들을 언제든지 찾아갈 수 있도록 거리감을 줄이는 데도 앞장서고 있다. 교수들의 권위주의적 태도를 바꿔보자는 취지로 매달 서비스 교육을 실시하고 담임 교수제를 운영, 한 학생을 한 명의 교수가 4년 동안 전담해 주기적인 상담을 하도록 하고 내용을 의무적으로 기록하도록 했다. 교수들은 지속적인 관심으로 학생들을 보살피고 나아가 학생의 장래 문제와 취업까지 책임지는 제도이다.

건양대는 학생이 좋아하는 대학, 학생이 행복한 대학을 표방하며 2016년 본격적인 기숙형 대학(RC) 시스템을 구축했다.

또 2013년부터 '파트너십 트레이닝'이라는 강좌를 개설해 사제 간의 친목을 다졌다. 파트너십 트레이닝이란 목요일 7, 8교시에 교수들과 1학년 신입생들이 딱딱한 수업에서 벗어나 문화체험과 각종 체험활동, 봉사활동, 미진한 학습 등을 보충하는 필수 교과목이다. 담임교수제의 일환인 평생패밀리 제도와 연동해 신입생뿐만 아니라 재학생들과도 허물없이 어울릴 수 있는 시간을 나눈다. 김 총장은 "학생들과의 대화를 무엇보다 중요하게 생각해 1학기에는 신입생을, 2학기에는 졸업을 앞둔 4학년 학생들을 대상으로 간담회를 진행하고 있다"며

"평소에도 스마트 폰을 활용해 화상채팅으로 학생들과 만나기도 하고 강의실을 다니며 수업 받는 모습을 관찰하는 등 학생들과 함께 호흡하기 위해 최대한 노력한다"고 말했다.

건양대가 이렇게 학생 중심의 학사 운영을 시작하게 된 이유는 대학 입학 정원은 늘어나고 있지만, 입학을 희망하는 자원은 점차 줄어들고 있다고 판단했기 때문이다. 고등교육인구의 감소로 학생소비자시대로 진입할 것을 예상하고 이에 대처해 왔다.

건양대학교 미래의 청사진

건양대는 2016년 또 하나의 교육혁신에 나섰다. 논산 창의융합캠퍼스에 기숙형 대학RC:Residential College 체제를 도입한 것이다. 논산 캠퍼스에서 공부하는 신입생과 재학생 1,800여 명이 'Spec & Story' 콘셉으로 외국어를 포함한 언어와 건강, 감성, 문화 등 다양한 스토리를 채우는 풍성한 RC프로그램에 참여한다. 특히 건양대는 논산 캠퍼스에 거주하는 학생들이 대도시에 비해 문화적인 욕구를 채우지 못하고 있다는 것에 착안, 이번 RC를 통해 수십 명의 각계각층의 전문가 및 유명인을 대학에 초청해 공연 및 특강 형식으로 학생들과 소통하도록 했다. 이 공연은 캠퍼스 내 학생들에게만 적용되는 것이 아니라 지역주민들에게 장소를 전면 개방해 단지 학생들뿐만이 아닌 지역 전체의 문화행사로 자리 잡고 있다.

건양대는 앞으로 또한 캄보디아의 수위권 대학인 국립기술대학NPIC:National Polytechnic Institute of Cambodia과 함께 안과 관련 보건의료 서비스 인력이 부족한 캄보디아에 안경광학 차세대 리더 양성을 목표로 안경광학과 1년 및 2년 교육프로그램 과정을 개설을 기획하고 있다. 현지 신규 노동인력의 기술력과 숙련도를 제고한 교육인력의 원활한 수급 및 현지형 교육과정을 개발할 예정이며 지속적인 검안 및 안경조제 전문인력양성이 가능한 자립형 교육체계 구축할 예정이다.

프로그램이 개설되면 건양대 교수가 직접 캄보디아 현지에 나가 실습장 구축과 교과 프로그램을 구성하게 된다. 이와 같은 교육 원조를 통해 건양대는 캄보디아의 안보건 수준을 한 단계 끌어올릴 뿐만 아니라 건양대 학생들의 참여를 통해 글로벌 능력도 키워나갈 계획이다.

서정호 회장

ⓐ AMBASSADOR HOTEL GROUP

앰배서더 호텔그룹

서정호 회장

학력
1971 서울 중앙고등학교 졸업
1977 뉴욕 호텔 및 모텔(Hotel & Motel) 학교 수학
1982 네바다 주립대학 졸업(University of Nevada)
      호텔경영학 전공
1984 네바다 주립대 대학원 졸업(경영학 석사 MBA)
2004 세종대학교 경영대학원 명예 경영학 박사 학위 취득

경력
1988 ㈜앰배서더즈 설립 및 대표이사 취임
1993 노보텔 앰배서더 강남 대표이사 회장 취임
1996 소피텔 앰배서더 서울 대표이사 회장 취임
1997 노보텔 앰배서더 독산 대표이사 회장 취임
1997 앰배서더 호텔그룹 회장 취임(3개 호텔, ㈜의종개발)
2003 ㈜앰배스텔 설립 및 이비스 앰배서더 서울 회장 취임
2004~現 한양대학교 국제관광대학원 겸임교수
2006 이비스 앰배서더 명동 회장 취임
2007~現 한중경제협회 부회장
         한국관광호텔업협회 부회장
2009 ㈜서한관광개발 설립
2010~2012 한국방문의해 위원회 위원
2012~現 프랑스 관광청 자문위원(Advisor of Interna-
         tional French Tourism)
2015 ㈜서한관광개발 회장 취임

상훈
2000 프랑스 정부 명예훈장 '레종 도 뇌르
      (Legion d'Honneur)'
2001 한국호텔경영학회 호텔경영대상
2003 금탑산업훈장(제30회 관광의날)
2010 네바다 주립대학 올해의 동문인상(UNLV 2010
      Alumnus of the Year)
2015 매경미디어그룹 선정 대한민국 글로벌 리더 수상

국내 최다 네트워크를 보유한 호텔 전문 기업

전쟁의 상흔이 채 가시지 않았던 1955년, 2층 규모의 19개 객실을 갖춘 '금수장'이 문을 열었다. 대형 호텔은 아니었지만, 당시 보기 드물게 쾌적한 시설과 빠르고 친절한 서비스로 호텔은 늘 만원이었다.

61년이 지난 지금, 옛 금수장이 있던 자리에는 413개의 객실을 갖춘 특급 호텔 '그랜드 앰배서더 서울'이 들어서 있다. 19개 객실로 시작한 금수장이 증축과 확장을 거듭해 대형 특급 호텔로 변모한 것이다. 더 나아가 앰배서더 호텔그룹은 현재 전국 주요 6개 도시에서 17개의 호텔 체인을 운영하는 호텔 전문 그룹으로 성장하였다.

앰배서더 호텔그룹의 역사는 대한민국 호텔 산업의 역사라고 해도 과언이 아니다. 순수 국내 자본으로 지어진 최초의 호텔 금수장의 개관으로 본격적인 한국 민영 호텔 시대가 열렸다. 이후 다양한 선진 호텔 운영 방식을 업계 최초로 도입하며 호텔 산업을 이끌어 왔다. 호텔 업계 최초로 해외 프로모션을 실시했으며 일본 현지에 해외 판촉 사무소를 개설했다. 또한 직원 장기 해외 연수 프로그램 및 판촉 성과 제도 그리고 전자식 교환기 및 자동 모닝콜 시스템도 업계 최초로 도입했다. 호텔 뷔페와 호텔 웨딩의 효시도 앰배서더 호텔그룹이다.

창립 60주년이었던 2015년에는 그룹 역사를 되돌아보고 기리기 위하여 앰배서더 역사박물관을 개관했다.

단독 호텔 박물관으로서는 국내 최초인 앰배서더 역사박물관은 호텔 뒤편에 자리한 서현수 선대회장의 자택이 개조되어 만들어진 것이다. 앰배서더의 역사와 더불어 한국 근현대 호텔의 역사도 함께 담아냈다. 내부 임직원뿐만 아니라 일반인들에게도 공개해 대중과 함께 그 의미를 공유하고 있다.

혜안을 가진 승부사

1992년 서현수 선대회장으로부터 경영권을 물려받은 서정호 회장은 선친이 일궈 놓은 탄탄한 기반을 바탕으로 그룹의 글로벌화와 양적 성장을 이루어 내며 다시 한 번 업계를 선도하고 있다. 정식으로 경영권을 물려받기 5년 전인 1987년에는 프랑스 계열의 세계적인 호텔 체인 기업 아코르사와 파트너십을 맺어 앰배서더의 글로벌화를 성공적으로 이끌어냈다. 특히 미국 계열의 호텔 체인이 주를 이루던 당시, 프랑스 계열의 호텔 체인 그룹과 제휴함으로써 차별화를 이뤘으며 이후 과감한 투자와 마케팅 전략으로 아코르사의 브랜드를 한국 영업 환경

이비스 스타일 앰배서더 서울 명동 착공식

에 맞게 도입해 영업적으로도 크게 성공하였다.

특히 88올림픽 특수가 끝난 후인 1990년대 초, 서 회장은 틈새시장 공략의 가능성을 믿고 과감하게 디럭스급 비즈니스 호텔 브랜드인 노보텔 앰배서더 강남에 대한 투자 결정을 내린다. 그 결과는 대단히 성공적이었다. 1993년 개관한 노보텔 앰배서더 강남은 특1급 호텔과(현재 특1급인 노보텔 앰배서더 강남은 개관 당시에는 특2급이었다) 비교해도 손색없는 서비스를 합리적인 가격으로 제공해 큰 호황을 누렸으며 10여 년 동안 연평균 객실점유율 94%라는 경이적인 기록을 세우면서 업계의 전설이 되었다. 1997년에 오픈한 노보텔 앰배서더 독산 또한 서 회장의 성공작 중 하나다. 당시 노보텔이 들어설 독산동은 대형 상업시설이 전무할 만큼 개발이 덜 된 곳이었다. 하지만 독산 지역의 시장 가능성을 가늠한 서 회장은 많은 사람들의 우려에도 불구하고 자신의 신념대로 노보텔 앰배서더 독산의 건립을 추진해 개관 이후 또 한 번 큰 성공을 거두었다. 자신감과 열정이 있다면 불가능한 것이 없다는 서 회장의 가치관이 힘을 발휘한 순간이었으며 그의 승부사적인 기질과 탁월한 경영 능력을 다시 한 번 입증해 보이는 계기가 되었다.

2000년도에는 이러한 노보텔 브랜드의 성공적인 국내 안착과 아코르사와의 성공적인 파트너십 운영으로 프랑스 정부가 수여하는 명예 훈장 '레종 도 뇌르'를 수훈하기도 했다.

이는 기업대 기업의 파트너십을 넘어 한국과 프랑스 양국의 협력관계에도 기여한 공로를 인정받은 것이다. 서 회장은 한불 수교 130주년이 되는 2016년에는 양국의 협력관계에 도움이 되고자 발족한 한불 클럽의 운영위원으로 활동하며 한불 리더십 포럼에 참여하는 등 지속적인 한불 관계 강화를 위해 힘쓰고 있다.

2003년에는 이코노미 클래스인 이비스 브랜드를 국내에 처

아코르 앰배서더 파트너십 25주년 기념행사

음 도입하여 이비스 앰배서더 강남을 개관하였다. 쾌적한 시설과 수준 높은 서비스를 합리적인 가격으로 이용할 수 있는 이비스 브랜드는 IMF 이후 체면보다 실속을 중시하게 된 소비자의 요구에 절묘하게 부응하며 큰 성공을 거두었다. 이러한 이비스 앰배서더 강남의 성공으로 국내에는 비즈니스 호텔 건립붐이 일었으며 이비스 앰배서더 강남은 국내 비즈니스 호텔의 효시로 인정받고 있다.

아코르사와 성공적인 파트너십을 유지해오던 서정호 회장은 2006년 아코르사와 합작하여 별도의 법인인 아코르 앰배서더 코리아AAK를 설립해 보다 공격적인 호텔 확장에 나섰다.

AAK는 글로벌 호텔 체인의 국내 최초 현지 법인으로 호텔 개발에서부터 호텔 운영에 필요한 컨설팅까지 지원해주는 호텔 운영 전문회사로 자리매김했다. 앰배서더 호텔그룹은 AAK를 성공적으로 운영해 호텔 체인수를 17개로 늘렸으며 2017년 개관 목표인 호텔까지 더하면 총 25여 개 호텔 체인을 확보하게 된다.

서정호 회장의 이러한 성공 뒤에는 선친의 혹독한 경영수업이 있었다. 1972년 만 20세가 되던 해부터 호텔에 입사해 여러 부서에서 업무를 익혔다. 여느 2세 경영자들이 처음부터 임원실로 발령이 나는 것과는 달리, 서 회장은 식당, 벨데스크 등 최일선 부서로 배치되었다. 미국에서 호텔경영학 학사 및 석사과정을 공부할 때도 식당보조, 주차관리, 서빙 등의 아르바이트를 하며 현장 경영수업을 이어갔다. 실무를 경험해봐야 현장과 직원들의 마음을 이해할 수 있다는 선대회장의 경영수업 방침이었다. 이러한 경험들을 통해 서 회장은 이 세상에 단 한 푼도 공짜로 얻어지는 것은 없다는 교훈을 얻었고, 겸손한 자세로 매사에 최선을 다하는 마음가짐을 갖게 되었다. 밑바닥 업무부터 차근차근 쌓은 경험들은 지금의 그룹 최고 경영주 역할을 잘 해낼 수 있는 훌륭한 자양분이 되었다.

앰배서더 정신이 녹아있는 그룹 핵심가치

지난 61여 년간 앰배서더 호텔그룹은 내실 있는 경영과 꾸준한 성장으로 한국 호텔 문화 보급에 선구적 역할을 해왔다. 서현수 선대 회장이 만든 사훈 '빠르고, 깨끗하고, 맛있고, 친절하게'는 이러한 호텔 서비스의 요체와 핵심을 꿰뚫는 명언으로 통한다. 61년 넘게 이어지고 있는 앰배서더 정신의 핵심 또한 이 한마디에 담겨 있다.

서 회장은 선대 회장의 이념을 더욱 발전시켜 그룹의 5대 핵심가치를 정립했다. 서 회장의 가치관이 녹아있는 그룹 핵심가치를 통해 그의 경영관과 인생관을 엿볼 수 있으며 그 내용은 다음과 같다.

첫 번째 핵심가치는 '인간존중'이다. 고객에 대한 존중은 물론 임직원 간의 존중 또한 여기에 포함된다. 즉, 임직원 간의 존중은 고객 감동을 이끌어내는 첫 걸음이라는 것을 말한다. 또한 최고경영자는 현장 직원의 표정, 태도, 말투에서 호텔의 현재 상황을 파악할 수 있어야 하며 직원이 회사에 만족할 수 있도록 최선을 다해야 한다. 이러한 선순환 구조가 이루어졌을 때 호텔은 고객에게 진정한 감동을 선사할 수 있다.

앰배서더에서는 직원을 부를 때 '대사님'이라고 호칭한다.

직원들과 신년 하례식을 하고 있는 서정호 회장

직원 한 명, 한 명을 호텔을 대표하는 대사, 나아가서는 한국을
대표하는 대사로 존중한다는 의미이다.

2004년 노보텔 앰배서더 강남에서 있었던 일화는 앰배서더
의 인간존중 정신을 잘 보여준다. 한 고객이 호텔의 회전문을
통과하다 상처를 입어 병원에 입원하는 일이 있었다. 앰배서
더 직원들은 신속하게 고객을 병원으로 모셔 치료받게 하였고
입원 기간 동안 매일 샌드위치와 수프를 배달하는 정성을 보
였다. 그 결과 고객으로부터 감사 편지를 받았다.

두 번째 가치는 '정도경영'이다. 앰배서더는 투명한 회계 및 공정거래와 같이 정도경영을 위한 노력을 지속적으로 해오고 있다. 이비스 앰배서더 강남과 이비스 앰배서더 명동을 운영하는 계열 법인사 앰배스텔은 2010년 모범납세기업으로 선정돼 정부 표창을 받았다. 성실 납세로 사회 환원에 모범을 보인 결과다.

2009년 두바이에서 온 고객이 입구에 있는 컴퓨터를 사용하다 1000만 원이 든 현금 봉투를 실수로 두고 나온 일이 있었다. 다음날 호텔은 주인을 찾아 주어 고객에게 행복한 휴가를 선물했다. 이비스 앰배서더 강남에서 있었던 일이다.

세 번째 핵심가치는 '장인정신'이다. 자신이 하는 일에 대한 높은 자긍심, 엄격한 자기관리, 멀리 내다보는 안목 그리고 어떤 경우에도 결함이나 부실을 용납하지 않는 완벽한 서비스를 위해 앰배서더 임직원들은 장인이라는 마인드를 공유한다.

2009년 어느 일요일 노보텔 앰배서더 강남에 투숙한 한 고객의 노트북이 고장 났다. 직원은 20여 군데 수리 센터를 수소문한 끝에 문을 연 곳을 찾았고 무사히 수리를 마쳤다. 덕분에 고객은 중요한 미팅을 순조롭게 진행할 수 있었다.

네 번째 핵심가치인 '현장 중심의 스피드경영'도 앰배서더의 자랑이다. 앰배서더는 조직을 간소화하고 의사결정 단계를 축소함으로써 서비스에 소요되는 시간을 단축하고 고객의 감동을 이끌어낸다. 이비스 앰배서더 호텔은 고객에게 문제가 생겼을 때 15분 이내에 해결하지 못할 경우 호텔 사용료를 호텔이 지불하는 '15분 서비스 보장 제도'를 시행하고 있다.

마지막 핵심가치는 '혁신경영'이다. 급변하는 경제 환경 속에서 지속 가능한 성장을 이룩하기 위해 앰배서더 직원들은 끊임없이 변화를 추구해나가고 있다.

SNS를 기반으로 한 아이디어 공모 제도 '씽킹트리Thinking Tree'를 활용해 직원들이 자유롭게 아이디어를 개진하고, 접수된 아이디어는 내부 논의를 걸쳐 실행 여부가 결정되면 즉각 경영에 반영한다. 앰배서더 호텔그룹은 이러한 씽킹트리를 통해 회사 비용절감 아이디어나 고객 감동 증대 아이디어 등 혁신을 불러올 크고 작은 아이디어들을 이끌어 내고 있다.

앰배서더 호텔그룹은 이러한 5대 핵심가치를 실천함으로써 궁극적으로는 회사의 비전인 '최상의 가치를 제공하는 호스피탈리티 리더Hospitality Leader'를 실현하고자 한다. 또한 고객에게 집 이상의 편안함과 즐거움을 제공하고 고객 본인의 가치가 높아지는 경험을 선사함으로써 '고객, 내부 구성원, 주주, 파트너,

사회로부터 선택받는 기업'이 되고자 한다. 서 회장은 5대 핵심가치 실천에 있어 늘 솔선수범하려 노력하며 직원들과 함께 공유함으로써 '국내 최대 호텔 네트워크 그룹'의 꿈을 향해 한 걸음씩 나아가고 있다.

세 가지 원칙, 세 가지 무기

그룹 핵심 가치 외에도 서정호 회장이 개인적으로 회사를 경영하는 데 따르는 세 가지 원칙이 있다.

첫 번째는 '고진감래苦盡甘來'다. 쓴 것이 다하면 단 것이 온다는 뜻으로 어렵고 힘든 일이 지나면 즐거움이 찾아온다는 말이다. 어린 시절 끈질긴 달리기 훈련으로 얻은 서 회장의 고진감래 정신은 서현수 선대회장으로부터 물려받은 유산과도 같다. 고진감래 정신은 호텔 경영에 있어 맞게 되는 위기를 또다른 기회로 삼고 위기를 적극적으로 해결해 나가는 원동력이다.

두 번째 원칙은 '거안사위居安思危'다. 편안할 때에 위기를 생각하라는 뜻으로 항상 어려움을 잊지 않고 대비해야 한다는 말이다. IMF 구제금융 시절 앰배서더는 대기업에 비해 자금 여유가 많지 않았지만 서 회장은 개인자산까지 매각하면서 위기를 넘겼다. 호텔이 문전성시를 이룰 때 위기를 예측하고 자금을 축적해 둔 서 회장의 거안사위 정신이 빛을 발한 좋은 사례이다.

서현수 선대회장은 '떨어지는 물방울이 바위를 뚫는다'는 뜻의 고사성어 '수적천석水滴穿石'을 즐겨 쓰곤 했다. 서 회장 역시 수적천석을 원칙으로 삼고 물이 바위를 뚫듯 모든 일에 있어 꾸준함을 강조한다. 한 번 목표를 세우면 포기함 없이 은근과 끈기를 가지고 임해 반드시 목적한 바를 이루어낸다.

일류호텔의 비결은 직원들의 일류미소

뛰어난 친화력으로 대인관계가 좋기로 소문난 서 회장은 사람들과의 인연을 소중히 여긴다. 각종 친목 모임에서 처음 보는 이들과 스스럼없이 친해지며 한 번 친해진 이들과는 오래도록 깊은 연을 쌓아 나간다. 이는 직원들도 마찬가지다. 회사 경영 환경이 어려워졌던 IMF 때도 구조조정 없이 모든 직원과 함께 위기를 헤쳐 나갔다. 이러한 연유로 앰배서더에는 장기 근속자가 많다.

서 회장은 함께 오래 일하는 것뿐만 아니라 함께 성장하는 것에도 많은 노력을 기울인다. 직원들에게 가능한 많은 배움의 기회를 제공하여 동기부여 및 자기 계발을 장려한다. 또한 직급에 맞는 다양한 교육 프로그램을 통해 프로페셔널한 인재를 양성해 내고 있다. 이러한 연유로 앰배서더는 호텔 사관학교로 정평이 나 있으며 그러한 별명이 무색하지 않게 앰배서더의 구성원들은 최고의 호텔 전문가이자 멀티플레이어로서 활약하고 있다.

새롭게 개관하는 호텔의 총지배인 또한 내부 승진자가 많은 것이 앰배서더의 특징이다. 외국인 총지배인 일색이었던 국내 특급 호텔의 판도를 바꾼 것 또한 앰배서더다. 현재는 그룹 내 17개 호텔 중 한 곳만 외국인 총지배인이 담당하고 나머지 호텔은 모두 내국인 총지배인이 담당하고 있다. 앰배서더 호텔은 남녀노소 누구에게나 공평한 승진 기회를 제공하는 것으로도 유명하다. 2011년 노보텔 앰배서더 독산 부총지배인이었던 송연순 이사가 총지배인으로 승진한 일은 업계에서 화제가 됐다. 국내 특1급 호텔 최초의 여성 총지배인이었기 때문이다. 현재 그룹 내 여성 총지배인 두 명으로 늘었으며 공평한 승진의 기회는 앞으로도 계속해서 열려있다.

서 회장은 앰배서더의 인사人事 철학으로 "벨보이가 웃으면 호텔 실적이 좋아진다"는 말을 자주 한다. 직원이 만족하지 못하면 고객을 만족시킬 수 없다는 생각에서다. 고객과 가장 가까운 거리에 있는 사람들의 마음을 얻는 것. 그것이 서 회장이 찾은 최고 호텔의 비결이었다. 호텔을 만드는 것은 외형만이 아니라 그 속에 있는 사람들의 마음과 서비스라는 사실을 그는 너무나 잘 알고 있다. 서 회장은 비싸고 화려한 호텔만이 일류가 된다고 생각하지 않는다. 오히려 호텔 속에 있는 사람들의 마음과 서비스가 일류호텔을 만드는 비결이라고 말한다. 때문에 서 회장은 경영진의 최우선 임무가 직원들을 웃게 하는 것이라고 강조한다.

나눔으로 하나 되는 앰배서더

서정호 회장은 임직원들과 함께 이룬 성공을 지역 사회와 나누는 일에도 열심이다. 서 회장의 부인인 정연숙 여사는 2008년 어느 날 남편인 서 회장에게 처음으로 과한 선물을 부탁했다. 시각장애인들을 위한 병원 건립에 기부하고 싶다는 것이었다. 평소 시력이 안 좋아 안경을 쓰던 서 회장은 부인의 부탁을 흔쾌히 수락했고 30여 년간 후원해오던 실로암 안과병원의 김선태 목사를 만나 수술실 한 칸 건축비용에 해당하는 후원금을 전달했다.

임직원 행사에 참석 중인 서정호 회장과 부인 정연숙씨

나눔의 철학은 앰배서더 사람들을 묶는 또 하나의 보이지 않는 끈이다. 앰배서더는 서현수 선대회장 시절 '한서장학회' 를 설립해 불우한 학생들의 학자금을 지원하는 사회공헌 사업 을 진행했다. 현재는 국내 주요 대학에 독서실과 실습시설 지 원 사업을 통해 선대 회장의 뜻을 이어가고 있다. 인재 양성 외 에도 앰배서더의 임직원들은 불우이웃 돕기 바자회, 복지 시 설 후원활동 등을 통해 따뜻한 대한민국 만들기에 앞장서고 있다.

앰배서더는 봉사활동뿐만 아니라 환경 보호활동에도 적극 적인 노력을 기울이고 있다. 매년 지구의 날에는 모든 전등을 소등하는 행사에 참여하고 있으며, 봄철에는 전국 앰배서더 계열 호텔 대표와 직원들이 모여 나무 심기 봉사활동을 펼친다. 매일매일 전기 사용량 및 물 사용량 수치를 공유하여 절약을 유도하며 여름철에는 전력 및 물 소비를 줄이기 위한 전사적 절약 캠페인도 실시한다.

겸손과 성실로 만들어 온 최고

61년의 역사를 지닌 앰배서더는 최고最古 호텔에서 최고最高 호텔로 변모하고 있다. 서 회장은 1994년 제2의 창업을 선포하고 대표로 취임한 이후 앰배서더를 국내 최대 호텔 네트워크를 보유한 호텔 전문그룹으로 성장시켰다. 앰배서더는 초특급 호텔에서 중저가 호텔까지 브랜드를 확장했고 계열사인 서울 의종개발을 통해 개발·건설·운영·관리 등 호텔에 필요한 모든 것을 제공함으로써 국내 최초로 호텔 산업의 수직계열화에 성공했다.

국민의 관광욕구와 경영환경 변화에 따른 사업의 다각화도 활발히 진행하고 있다. 특히 새로운 개념의 신규 브랜드 호텔 런칭으로 또 한 번 국내 호텔 시장의 판도에 변화를 가져오고 있다.

국내 최초 특급 한옥 호텔 경원재 앰배서더 인천

2014년 하반기, 첫 선을 보인 이비스 버젯 앰배서더는 기존 이비스 호텔보다 낮은 가격대로 이용할 수 있는 새로운 이코노미 클래스 호텔이다. 기업인뿐만 아니라 저비용 숙소를 선호하는 배낭여행객들도 부담 없이 이용할 수 있다. 2015년 1월에 오픈한 이비스 스타일 앰배서더 명동은 기존 비즈니스 호텔에 유니크함과 스타일리시함을 더한 신개념 라이프 스타일 브랜드다. 세련된 인테리어와 올 인클루시브all-inclusive 서비스 즉, 객실료에 조식과 와이파이가 모두 포함된 것이 특징이다. 또한 서울 시내 전경을 조망하며 사우나를 즐길 수 있는 오픈 핫

바스와 21층 옥상에 위치한 루프톱 바는 기존의 비즈니스 호텔에서 볼 수 없었던 유니크한 시설들로 차별화된 라이프 스타일 경험을 선사한다. 2015년 5월에는 앰배서더 최초의 한옥 호텔 경원재 앰배서더 인천도 개관했다. 인천경제자유구역청이 소유한 호텔로 앰배서더가 운영사로 선정되어 호텔의 전반적인 운영을 담당하게 되었다. 한옥 호텔로는 국내 최대 규모이며 전통 한옥에 글로벌 수준의 호텔 서비스가 더해져 또 한번 한국 호텔 역사를 새롭게 써 나가고 있다. 앰배서더 호텔그룹은 경원재 앰배서더를 통해 전통 한옥의 아름다움과 우리 문화의 우수성을 세계에 널리 알리는 데 앞장서고 있다.

60주년을 맞이했던 2015년에는 다양한 기념 행사를 진행해 새로운 100년을 향한 도약의 해로 삼았다. 특히 지난 60년간 함께 해준 고객에게 감사의 마음을 전하고 미래에도 늘 함께 하겠다는 의미의 슬로건 'Yours Always'를 선포해 고객 만족 최우선 주의를 다시 한 번 강조하기도 했다.

하지만 이러한 성공 속에서도 서 회장은 늘 겸손함을 잃지 않는다. 모든 공을 직원들에게 돌리며 오너Owner가 아닌 조력자로서 직원들과 함께한다. 세상의 모든 일은 혼자가 아닌, 함께 힘을 합칠 때 이룰 수 있다고 믿기 때문이다. 일확천금을 바라거나 허황된 욕심을 부리지도 않는다. 돈벌이 될 만한 사업이 있어도 좀체 눈길 한 번 주지 않고 오로지 호텔 사업에만 올인 해 왔다. 타고난 호텔리어다.

서 회장은 선대회장에 이어 '집무실 없는 회장' 원칙을 고수 하고 있다. 언론사 인터뷰에서 기자가 "왜 집무실이 아닌 비즈 니스 센터에서 인터뷰하느냐"고 묻자 "워낙 좁고 볼품없어 남 들에게 보여주기 민망하다"고 대답했을 정도다. 가장 좋은 자 리는 고객을 위해 남겨두는 선친의 철학과 판박이다.

서 회장은 출퇴근도 직원들이 신경 쓰지 않도록 뒷문으로 하고 현장 점검에 대부분의 시간을 할애한다. 직원들을 대할 때는 항상 존댓말을 사용한다.

늘 타인에게서 배운다는 자세로 임하며, 본인 스스로 배움 을 게을리 하지 않는다. 각종 새벽 조찬 모임부터 해외 유명 호 텔 견학까지 배움의 기회가 있는 곳이라면 이른 시간과 먼 거 리를 마다하지 않고 찾아간다. 앰배서더 임직원들도 이러한 서 회장의 영향을 받아 교육을 중시하는 기업 문화를 형성하 고 있으며 서 회장 역시 임직원 교육이라면 아낌없이 투자해 교육을 장려하고 있다. 2013년도에는 고용노동부로부터 직업 능력개발 훈련기관으로 인증받기도 했다.

정직과 성실을 기본으로 꾸준히 사업을 키워온 서 회장에게 회사가 최우선일 것 같지만 실은 가정이 먼저다. '수신제가치국평천하修身齊家治國平天下'라는 말을 자주 쓰는 서 회장은 가정이 평안해야 바깥일도 순조롭게 풀린다고 믿는다. 가족들에게 먼저 인정받는 것이 우선이라고 여긴다. 실제로 다정다감한 가장이자 어머니를 지극 정성으로 모시는 효자로도 소문이 자자하다. 서 회장의 모친인 이승소 명예회장은 서현수 선대회장이 회사를 설립했던 때부터 조력자 역할을 해왔다. 61년이 지난 지금도 매일 회사로 출근해 서정호 회장의 경영을 돕고 있으며 서 회장은 그러한 모친을 명예회장으로 모시고 늘 고견을 귀담아듣고 있다.

호텔 경쟁력의 열쇠는 고객만족

앰배서더 호텔그룹의 공격적인 경영과 내실 있는 성장에도 불구하고 한국 호텔 산업의 시장 환경은 녹록지 않은 상황이다. 하루가 멀다고 신규 호텔이 들어서고 있고 불안전한 세계 경제로 인해 호텔 산업도 마냥 낙관적인 미래를 기대할 수 없다. 이러한 상황에 대해 서정호 회장은 다음과 같이 말했다.

"우리나라 호텔 산업은 큰 지각 변동을 겪고 있습니다. 고객

층의 변화뿐만 아니라 새로운 호텔들의 등장으로 경쟁이 더욱 심화되어가고 있으며 어려운 시장 환경은 앞으로도 계속 지속될 것입니다. 하지만 이러한 상황일수록 답은 명확합니다. 치열한 경쟁 속에서 호텔이 경쟁력을 유지하는 길은 '고객만족'에 있습니다. 어떠한 경우든 기본에 충실하면 해답을 얻듯이 호텔 산업 또한 '고객만족'이라는 가장 근본적인 가치에 집중함으로써 경쟁력을 유지할 수 있다고 봅니다. 그래서 2015년부터 전사의 모든 임직원이 참가하는 고객만족 향상 프로젝트도 진행하고 있습니다. 고객의 소리voc 시스템 개선 작업을 비롯해 고객 중심 경영 프로세스 재정립까지, 호텔 경영 전반에 걸쳐 고객만족도 증대를 위한 노력에 다시 한 번 온 힘을 기울이고 있습니다."

금수장 오픈 초창기 때 지어진 앰배서더 호텔그룹의 법인명은 '서한사'이다. 서현수 선대회장이 '대한민국을 빛나게 하는 회사'란 뜻으로 지었다. 이 법인명처럼 앰배서더 호텔그룹이 국내 최대 호텔 네트워크의 꿈을 이뤄 대한민국을 전 세계에 널리 빛낼 날이 곧 오리라 기대해 본다.

오원석 회장

🅐 코리아에프티주식회사

코리아에프티

오원석 회장

학력
1971　경기고등학교 졸업
1975　서울대학교 기계공학과 졸업

경력
1974　현대양행(現두산중공업) 입사
1982　대우조선공업 부서장
1987　㈜코리아에어텍 부사장
1996　㈜코리아에프티 대표이사

상훈
2004　제31회 상공의날 표창
2009　제2회 범죄피해자 인권의날 표창
　　　세계일류상품 및 세계일류기업 인증 수상
2010　관세청장상 수상
　　　글로벌 경영대상 수상
2011　글로벌 경영대상 수상
　　　제48회 무역의날 5,000만불 수출의탑 수상
2012　제9회 자동차의날 동탑산업훈장 수훈
　　　글로벌경영대상 수상
　　　제49회 무역의날 7,000만불 수출의탑 수상
2014　글로벌 전문 후보기업 지정서 수여
　　　춘계학술대회 글로벌경영대상 수상
　　　제51회 무역의날 1억불 수출의탑 수상
　　　제51회 무역의날 산업통상자원부 장관 표창
2015　한국자동차산업 경영대상
2016　제50회 납세자의날 기획재정부 표창

코리아에프티주식회사

코리아에프티의 뚝심

코리아에프티(대표 오원석)는 자동차 연료계통의 친환경 부품인 카본 캐니스터와 부품 경량화를 통한 연비효율 향상에 효과적인 플라스틱 필러넥, 그리고 국내 유일의 차량용 차양장치 등 차량 내부 인테리어 부품을 생산하는 강소기업이다.

코리아에프티는 현대자동차, 기아자동차 등 국내 완성차업체와 현대모비스, 글로비스 등 국내 자동차부품 전문기업, 그리고 폴크스바겐, 스코다, GM글로벌, 르노RENAULT글로벌, 르노닛산, 피아트 등 해외 완성차업체에 제품을 공급하며 안정적인 매출을 올리고 있다.

2007년 미국의 서브프라임모기지 부실화와 리먼브러더스 파산, 2010년 유럽재정위기로 촉발된 글로벌 경제 부진에도 불구하고 코리아에프티는 2007년 매출액 917억 원에서 2015년 3,105억 원으로 성장, 탄탄대로를 달렸다. 당기순이익도 2007년 37억 원에서 2015년 153억 원으로 8년간 310%의 고성장을 지속했다.

이처럼 글로벌 경제가 어려운 가운데에도 탁월한 경영성과를 올릴 수 있었던 것은 해외 생산기지 구축, 끊임없는 기술개발, 글로벌 완성차업체로의 매출처 다각화 덕분이다.

중국법인 전경. 코리아에프티는 2003년 중국 북경법인을 시작으로 인도, 폴란드, 슬로바키아 등 해외시장 개척에 매진

코리아에프티의 한 수, 글로벌 경영

코리아에프티는 국내 자동차 시장의 크기와 한계를 명확히 파악한 몇 안 되는 중소자동차부품 기업이다. 오원석 대표는 글로벌 경영만이 회사의 성장을 가져다줄 수 있는 방안이라고 판단해 2003년 자동차 신흥시장인 중국을 시작으로 2006년 인도, 2007년 유럽시장의 전진기지인 폴란드 그리고 최근 슬로바키아에 이르기까지 해외 생산기지를 구축하고 있다.

과감하게 시도한 글로벌 진출은 크게 성공하여 해외법인의 매출이 해마다 증가하고 있다. 중국과 인도법인은 지속적인 매출과 수익성 확대로 안정화 단계에 진입했으며, 후발 주자인 폴란드법인 역시 2015년부터 유럽 신차물량 증대로 큰 폭의 매출 성장을 이어나가고 있다.

제9회 자동차의 날 기념행사. 2012년 오원석 회장이 제9회 자동차의 날 기념행사에서 당사 제품에 대한 설명을 하고 있는 모습

이로써 코리아에프티 매출은 2011년 국내법인과 해외법인의 매출이 50:50 수준을 기록했으며, 2012년부터는 해외법인 매출이 국내 매출을 넘어섰고 그 격차는 점점 더 벌어지고 있다. 적극적인 해외 생산기지 구축은 글로벌 경제위기 속 연매출 400억 원에 불과했던 중소기업을 3,100억 원 이상을 올리는 중견기업으로 성장시킨 것이다.

끊임없는 기술개발도 코리아에프티가 국내 대표적인 친환경 자동차부품기업으로 성장할 수 있었던 원동력이었다. 오원석 대표는 항상 직원들에게 "우리 회사는 일반 제조업체가 아닌 자동차부품 개발의 엔지니어링 회사"라고 강조하고 연구 개발에 아낌없는 투자를 했다. 1996년 회사 설립 초기부터 부설 연구소를 설립해 운영하면서 관리직 총수의 3분의 1 이상을 연구 개발 인력을 채용하고, 매출의 10% 이상을 매년 R&D에 투자해 중소기업에서 보유하기 힘든 고가의 첨단 연구 설비도 갖췄다. 이로 인해 현재 지적재산권 90건을 보유 중으로 해외 및 국내 특허만 64건에 달하고 있다.

블랙박스 기업의 위력

코리아에프티는 기술개발 실력을 인정받아 '블랙박스 기업'이라는 자랑스러운 훈장도 갖고 있다. 블랙박스 기업이란 제품에 대하여 설계부터 개발, 검증까지 모두 자체적으로 소화할 수 있는 기업을 뜻한다. 블랙박스 기업은 고객 요구 품질을 만족할 수 있는 부품을 설계해야하고 품질 만족 여부를 검증하기 위한 많은 시험설비를 보유해야 할 뿐만 아니라 품질의 더 나은 완성도를 위해 높은 기술력 또한 요구된다. 따라서 제품 설계 도면을 대여해 생산을 하는 화이트박스 기업과는 달리 블랙박스 기업은 완성차업체의 신차 개발단계부터 모든 과정에 참여할 수 있다.

코리아에프티는 친환경과 차량 경량화를 통한 에너지 절감형 제품을 개발한다는 원칙을 사업 초창기부터 수립했다. 당시 국내에서는 환경에 대한 관심이 낮았지만, 북미지역과 유럽 국가들은 환경 법규를 강화하는 추세였기 때문이다.

Made in Korea, Made in 코리아에프티

코리아에프티가 이룩한 대표적인 성과가 바로 카본 캐니스터 국산화와 플라스틱 필러넥 개발이다. 먼저 카본 캐니스터는 자동차 연료탱크 내에서 발생하는 증발 가스를 활성탄으로 흡착해 엔진 작동 시 엔진으로 환원시켜 연소시킴으로써 증발가스가 외부에 유출되지 않도록 하는 부품이다. 흔히 주유소에서 아지랑이처럼 피어오르는 것을 볼 수 있는데, 이것이 바로 가솔린이 증발해 나오는 증발가스VAPOR GAS다. 증발가스는 광화학 스모그의 원인이 되는 공해물질로서 각국마다 법규로 유출을 규제하고 있다. 이에 따라 카본 캐니스터는 각국의 환경규제는 물론 자동차사별 요구사양을 모두 갖춰야 하는 등 진입 장벽이 매우 높은 제품이다.

코리아에프티가 국산화에 성공하기 전까지는 전량 수입에 의존할 수밖에 없었다. 그러나 코리아에프티가 카본 캐니스터

135

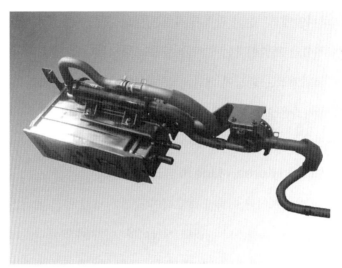

카본 캐니스터. 연료탱크 내에서 발생되는 증발가스를 활성탄으로 흡착하여 엔진작동 시 엔진으로 환원시켜 연소되도록 하는 장치로서 대기오염을 방지하는 친환경 자동차 부품

국산화에 성공함으로써 6억 달러의 수입대체 효과를 가져왔고 국내시장 점유율 79%로 1위를 차지했다. 또한 환경규제가 무척 까다로운 미국, 유럽시장에 파고들어 세계시장 점유율 4위(9%)를 기록, 글로벌 자동차 시장의 새로운 트렌드인 하이브리드 자동차에 적용할 수 있는 가열방식 하이브리드 캐니스터를 개발해 국내 특허를 취득했다. 현재 미국과 중국에도 특허를 출원 중이며 이러한 기술력을 인정받아 2011년 현대자동

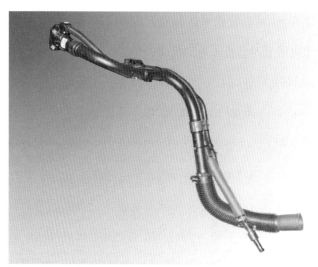

플라스틱 필러넥. 연료 주입구로부터 연료탱크까지 연료를 안전하게 이송하기 위한 유로 역할 부품으로서 기존 스틸구조의 단점을 보완하여 경량화를 통한 연비 개선에 효과적인 친환경 자동차 부품

차 그룹으로부터 선행개발 최우수기업으로 선정되기도 했다.

필러넥은 자동차 연료가 주입구에서 연료탱크까지 이동할 수 있는 유로 부품으로, 코리아에프티가 플라스틱 필러넥을 개발하기 전까지는 국내 자동차에 전부 스틸로 만든 필러넥이 장착돼 있었다. 플라스틱 필러넥은 스틸 제품보다 가볍기 때문에 차량의 연비를 향상시키며, 부식이 잘 되지 않아 환경오염 문제를 덜어주었다. 소재부터 제조공법까지 다른 기업이

범접할 수 없는 진입 장벽을 구축함으로써 국내 유일의 플라스틱 필러넥 생산업체로 확고한 입지를 다졌다.

코리아에프티를 대표하는 또 다른 제품은 의장부품 및 차양 장치이다. 최근 차량의 고급화에 따라 중요성이 높아지고 있는 의장부품Interior Parts은 기능과 편의성뿐만 아니라 제품 외관에 디자인 감각을 더해 소비자의 구매욕구와 기호를 만족시켰다.

자동 차양장치Auto Sunshade는 태양 광선을 차단하여 탑승객의 편의성과 안락함을 더하는 제품으로 운전자의 프라이버시 보호 및 야간 운전의 안전성 확보를 돕는 장치다. 얼마 전만 해도 국내 기업이 생산하지 못해 대부분 고가의 수입품에 의존했지만 코리아에프티가 2009년부터 본격적으로 우수한 성능과 가격 경쟁력을 겸비한 자동 차양장치를 국내 최초로 개발하면서 국내 완성차업체에 부품을 공급하고 있다. 현재 그랜저를 시작으로 K7, 아슬란, 제네시스까지 확대 공급하고 있다.

이러한 성과들을 발판 삼아 코리아에프티는 2007년부터 해외 글로벌 자동차사의 수주에 적극 나서기 시작했다. 그 결과 2007년 GM글로벌과 캐니스터 공급업체 선정, 2012년 르노글로벌에 카본 캐니스터 및 플라스틱 필러넥을 공급계약 체결, 2014년 르노닛산과 플라스틱 필러넥 공급계약 체결, 최근

제49회 무역의날 7,000만 불 수출의 탑 시상식 사진. 지속적인 글로벌 성장과 수출의 공로를 인정받아 코리아에프티는 2012년 7,000만 불 수출의 탑, 2014년에는 1억 불 수출의 탑 수상

2015년에는 폭스바겐, 스코다, 북경기차$_{BAIC}$의 Interior Parts 공급업체로 선정되었다.

코리아에프티는 해외 시장에 통하는 세계 일류의 기술력을 바탕으로 2012년 투명 경영과 지속 가능한 성장성을 인정받으며 코스닥 상장에 성공했다. 같은 해 5월 자동차의 날 행사에서는 오원석 대표가 동탑산업훈장을 수훈하였고, 2014년 무역의 날에는 1억불 수출의 탑 및 산업통상자원부 표창을 수상하는 등 쾌거를 거두었다.

위기를 기회로 바꾼 정면승부

항상 탄탄대로를 달려온 것만 같은 코리아에프티도 몇 차례의 위기가 있었다.

카본 캐니스터 부품의 국산화에 성공하면서 순항일로에 있던 1990년, 코리아에프티에 첫 위기가 찾아왔다. 당시 매출 1,000억 원이 넘던 한 중견업체가 카본 캐니스터의 카피 제품을 시장에 내놓은 것이다. 매출 60억 원에 불과한 코리아에프티는 중견업체의 저가 물량공세에 휘말려 매출 절반이 감소했고 심각한 위기에 봉착했다.

하지만 오원석 대표는 제품 가격을 낮추어 현실과 타협하는 대신 고집스럽게 품질로 승부수를 던졌다. 위기 상황을 정면 돌파하기로 결정한 배경에는 품질 좋은 제품만이 시장에서 살아남을 수 있다는 확고한 그의 지론 때문이었다. 결국 경쟁사는 제품 출시 3년 만에 대형 품질사고가 터졌고, 뚝심 있게 품질로 승부한 코리아에프티에 국내 완성차업체들은 앞다퉈 납품을 요청하게 되었다.

두 번째 위기는 대기업도 줄줄이 도산하던 IMF 외환위기 때였다. 국내에서 자금 유치가 어렵던 1999년, 이태리 토리노 상공회의소 초청으로 오원석 회장은 대한민국 자동차부품 산업의 성장과 코리아에프티의 미래에 대해 강연했다. 마침 이 자리에 참석했던 이탈리아의 자동차부품 대기업 ERGOM사 회장 Francesco Cimminelli는 큰 감명을 받았고, 외환위기를 맞아 어려움을 겪고 있던 코리아에프티에 전격 자금을 지원하기로 결정했다,

해외자금 유치에 성공한 코리아에프티는 이 자금을 연구 개발과 생산시설 확충에 고스란히 투자하였고, 탄탄한 성장기반을 구축하게 되었다. 그 결과 현재 세계시장에서 유수의 자동차부품사들과 어깨를 나란히 하며 경쟁하는 글로벌 기업으로 도약하게 되었다.

학이시습 품격고양

코리아에프티의 기술력과 성과는 모두 '사람'에게서 나온다. 1996년 설립한 이래 오원석 대표는 줄곧 "사람이 곧 경쟁력이다"라고 강조해왔다. 그리고 '논어論語'에 나오는 '학이시습 품격고양學而時習 品格高揚'을 경영철학으로 삼아왔다. 학이시습學而時習은 논어 맨 첫머리에 나오는 말로서, 듣고, 보고, 알고, 깨닫고, 느끼고 한 것을 기회 있을 때마다 실제로 실행해 보고 실험해 본다는 뜻이다. 직접 몸으로 실천해봐야 배우고 듣고 느끼

고 한 것이 올바른 내 지식으로 체화될 수 있다는 것이다. 코리아에프티는 외국에서 전량 수입하던 제품을 자체 개발을 통해 생산하고 있기에 외부에서 기술을 습득하거나 배우는 게 불가능했다. 따라서 회사에 필요한 인재를 내부교육을 통해 양성할 수밖에 없어 코리아에프티의 모든 직원은 회사 선배로부터 습득한 기술과 지식, 정보를 반복하여 실행해보고 연습함으로써 자기 지식을 늘려왔다.

또한 품격고양_{品格高揚}은 모든 직원이 서로에게서 좋은 점을 흡수하고 나쁜 점을 개선해 나갈 때 사람의 품격뿐 아니라 제품의 품격도 동시에 향상되고 발전할 수 있다는 것을 뜻한다.

오원석 대표는 직원들과 함께 호흡하는 '스킨십 경영'으로 전문성을 갖춘 글로벌 인재양성과 노사가 공존공영_{共存共榮}하는 기업문화 조성을 추구하고 있다. 특히 중소기업으로서 유능한 인재를 모으기 어려워지자 오원석 대표는 "대학을 졸업한 유능한 인재가 찾아오기만을 무작정 기다리지 말고 차라리 우리가 교육을 통해 유능한 인재를 양성하자"며 인식의 변화를 이끌었다.

오 대표는 고졸사원을 적극 채용하고 직원들이 자신의 능력을 맘껏 펼칠 수 있도록 생산직에서 관리직으로의 이동이 가능하도록 했다. 관리직 전환 이후에는 실적만으로 인사평가를 실시해 모든 직원에게 공평한 기회를 제공하는 인사시스템을 구축했다. 현재 팀장의 약 30%는 고졸 출신이며 임원으로 승진한 직원도 있다.

코리아에프티는 직원들의 이직율을 낮추고 만족도를 높이고자 복리후생에도 힘쓰고 있다. 직원들의 글로벌 마인드를 높이기 위해 임직원 대상 영어교육 프로그램을 실시하고 있으며 가족친화 경영 개선안을 만들어 근로자의 직무 만족도를 높이는 데 노력하고 있다. 그 결과 2009년 고용노동부장관으로부터 노사상생 실천기업 인증서를 받는 등 선진 기업문화를 만들어 나가고 있다.

한편 코리아에프티는 중견기업으로서 사회공헌 활동에도 적극 나서고 있다. 오원석 대표는 범죄피해자의 인권을 보호하고 고통을 치유하기 위해 평택·안성 범죄피해자지원센터 설립에 동참해 현재 이사장으로 재직 중이다. 지원센터는 범죄피해자 발생 시 전문상담 및 자립, 의료지원, 법률지원, 재정적 지원, 신변보호 등 다각적인 측면에서 지원이 효율적으로 이루어질 수 있도록 원스톱 지원시스템을 구축하고 있으며 90여 명의 전문위원과 150명의 무지개서포터를 보유하고 있다.

이동재 회장

알파

이동재 회장

학력
1996　중앙대학교 경영대학원 중소기업 경영자과정 수료

경력
1971　알파문구사 설립
1987　알파문구센터 법인 전환 대표이사
1987~現　알파㈜ 대표이사
1992　전국문구협동조합 이사
1997　알파 전국 체인점 협회 회장
1998　남원고 장학재단 이사
2015~現　한국문구공업협동조합 이사장
2016　중소기업중앙회 부회장

상훈
2000　한국능률협회 프랜차이즈 우수업체 선정
2001　한국 프랜차이즈대상 우수브랜드상 수상
2002　산업자원부 장관상 수상
2004　우수납세자 국세청장상 수상
2009　제36회 상공의날 산업포장 수훈
2011　한국유통대상 지식경제부장관상 수상(유통효율 혁신부문)
2013　세종대왕 나눔 대상 서울특별시장상 수상
2015　대한민국 글로벌리더 2년 연속 수상

문구생활 · 편의 Shop—
Alpha
www.alpha.co.kr

희생과 봉사를 즐기는 리더 문구인!

'문구는 인간이 만든 최고의 작품이다'라는 문구의 가치를 창출해 온 이동재 회장은 '창조적 변화와 혁신'을 통해 끊임없이 문구 발전을 이룩해온 열정적이고 투명한 인물이다. IMF와 금융위기 속에서도 '문구는 새로운 세대를 열어주는 미래 가치 투자 상품이다'는 신념으로 문구 산업의 견고한 펀더멘탈을 고수하기 위해 지난 45여 년간 오로지 대한민국 문구 발전에 매진해 왔다. 어려운 길을 밝게 비추는 햇불처럼 산업의 한 분야를 선도해 온 이동재 회장! 그의 생애는 새로운 세상을 이끌어 갈 리더들에게 특별한 이정표가 되고 있다.

문구 산업의 新 성장 모멘텀

2016년 2월 중소기업중앙회 제54회 정기총회에서 모든 문구인에게는 선물과도 같은 기쁜 소식이 전해졌다. 문구공업협동조합 이동재 이사장이 중소기업중앙회 부회장에 선출된 것이다. 중소기업중앙회 부회장단은 업종별·지역별·전문성 등을 중심으로 각계 기관, 조합을 대표해 다양한 정책수립과 입법발의 등의 활동을 통해 기업발전을 실질적으로 지원하는 중요한 자리이다. 그런 이유로 문구업계에서는 '문구 산업의

新 부흥'을 기대하는 목소리가 높다. 밖으로는 중국의 급성장과 글로벌 불확실성, 안으로는 대기업과 외국계 문구 MRO의 공격 등 악재가 거듭되고 있는 상황 속에서 이동재 이사장이 구축한 문구 산업의 新 성장 모멘텀에 귀추가 주목되고 있는 것이다.

이동재 이사장은 "한국문구공업협동조합 이사장이자 중소기업중앙회 부회장으로서 영세 도·소매 문구인과 1,400여 문구제조업체를 대표해 문구인 권익향상과 애로사항 개선에 최선의 노력을 경주하겠다"고 소감을 밝혔다. 구체적으로 그는 대정부 건의를 통한 문구인 정부지원 시책강화와 함께 빠르게 변화하는 현시대에 문구인 스스로가 자생력을 겸비할 수 있도록 경영정보 수집·제공, 지도교육 정보화사업, 조사연구사업 등을 추진해 나갈 계획이다.

또한 이동재 이사장은 "인터넷 식민지라 할 만큼 갈수록 디지털화 되어가는 현시대에서 문구인이 생존·성장하기 위해서는 경계와 틀을 허문 창조적 변화와 혁신이 필요하다"고 강조하며 "스마트 소비시대 온·오프라인·모바일을 통합한 옴니채널의 확대, 생산·유통의 동반성장 분위기 조성, 위기를 기회로 바꾸는 문구인 리더십 구축 등에 역점을 둘 계획이다"라고 강

알파가족 한마음 전진대회

조했다.

국내 최초로 문구 프랜차이즈 도입

이동재 회장이 이룩한 가장 큰 업적은 무엇보다 문구 프랜차이즈 도입으로 문구 산업의 패러다임을 견고하게 구축한 것이다. 이 회장은 1971년 남대문에 알파 본점을 설립하고, 1987년 국내 최초로 문구 프랜차이즈를 도입했다. 그리고 알파는 현재 전국 700여 개의 가맹점을 보유한 대한민국 대표 문구 프랜차이즈 기업으로서 7만여 품목의 다양한 상품을 온·오프라

세계인의 점착 메모지!

M POSGY
엠 포스지

SISOFAIR 신제품 경진대회
2013~15.3년 연속 수상

알파 자체브랜드 M-POSGY

인 시장에 유통하며 국내 최대의 문구생활 종합유통 프랜차이즈로 성장했다.

사실 이 회장이 문구 프랜차이즈를 도입할 당시만 해도 시장 상황은 하루가 다르게 변화하고 있었다. 대형 할인점이 등장하자 완구점이 문을 닫았고, 대형 서점이 등장하자 작은 서점들이 문을 닫는 등 문구업계 역시 불확실성에 노출돼 있었다. 이 회장은 "문구점이라 해서 결코 안정적이라고 장담할 수 없고, 언제 사양 산업으로 내리막길을 걷게 될지 알 수 없다고 판단, 생존을 위한 차별화 전략으로 '문구 프랜차이즈'를 도입했다"고 설명했다. 프랜차이즈 도입 초창기에는 알파가 구축해 온 신뢰 하나만으로도 살아남을 수 있었다. 제품에 이상이 있을 때 영수증만 있으면 전액 현금으로 환불해줬고, 주문한 상품을 빠른 시간 안에 받아 볼 수 있도록 직접 발로 뛰며 배송을 해줬기 때문이다. 하지만 그마저도 눈에 띄게 변화하는 상황 속에서 더 이상의 버팀목이 되어 주진 못했다. 이 회장은 이번엔 '시장통합' 전략을 세워 문구에서부터 전산, IT, 생활용품, 식음료를 망라하는 '문구생활 편의shop' 모델을 구축하며 정면 승부를 띄웠다. 문구 프랜차이즈에 이어 문구와 오피스, 그리고 생활영역을 하나로 연결하는 새로운 모델shop을 제시한 것이다. 또 모든 프랜차이즈 매장에 '포스POS'를 도입하며 시스템의 혁신도 꾀했다. 소비자의 대응력을 높일 수 있도록 포스 시스템을 기반으로 전국의 체인점과 본사 간의 네트워크를 연결해 가격의 오차를 줄이고 운영의 투명성을 증대시킨 것이다.

이러한 '창조적 변화와 혁신'은 45년간 대한민국을 대표하는 문구 산업의 대명사로 알파를 장수하게 하는 원동력이 됐다. 이 회장은 "어떠한 환경 속에서도 문구가 롱런 할 수 있도록 문구 산업의 체질개선에 힘썼다"며 "그것이 국내 문구 산업을 위해 알파가 해 나가야 할 중요한 사명이라고 생각했다"고 설명했다.

알파 브랜드 상품들

제조와 유통을 유기적으로 결합, 자체브랜드 개발에 총력

이 회장은 '문구 그 이상의 느낌과 감동을 주는 기업'을 모토로 미래에 대한 가치추구와 인재양성, 효율적 관리 등을 기반으로 내실 다지기에 주력하며 외형을 키워왔다. 오프라인 매장을 기반으로 외환 위기가 한창이던 1999년, 매장을 이용하기 어려운 고객들의 라이프 사이클을 고려해 온라인 쇼핑몰 '알파몰(www.alpha.co.kr)'을 오픈했다. 또 사무용품 전문 사이트인 오피스알파를 동시 운영하며 전방위적인 문구유통의 혁신을 꾀했다. 문구업계 최대 물류 인프라를 구축해 당일 및 익일 배송 체제를 확립한 것도 그가 이룩한 괄목할 만한 성과다. 온라인 주문과 관련, 가맹점주의 매출 증가도 고려했다. 알파몰에 '관리 체인점'으로 등록하면 주문 상품에 대한 권역 배송을 함으로써 여기서 발생하는 실질적인 수익을 체인점에 배분하는 상생구조를 정립한 것이다. 덕분에 고객은 가맹점이 문을 열고 있는 오전 8시부터 오후 8시까지 가까운 가맹점을 통한 배달 서비스를 지원받을 수 있게 됐다. 또 세미나, 워크숍 등 한꺼번에 대량 주문이 필요한 상황에도 물품을 행사장까지 안전하고 편리하게 배송 받는 서비스를 지원받게 됐다. 이 밖에도 이 회장은 최근 소비자의 다양한 수요접근에 부합하도록 업계 최초로 모바일서비스를 구축, 스마트 쇼핑을 가능케 했다.

M-POSGY 'ARTMATE(화방붓)', 'NECE(미용붓)', 'SOMA (학용품)', '알파 水' 등 자체브랜드 개발과 2,500여 가지 PB상품 개발도 그가 추구한 핵심 전략 사업이다. 품질과 디자인이 우수한 제품을 고객에게 저렴하게 제공하기 위해 상품개발에도 적극적으로 나선 것이다. 이를 통해 점착메모지 엠포스지를 비롯하여 펜, 티슈, 건전지, 전기 콘센트, 미용붓, 알파수 등 다채로운 상품이 출시됐다. 특히 점착메모지 '엠포스지'는 글로

알파 신년 로드행사

벌 시장을 겨냥해 출시한 야심작으로 품질과 디자인을 인정받
아 2013년(중소기업청장상), 2014년(산업통상자원부장관상),
2015년(중소기업청장상) 3년 연속 신제품경진대회 수상의 영
예를 안기도 했다. 현재 알파는 매월 15개가량의 제품을 선보
이고 있는데, 이러한 PB상품 개발은 영세한 국내 문구제조 사
업자에게는 생산 기회를 제공해 안정된 수급과 자금 회전율을
높여준다는 점에서 높이 평가받고 있다. 이렇듯 이 회장은 제
조와 유통이 유기적으로 결합된 독특한 경영전략을 통해 문구
산업 전반에 걸쳐 긍정적인 영향을 미치고 있다. 또 이러한 막

강한 브랜드 파워를 토대로 그는 해외시장 진출에도 박차를 가할 계획이다. 현재 알파는 말레이시아, 베트남, 몽골, 캐나다, 호주 등에 제품을 수출하고 있는데 점차 그 지역을 확대해 나갈 예정이다.

문구인 권익향상을 위해 공헌

이동재 회장은 안으로는 알파의 내실을 다지고 밖으로는 문구인의 권익 향상을 위해 공헌했다. 1992년 전국문구협동조합 이사를 시작으로, 2010년부터 2014년까지 한국 문구업계를 대변하는 ㈔한국문구인연합회 이사장으로서 문구 전문 월간지 '문구STYLE' 발행을 통해 최신 문구시장 동향 등 문구 산업을 홍보하는 데 앞장서 왔다. 국내 문구소매점, 문구유통업체, 문구도매업체, 문구생산업체를 비롯한 관공서, 학교, 기업 등에 매월 10,000부 무상배포 되고 있는 문구STYLE은 문구업계 최고의 대변지로 평가받고 있다.

이동재 회장은 사회 나눔 사업에도 앞장서고 있다. 현재의 알파를 있게 한 남대문 알파 본점은 1970년대 남대문 주변 상인들에게 수돗물과 화장실 개방을 시작으로 상생의 정도를 걸어 왔다. 10여 년 전부터는 본점 내에 '알파갤러리'를 오픈해

연필장학재단 후원

어려움을 겪고 있는 신진작가들에게 무료 전시 기회를 제공하고, 매장을 방문하는 고객에게 무료 관람의 기회를 제공하고 있다.

2006년 설립한 '연필장학재단'은 그가 일궈낸 사회공헌활동의 집약체이다. 자신의 몸을 깎아 더 나은 미래를 열어주는 연필의 희생과 봉사 정신을 담는다는 취지로 연필장학재단 초기에는 직원들이 점심 한 끼를 줄이고 후원금을 마련하는 것으로 출발했다. 현재는 체인점, 협력체, 고객 등의 힘을 더해 중고등학생을 대상으로 장학금과 학용품을 연간 3억 원가량 지

해외 프랑크푸르트 문구전시회

원하고 있다. 2007년부터는 지원 대상을 확대해 외국인 유학생들에게도 장학금의 기회를 제공하고 있다. 현재까지 500여명이 지원을 받은 상황으로, 앞으로 10만 회원 모집을 목표로 하고 있다.

문구인의 지식함양과 창업 비전 등을 교육하는 '문구유통사관학교'도 알파가 실천하는 또 다른 사회 나눔 활동이다. 알파 가족사원과 가맹점, 창업 희망자를 대상으로 경영과 경제 지식, 마케팅 영업전략, 창업의 기본요건 등을 교육한다. 6개월 과정으로 진행되는 문구유통사관학교를 통해 알파는 매년 우

문구유통사관학교 교육생

수인력을 배출하고 있는데, 경영이론뿐만 아니라 실제 문구 프랜차이즈 경영에 필요한 실질적인 현장교육을 제공해 인기 가 높다.

이동재 회장은 이처럼 다채로운 사회 나눔 활동을 지속하고 있다. 또 그러한 공로를 인정받아 2005년 중소기업유공자 국 무총리표창, 2006년 대통령표창, 2009년 산업포장훈장을 수 여 받았다. 하지만 이동재 회장은 이에 안주하지 않고 앞으로 도 문구인으로서 더 큰 그림을 그려나갈 계획이다. 뿌리가 튼 튼해야 제대로 가지를 뻗고 많은 과실을 기대해 볼 수 있는 것처럼, 생산과 유통 전반이 화합·상생하는 방안을 강구함으로써 문구 산업 발전의 시너지를 배가할 계획이다.

"사람은 문구를 만들고, 문구는 사람의 창의력과 미래를 만듭니다. 그러한 문구의 가치를 가슴 깊이 새기고 앞으로도 희생과 봉사의 정신으로 문구 산업 발전에 이바지하겠습니다."

이동재 회장의 말처럼 문구를 통해 대한민국의 미래에 더 찬란한 태양이 떠오르길 기대해 본다.

허엽 사장

한국남동발전

허엽 사장

학력
1972 오현고등학교(제주) 졸업
1976 한양대학교 전기공학과 졸업
1983 동국대학교 경영대학원 재무관리 경영학 석사

경력
1978 한국전력공사 입사
2008 한국전력공사 제주지사장
2009 서울본부 본부장
2010 배전운영처장
2012 개발사업본부 본부장
2013 ㈜한국남동발전 사장 취임(5대)

상훈
1998 전기공업발전 유공 산자부장관 표창
2002 재난대책 유공 국무총리 표창
2005 220V승압 유공 대통령 표창
2011 은탑산업훈장(전기산업발전 유공)
2015 글로벌리더 대상 수상

끊임없는 혁신활동, 한국남동발전

한국남동발전은 정부의 전력산업구조개편정책에 따라 2001년 4월 2일 한국전력공사에서 발전 부문이 분리되어 출범하게 된 발전 전문 회사다. 본사는 사장 직할의 미래전략실과 기획관리본부, 기술본부, 대외사업단 아래 기획처 등 4개의 처, 조달협력실 등 5개의 실 외에 사업소 조직으로 삼천포본부, 영흥본부, 분당본부 등 6개의 본부와 특수목적사업소인 사업지원처로 구성돼 있으며 총 종업원 수는 2016년 1월 말 기준 2,211명이다.

남동발전의 혁신활동은 정부의 공기업 경영정상화 논의가 나오기 훨씬 전인 2009년부터 본격적으로 추진되었다. 2008년 글로벌 금융위기에 이은 환율상승으로 국제 원자재 가격이 천정부지로 치솟고 있을 때 위기상황을 돌파하기 위해 혁신을 시작했다. "공기업도 경쟁력을 갖추지 않으면 망할 수 있다", "공기업의 적자는 국민에게 큰 죄를 짓는 것"이라는 메시지는 이 시기 남동발전이 느꼈던 치열한 위기의식을 대변한다. 임원진은 직원에게 제도와 시스템, 나아가 조직 구성원의 마인드까지 대대적인 혁신을 주문했고 회사 역시 적자구조를 해소하기 위한 원가경영을 최우선으로 추진했다. 과거 공기업 특성상 민간기업과 비교해 내·외부 경쟁이 약하다 보니 부족해진 원가의식이 남동발전 성장의 가장 큰 걸림돌이었다. 이 시점에서 남동발전은 공기업 최초로 소사장제를 도입해 건전한 경쟁과 자율책임 경영을 정착시켰고, 물질흐름 원가관리 등을 통해 업무수행 결과가 재무성과로 연결되도록 원가중심 업무습관을 체질화했다.

2014년 11월 5일 발전용량 870㎿인 영흥화력 6호기가 본격적인 상업운전을 시작하면서 남동발전의 총시설용량은 9,978㎿에 이르렀다. 국내 발전 5사 가운데 최대 설비용량을 갖춘 것이다. 남동발전은 발전설비 용량뿐 아니라 설비 이용률, 고장 정지율 등을 제고하며 본격적인 1만㎿ 시대 개막을 앞두고 있다. 2015년 12월 기준 총자산은 9조 3,268억 원, 자본은 4조 4,670억 원이며 2015년 매출액 5조 845억 원, 당기 순이익 6,012억 원을 달성해 분사 이래 최대의 당기 순이익을 기록했다.

남동발전은 시장형 공기업으로 지정된 첫해인 2011년도와 이어 2012년도까지 공공기관 평가 사상 유례가 없었던 2년 연속 정부 경영평가에서 기관과 기관장 모두 A등급을 획득했다. 이로써 남동발전의 우수한 경영시스템과 성과창출을 대내외적으로 인정받는 계기가 됐다. 혁신활동과 끊임없는 노력으로 남동발전은 2009년 2,116억 원, 2010년에는 2,969억 원 당기 순이익을 기록했다. 남동발전의 지속적인 흑자경영의 토대가 구축되는 시점이다.

혁신과 창조의 진정한 가치창출

남동발전의 혁신작업은 2009년부터 원가혁신, 현장혁신, 프로세스혁신으로 대표되는 3대 혁신을 기치로 본격적인 혁신 활동을 추진했다. 공기업 최초로 소사장제를 도입해 자율책임 경영을 정착시켰고, 발전부문 TPM(전사적 설비보전), 건설부문 Value Engineering, 난제 해결을 위한 6시그마, 그리고 경영 환경 변화에 대응하기 위한 시스템경영 등 지속적인 혁신을 통해 일하는 문화를 변화시켜 나갔다.

노력은 성과로 이어져 2009년부터 7년 연속 화력 발전사 중 당기순이익 1위, 저렴한 발전원가 1위를 달성했고 2013년 국가품질대상(대통령표창), 2015년 국가생산성대상(대통령표창)을 수상하는 영예를 얻었다.

2011년에는 기업과 현장의 경쟁력이 떨어지지 않도록 업무 프로세스를 최적화하고 시스템화했다. 경영자정보시스템을

2015년 국가생산성대상 대통령표창 수상

필두로 연료 SCM(공급망관리), 전력 시장가격 예측시스템 등 시나리오 경영과 전략경영, 가치경영을 중심으로 하는 시스템 경영이 도입된 것이다. 4년에 걸친 지속적인 혁신노력으로 남동발전은 명실공히 공기업 혁신의 아이콘으로 떠올랐으며 2008년 적자기업이던 것이 2009년부터 2015년까지 7년 연속으로 화력 발전사 가운데 당기순이익 1위를 달성하는 기염을 토했다.

　남동발전의 혁신은 여기에서 멈추지 않았다. 2013년 세계적인 창조 패러다임의 확산, 정부의 창조경제 정책 등 대외적 경영환경 변화에 능동적으로 대응하고 전력판매단가 급락 등 위기를 극복하고자 창의적 혁신을 추진했다. 먼저 혁신체계 고도화 방향을 '창조경영'으로 설정하고 정부 3.0, 창조혁신 3.0, 시스템경영 등으로 세분화하여 회사 경영철학으로 전략화했다. 이를 바탕으로 기존의 3대 혁신을 창조혁신 3.0으로 발전시켜 추진했다. 창조혁신 3.0은 기존의 문제해결 중심의 혁신 2.0에서 창의, 소통, 융합을 바탕으로 한 창조적 가치 중심의 혁신을 더한 개념이다. 효율지향과 창조지향, 그리고 Top-Down과 Bottom-Up 방식이 융합된 방향으로 혁신을 발전시켜 나가는 전략이다.

남동발전은 창조혁신을 바탕으로 기업의 새로운 가치를 창출하는 Creative Work(신 가치창출)와 생산성 향상, 원가절감, 업무혁신, 방만경영을 제거하는 Creative Way(창조적 업무방식) 투트랙으로 창조혁신 과제를 발굴하고 추진했다. 창조혁신 포털시스템을 구축하여 구성원의 창의적인 지식과 아이디어를 융합했으며 혁신 중점과제에 대한 책임관제를 운영하고 우수사례 경진대회를 개최해 성과를 극대화하도록 유도했다. 2015년 남동발전은 478건의 과제활동을 수행해 혁신 재무성과(수익창출, 비용절감, 투자비절감, 프로세스 개선) 1,066억 원을 창출했다.

　이후 남동발전은 가치창출 중심의 경영체계가 정착되고 핵심 경쟁부문에서 성과가 나타나면서 석탄회 판매수익 등 기타 전기매출과 국내외 발전용역 사업수익의 합계가 2012년 233억 원에서 2013년 395억 원, 2014년 448억 원, 2015년 616억 원으로 꾸준히 늘었다. 또한 7년 연속 최저가 연료조달을 통해 타 발전사 평균 도입단가(16,280원/Gcal) 대비 468원/Gcal 저가 구매하여 연간 713억 원의 연료비를 절감하였다.

　이 밖에도 남동발전은 경영 전반에 걸쳐 비효율 제거 및 가치창출을 위한 전략을 수립하고 2013년 12월부터 비상경영추진단을 구성했다. 사업조정, 자산매각, 경영효율화 등 자구노력을 통해 1조 3,111억 원의 부채를 감축했다. 또 전력그룹사 최초로 단체협약을 체결해 국민 눈높이에 부응하는 복지수준으로 방만경영을 개선하는 등 신뢰받는 기업으로 탈바꿈했다. 특히 계약제도 개선위원회를 통해 국민불편 규제 27건을 발굴·제거했으며 생산성 향상 추진체계를 구축하고 가치사슬Value Chain 전 영역에서 13대 과제를 발굴해 2015년 1,675억 원의 생산성 기여액을 창출하였다.

　남동발전은 업무전반의 혁신을 통해 2015 공공구매 대통령

표창, 신기술실용화 대통령표창, 대한민국 안전대상 대통령표창, K-ICT 정보보호대상, 대한민국 사회공헌기업대상, 대한민국 일하기 좋은 100대기업 대상 등 경영전반에 걸쳐 우수한 성과를 인정받았다.

최저와 최고를 지키는 전략

남동발전의 글로벌 핵심 경쟁력은 외국에서 수입하는 발전연료인 유연탄의 조달단가를 최저 수준으로 낮추는 것, 그리고 국내 최고수준의 발전설비 신뢰도다. 낮은 연료 구매가격은 곧 경제적인 전기 생산으로 직결된다. 2015년 국제석탄가격은 USD71.22/톤이지만 남동발전의 도입단가는 USD67.26/톤으로 글로벌 최고 수준의 조달역량을 확보하고 있다.

또한 안정적인 전력공급의 지표가 되는 비계획 손실률을 4년 연속 개선해서 설비의 신뢰도를 높였다. 비계획 손실률 개선은 안정적인 설비 운영에 필요한 기술력을 확보했다는 의미다. 효율과 실질을 중시하는 남동발전의 실사구시 경영정상화 전략은 설비 이용률도 국내 발전사 가운데 가장 높은 81.2%까지 높여 놓았다.(발전4사 평균은 60.51%)

파키스탄 굴푸르 수력발전소 건설공사 착공식

오직 윤리적인 기업만이 존재

허엽 남동발전 사장은 취임 이후 에너지 공기업에 대한 국민적 기대와 책임감을 깊이 느꼈다. 특히 일부 에너지 공기업의 비리 등 사회적 비난에 대해 겸허하게 받아들이고 혁신과 윤리경영을 통해 기본에 충실해야겠다고 판단했다.

취임 후 허 사장은 제일 먼저 전 직원과 협력회사와 함께 윤리경영실천다짐대회를 열었다. 윤리경영의 실천에서 가장 중요한 요인이 솔선수범의 자세라는 생각에서였다.

남동발전은 윤리경영의 표준화를 위한 작업에도 박차를

전력피크기간 대비 발전설비 현장점검

가했다. 윤리적 조직문화 구축과 투명경영은 허 사장이 중시하는 경영철학이다. 이를 위해 실행규범Code of Conduct, 실행조직Compliance, 윤리공감Consensus, 윤리공유Cooperation라는 4C 실행체계를 구축했으며 남동발전 고유의 윤리경영 실행평가지표인 KEMDEX와 산업통상자원부 주관 윤리경영수준지표인 KoBEX SM 평가를 받는 등 윤리경영 성과에 대해 대내외적 프로세스를 구축했다. 이러한 노력의 결과로 남동발전은 2015년 권익위 주관 청렴도 평가에서 공직유관단체 Ⅱ유형 중 최고등급을 달성하는 성과를 이룩했다.

또한 청렴한 공기업상을 확립하고자 각 처실별로 청렴결의 대회를 개최했다. 업무용 컴퓨터를 켜면 우선 청렴 관련 메시지가 나오고 가족사진을 보면서 청렴한 업무수행에 흔들림 없이 집중하겠다는 다짐을 한다. 이런 노력을 통해 직원들은 회사가 청렴이라는 가치를 얼마나 강조하는지 깨닫게 되고 스스로도 항상 몸가짐을 조심하게 된다. 그밖에 청렴윤리 실천을 위한 참여활동도 활발하게 이루어지고 있다. 청렴실천 우수 아이디어를 발굴하고 매주 화요일을 '윤리의 날'로 선포했다. 또한 윤리적 업무처리 가이드를 선포하고 행동강령 이행 서약, 청렴윤리 메시지 발송 등 평소 청렴성을 강조하고 반부패 마인드를 함양하기 위한 활동을 꾸준히 펼치고 있다.

마지막으로 남동발전은 공기업 최초로 출자회사 투명성 강화제도를 운영하고 있다. 200인 이상 출자회사에 자체 감사조직을 운영하도록 주주협약서에 명문화했고 출자회사 계약첨부 서류의 위조 여부를 확인하기 위한 특정 감사로 시험성적서 검증체계를 강화했다. 감사의 전문성을 향상시키기 위해 외부전문가를 적극적으로 활용하는 점과 내·외부 감사 지적사항을 사후관리를 통해 100% 이행하도록 했다. 남동발전의 정밀한 내부 견제시스템은 예산절감으로 나타났다. 2015년 감사

로 인한 예산절감과 환수효과는 596억 원으로, 이는 2014년보
다 295억 원 늘어난 수치다.

허 사장이 강조한 윤리경영은 이제 남동발전의 기업문화로
자리 잡았다. 최근 공기업은 국민의 눈높이에 맞춰 일하고 경
영정상화의 목표를 달성하기 위해 전에 없는 노력을 기울이고
있다. 경제적 이익을 사업목적으로 하는 사기업과 달리 공공
재를 생산한다는 이유로 오랫동안 간과해 왔던 경영성과에 대
해 책임감을 느끼는 것이다. 국내 전기 총 생산의 13%를 담당
하는 남동발전 역시 경영개선과 방만경영의 실질적 해소를 위
해 노력하고 있다. 허 사장 역시 경영전략회의에서 "오직 윤리
적이고 유익한 기업만 존재하게 될 것"이라고 말하며 윤리경
영에 보다 힘써 줄 것을 당부했다.

나누고 함께하는 인간다운 기업

남동발전은 정부의 지역 균등화 발전을 위한 공기업 지방이
전 정책에 따라 2014년 3월 본사를 진주시 경남혁신도시로 이
전하면서 사회공헌을 특히 강화했다. 모든 임직원이 참여하는
나눔봉사단은 본격적인 나눔문화를 확산하기 위해 다양한 사
회봉사 프로그램을 활발하게 펼치고 있다. 활동에 필요한 비

CEO와 함께한 추석맞이 효도급식 봉사시행

용은 직원이 급여에서 자발적으로 일정액을 공제해 모금하고 여기에 모금액과 같은 금액을 회사가 지원하는 매칭펀드로 조성된다. 나눔봉사단은 폭우·폭설·가뭄 등으로 어려움을 겪는 발전소 인근 지역이나 농번기 농가를 직접 방문해 필요한 일손을 보태고 장비와 지원금을 전달하는 방식으로 활동한다. 남동발전은 봉사활동 필수시간을 채우지 못할 경우 승진대상에서 제외하는 등 사회봉사 활동참여를 제도화하고 있다. 에너지 소외계층을 찾아 태양광 발전기를 설치하고 복지시설 옥상에 녹화사업을 추진해 건물 에너지 소모량을 줄이는 '써니

협력중소기업 자금난 해소를 위한 동반성장 협력대출 협약식

프로젝트Sunny Project’는 발전회사의 정체성을 가장 잘 드러내고 있다.

중소기업과의 동반성장을 위한 노력도 게을리하지 않는다. 지난해 10월 남동발전은 일본 도쿄에서 ‘협력 중소기업 동반 수출 로드쇼’를 코트라와 공동으로 개최, 현지 바이어 50개사 에 대한 수출 상담을 진행해 수출상담액 1,950만 불, 계약 추 진금액 350만 불을 성사시켰다. 또한 중소기업의 체계적인 경 영을 원스톱으로 지원하기 위해 경영 서포터즈를 운영하고 있 다. 법률, 특허, 재무, 세무, 인사, 노무, 품질, 안전관리 등 중소

KOTRA 동경 무역관과 공동으로 '협력중소기업 동반 수출로드쇼' 개최

기업이 별도의 부서를 두고 지속적으로 관리하기 어려운 분야에 전문가가 컨설팅 지원을 함으로써 중소기업 경영의 체계화를 돕는 것이다. 남동발전은 산업통상자원부 주관 2015년도 동반성장 실적 경영평가에서 최고 등급을 획득함으로써 명실상부 동반성장 분야의 대표 공기업임을 입증했다.

남동발전은 역동적인 조직문화 조성을 위해 정기적으로 직원과 CEO와의 대화 기회를 마련하고 있으며 동호회 활성화를 위한 지원, 생일축하 이벤트 시행 등 소통 활동을 시행하고 있다. 일과 가정의 조화를 위해 아빠 직장 체험하기, 가족초청 경영 현안 설명회, 가족과 함께 주말여행비 지원 등도 대표적인 직원 기 살리기 활동이다.

　남동발전은 효율적 경영을 위한 소프트웨어 개발과 함께 윤리경영을 통한 기업인간화의 두 가지 목표를 달성하기 위해 노력한다. '가장 인간다운 기업이 가장 위대한 기업'이라는 남동발전 허엽 사장의 이상이 어떤 모습으로 열매를 맺을지 기대해 본다.

강인규 시장

전라남도 나주시

강인규 시장

학력
목포 제일정보고등학교
초당대학교 경찰행정학과 졸업

경력
제12~13대 반남농협조합장(1994~2002)
김대중 대통령 선거 나주시 선거대책본부 기획실장
새천년민주당 나주지구당 정책실장
제4~5대 나주시의원(2002~2010)
제5대 나주시의회 전반기 의회운영위원장
새천년 민주당 나주지구당 상무위원
민주당 전남도당 나주지역위원회 부위원장
제5대 나주시의회 의장(2008~2010)
前 민주당 전남도당 부위원장
더불어민주당 나주지역위원회 상임부위원장

상훈
농림부장관 표창
농협중앙회장 표창
㈜전국지역신문협의회 의정대상
광주-전남 유권자연합회 우수의원
2015 글로벌 자랑스런 세계인·한국인 대상
2016년을 빛낼 도전한국인 지방자치부문 대상

나주역, 지역경제 새로운 성장축 도약

전라도 목사고을 나주시가 마한馬韓시대 이후 2천 년간의 역사문화를 자양분으로, 빛가람 혁신도시를 토대로 삼아 대한민국 에너지 수도로 새롭게 비상하고 있다. 나주는 한국전력을 비롯한 16개 공공기관이 이전하는 빛가람 혁신도시와 나주 읍성권을 비롯한 역사문화관광자원을 활용한 원도심 활성화를 통해 미래 백년 도약을 위한 발판을 탄탄히 다져가고 있다.

강인규 나주시장은 민선 6기 시정목표를 '시민과 소통하는 행복한 나주'로 정하고 새로운 나주를 이끌고 있다.

강인규 시장은 활력 있는 농업농촌, 꿈이 있는 상생경제, 배려하는 시민복지, 역사문화 관광도시, 시민중심 자치행정 등 공약 실행계획을 중심으로 업무추진에 박차를 가하고 있다.

강인규 나주시장은 2014년 7월 민선 6기를 이끌면서 각 부문에서 괄목할 만한 성과를 거두고 있다. 호남 고속철의 나주역 정차를 확정시켜 광주·전남 교통 중심지로서의 위상을 확립했으며, 이는 혁신도시 활성화를 견인하고 있다. 호남고속철도 KTX 개통으로 나주역 정차가 하루 26회로 늘었고 1시간 50분 만에 서울까지 도착하게 되면서 수도권과의 반나절 생활권이 실현됐다. 이를 위해 나주시는 무료 주차장 250면을 확보하고 대중교통 환승 체계를 구축해 나주역 활성화를 도왔다. 덕분에 하루 800~1,000명이었던 승객이 100% 이상 증가하면서 나주역은 지역 경제의 새로운 성장축으로 도약하고 있다.

빛가람 에너지밸리 조성

세계 10대 전력기업인 한국전력의 나주시대가 2014년 말에 열리면서 '빛가람 에너지밸리' 조성 사업에 신호탄을 쏘아 올렸다. 빛가람 에너지밸리 구축을 위한 MOU 체결과 기초전력연구원 에너지밸리 분원 개원, 에너지밸리 연구센터 개소, 광주전남발전연구원 나주 이전, 에너지밸리센터 착공, 나주 에너지밸리 지원에 관한 조례 등이 차례로 이뤄졌다.

지난해 말 완공된 혁신산업단지는 지방 중소기업 특별 지원지역으로 지정돼 민선 6기 이후 95개 기업과 투자협약을 체결하는 성과도 거뒀다. 혁신산단 조성규모는 178만 9,000㎡ 부지에 120만㎡(36만 9,000평) 규모로 2,980억 원이 투입되었고 분양가는 3.3㎡당 62만 7,000원(㎡당 19만 원)이지만, 나주시가 지원하는 입주보조금과 국비로 지원되는 수도권 이전기업 시설지원금 등을 감안하면 실질적인 분양가는 52만~53만 원 수준이다. 뿐만 아니라 '지방 중소기업 특별 지원구역'으로 지

빛가람 에너지밸리의 상징이자 컨트롤타워가 될 빛가람 에너지밸리센터 건립
착수행사(2015.9.16.)

정받아 과세연도부터 5년간 법인세·소득세 50% 감면과 취득
세·재산세 등 지방세 감면 혜택, 정책자금 융자혜택 확대 등의
유리한 조건을 제공하고 있다. 시는 혁신산단을 비롯한 산단
분양 활성화를 위해 어려운 재정여건 속에서도 기업 투자촉진
보조금을 최고 30%까지 상향 조정해 에너지밸리 조성에 따른
투자기업 유치에 힘쓰고 있다.

또한 혁신도시 배후 산단으로 접근성 측면에서도 우수하다.
4차선 자동차 전용도로, 국도 13호선과 23호선 4차선 도로도
인접해 있고 KTX 나주역과는 10분, 서해안 고속도로 무안IC

까지는 15분 이내 거리에 위치하여 물류비 절감 효과가 뛰어
난 것으로 평가받고 있다.

　나주시는 한전 실증단지(41필지·20만 1,000m²·381억 원)
유치가 확정되면 한전 연관기업의 투자가 본격화될 것으로 보
고 있다. 또한 한전에 50% 이상 납품하거나 거래를 하고 있는
기업의 경우 혁신산단으로의 이전에 적극적이어서 분양 활성
화 전망을 밝게 하고 있다. 혁신산단 분양이 완료되면 3,800
억 원의 생산유발 효과와 1,300억 원의 부가가치 창출 효과,
6,000여 명에 달하는 고용창출 효과가 기대된다.

정주여건 개선 삶의 질 높였다

　명품 혁신도시 조성의 최대 걸림돌이었던 호혜원의 악취문
제를 해소하고 생활 편의시설도 속속 입점 중이어서 혁신도시
의 정주여건 역시 빠르게 개선되고 있다.

　한전을 비롯한 14개 기관이 이전한 혁신도시는 한국 인터넷
진흥원이 올해 말 입주 예정이며 내년에 농림수산식품기술기
획평가원이 입주하게 되면 혁신도시 이전 대상 16개 공공기관
의 이전이 완료된다.

　혁신도시는 지난해 말 기준 인구 1만 2,452명, 학생 수 1,598

나주시 금라회 회원들이 농촌경제연구원 임직원들의 출근시간에 맞춰 환영행사를 가졌다. (2015.9.9.)

명, 준공 아파트 6,072호, 아파트 입주율 80%, 오피스텔 분양률 99%, 부동산을 제외한 편의시설 449개, 버스 배차 252회 등의 정주여건을 갖추고 있다.

국토교통부에 따르면 지난해 광주·전남지역 땅값 상승세가 이어진 가운데 빛가람 혁신도시가 들어선 나주의 땅값 역시 급등했다. 한국전력 등 공공기관이 몰려 있는 나주 빛가람동은 전국 읍면동 중 가장 높은 상승률을 기록했다.

나주시는 모두가 걱정했던 원도심과의 동반발전을 위해 '관광객 백만 시대'를 열었고 옛 나주잠사 문화 재생사업도 49억 원의 사업비를 들여 본격적으로 추진하고 있다. 읍성권이 도시재생사업 대상 지역으로 확정되고 문화재 보수예산도 2년 연속 100억 원 이상을 확보한 데다 각종 공모사업 선정으로 원도심 활성화에 가속도가 붙었다.

농업예산 늘려 활력 있는 농촌으로

생명산업인 농업 발전을 위해 나주시는 2015년 농업예산을 1,066억 원으로 전년 대비 26% 늘렸고, 농업·농촌 및 식품산업발전 5개년 계획을 수립, 2018년까지 5개 부문에 8,969억 원을 투자해 '활력 있는 농업농촌'을 육성할 방침이다.

중소농의 안정적 생산기반 마련을 위해 문을 연 나주형 로컬푸드 1호점 빛가람점은 개장 1백여 일 만에 누적매출 5억 원, 회원가입 2천 명을 넘어섰고, '도·농 상생 드림 일자리 지원센터'를 설치하여 지역별, 시기별, 품목별 맞춤형 인력지원으로 농가 일손부족도 해소해 나가고 있다. 농업인 마을 공동급식은 306개소로, 벼 자동화 공동 육묘장은 16개소로 늘렸다.

농업인들의 안정적 소득확보를 위해 지자체와 지역농협 연계 협력 사업으로 '농업인 월급제'를 전국 최초로 시행한 데 이어 올해는 대상을 대폭 확대했으며, '농산물 가격안정 기금 및

강인규시장과 조환익 한전사장 등이 로컬푸드 직거래 상생장터에서 나주배를 포함한 지역농산물 애용을 당부하고 있다.(2016.2.3.)

최저가격 지원에 관한 조례' 마련과 농산물 가격안정기금 50억 원 확보로 농산물 최저가격 보장제 본격 시행을 위한 여건도 마련했다.

지역 고등학교까지 식품비 전액을 지원해 무상급식을 확대했으며 사립유치원 및 보육시설 식재료비를 지원했다. 또 공교육 강화를 위한 학력향상 교육경비와 양질의 교육프로그램을 활성화해 공교육 강화에도 힘썼다.

2015년 복지예산도 1,204억 원으로 전년 대비 12% 늘렸다. 오지마을 100원 택시도 지난해 23개 마을에서 올해에는 135

강인규 시장이 나주고등학교에서 학생들에게 배식을 해주고 있다.
(2015.5.15.)

개 마을로 대폭 확대, 약 7,000여 명의 시민이 혜택을 받을 것
으로 예상한다. 토요 운영 지역 아동센터도 10개소로 늘린 데
이어 2016년에는 4개소를 추가해 모두 14곳으로 늘리고 지체
장애인 편의시설 지원센터 설치로 장애인과 노인 등 노약자
맞춤형 생활환경을 구축한다. 또 실내수영장을 새벽 시간에
운영하는 등 공공건물 및 공공체육시설 개방을 확대했다.

시민소통실 만들어 소통 강화

민선 6기 나주시가 시민과의 소통을 최우선에 두겠다는 의

지로 출범시킨 시민소통실은 그 어느 때보다 활발한 소통역량을 발휘했다. 시민소통위원회 출범을 통해 시민참여 활성화 및 소통네트워크 구축의 효과를 거뒀으며 다방면으로 소통 공감대를 넓혔다.

그 결과 일일 명예시장제, 청소년과의 대화, 이그나이트 나주 등 시민이 주인 되는 소통행정을 강화할 수 있었다. 시민감사관제를 운영해 전문가 등 시민의 시정참여를 통한 공감행정을 구현하고 20개 읍면동 주민과의 대화는 물론 저녁 시간에 시민과의 대화를 통해 소통 사각지대를 해소하는 노력도 기울이고 있다. 시장 포괄사업비 축소와 업무추진비 단계적 축소 및 투명공개, 보조금 지원 사업 공개 및 전용카드 사용 등 행정 내부 시스템도 개선했다.

강인규 시장은 이 같은 성과를 바탕으로 2016년 올해를 '위대한 미래 나주 100년'의 디딤돌로 삼아 15만 자족도시 꿈을 이루는 원년으로 만들고, 속도감 있게 시정을 펼쳐 나가겠다는 각오를 다지고 있다.

보편적 교육지원으로 교육체질 개선

강인규 시장은 기회가 있을 때마다 민선 6기 교육 지원정책

강인규 시장이 소통과 공감을 위한 이그나이트 행사에서 활발한 의견개진을 당부하고 있다.(2015.12.4.)

의 기조를 소수 중심의 학력 신장 지원에서 다수 보편적 교육 지원으로 전환해야 한다고 강조해왔다. 어려운 재정여건 속에서도 지역 학교급식 확대나 해외연수 대상 학생과 대상지를 확대한 것은 바로 이러한 생각에서 나온 것이다.

나주시는 보다 내실 있는 진단과 해법을 찾기 위해 교육지원 사업 모니터링을 실시했고 교육여건 개선방안 용역과 교육특구 지정 용역을 통해 구체적인 해법도 모색하고 있다. 학교와 교육청이 주도하는 수동적 지원에서 벗어나 나주시가 주도해 나가는 예산 코드를 적극적으로 발굴하는 한편, 진로진학 프로그램을 대폭 확대해 특화 지원한다. 민선 자치시대 최초로 교육예산 공청회를 예산편성 전에 실시해 시민들의 의견을

강인규 나주시장이 여름방학을 맞아 해외연수를 떠나는 학생들을 격려하고 있다.(2015.7.4.)

수렴하고자 한 취지도 바로 여기에 있다.

깨끗하고 아름다운 클린도시

나주시는 '클린도시 캠페인'을 범시민운동으로 전개해 오는 5월 5일부터 29일까지 나주에서 개최되는 '2016 세계 친환경 디자인 박람회' 손님맞이에 만전을 기하고 생활환경 숲 조성 사업도 신속히 추진함으로써 깨끗하고 아름다운 도시환경을 만들 방침이다. 이를 위해 원도심 생태주차장과 나주호 둘레길 조성, 영산포 일원 공영주차장 조성 사업, 영산강 자전거 도로, 동강 느러지 전망대 구간 연결공사를 시행해 안전하고 편리하게 이용할 수 있도록 만든다.

또 호혜원 축산시설의 단계적 정비와 월산제 퇴적 오니 준설, 한센인 양로시설 건립을 추진하여 악취문제도 근원적으로 해소해 나간다.

읍성권 도시재생사업이 국토교통부로부터 확정된 데 이어 개발촉진지구 기반 시설 사업 착공과 함께 본격적으로 추진됨에 따라 나주시는 읍성권 문화 특화지역 조성 사업에도 박차를 가하고 있다. 이는 '사람이 사는 박물관'을 모토로 원도심의 문화적 핵심축 역할을 수행하게 될 전망이다. 또한 영산강변 저류지 조성 사업에 착공하고 나주잠사 문화재 재생사업, 북망문 복원공사, 향청 복원사업 등도 신속히 추진해 나갈 방침이다. 아울러 금성산에 국비 200억 원을 투입해 산림휴양과 레저 공간 50ha를 조성하는 '나눔 숲 체원 조성 사업'을 본격적으로 추진하게 되면 원도심 지역의 유동인구 증가와 상권 활성화에 직간접적으로 이바지할 것으로 기대된다.

나주를 대한민국 에너지 수도로

나주시는 올해부터 향후 10년간 2,300억여 원을 투입해 에

강인규 나주시장과 지역 13개 농협장이 농업인 월급제 지원 사업을 위한 업무 협약을 체결했다.(2015.2.5.)

너지 신산업의 성장거점으로 육성하는 내용을 골자로 하는 에 너지밸리 기본계획을 확정했다.

에너지밸리 기본계획의 목표는 2025년까지 에너지 기업 500개 유치, 일자리 3만 개를 창출하는 것으로 지난해 '에너지 밸리 지원에 관한 조례' 제정을 이미 완료한 나주시는 앞으로 연구개발특구 지정추진, 스마트 에너지 시티조성, 에너지밸리 센터 건립, 에너지 신산업 실증시험센터, 산학융합지구 등 5대 핵심과제를 중심으로 에너지밸리의 인프라구축에 모든 행정 력을 모을 계획이다.

아울러 신재생 에너지의 보급 및 육성에도 130억 원을 투입

시민 150여 명이 참석한 시민원탁회의에서 참석자들이 열정적으로 참여하고 있다.(2015.6.15.)

해 공공청사와 사회복지시설, 민간을 중심으로 에너지 신산업의 기반을 마련해나간다.

소통행정 활성화로 시정 경쟁력 강화

강인규 시장은 시민소통위원회 운영, 시민 원탁회의, 농업인과 청소년과의 대화 등을 지속적으로 추진하고 공감 100℃ 소통강연과 청년 플랫폼 조성사업도 신규로 추진함으로써 맞춤형 소통행정을 활성화해나가고 있다. 동시에 선심성 시장 포괄사업비 폐지 등 행정 내부 시스템의 지속적 개선을 통해 시정의 투명성도 강화한다.

강인규 시장은 "희망은 가슴속의 열정에서 싹트는 것이며 미래는 준비하고 도전하는 사람의 몫이라는 사실을 우리는 경험한 바 있다"며 "1,000여 공직자 모두는 시민의, 시민에 의한, 시민을 위한 '시민중심 체감 행정'에 역점을 두고 추진해 대한민국 제일의 행복도시로 거듭날 수 있도록 더욱 매진하겠다"고 다짐했다.

권영진 시장

대구광역시

권영진 시장

학력
1974 대구교대 안동부설초등학교
1977 안동 경안중학교
1980 대구 청구고등학교
1986 고려대학교 영어영문학과 졸업
1990 고려대학교 대학원 정치외교학 석·박사

경력
1987 고려대학교 대학원 총학생회 초대 학생회장
2003 한나라당 미래연대 공동대표
2005 서울디지털대학교 행정학과 교수
2006 서울특별시 정무부시장
2008 제18대 국회의원
2009 한나라당 사교육대책T/F 위원
　　　 대한장애인배구협회 회장
　　　 사단법인 교육과나눔 이사·운영위원장
2010 한나라당 서민정책특별위원회 기획단장
2012 새누리당 제18대 대통령선거대책위원회
　　　 기획조정단장
　　　 새누리당 여의도연구원 부원장
2014~現 대구광역시장

상훈
2010 황조근정훈장
　　　 NGO모니터단 선정 국정감사 우수위원, 시민일보
　　　 선정 의정대상
2011 여성유권자연맹 자랑스러운 국회의원선정
2012 경향신문 선정 제18대 국회 의정활동 종합평가
　　　 우수의원

잠재력을 키우는 대구시

국내외 경제의 저성장과 불확실성이 지속되고 있는 상황에
도 대구시는 장기적인 성장 잠재력을 키우는 데 역점을 두어
물·의료·에너지 분야에서 도약의 발판을 마련하고 있다.

가장 먼저 물산업에서는 중국 100조 물산업시장 진출 교두
보를 마련하고 국가 물산업 클러스터에 1호 대기업 롯데케미
칼을 유치하는 등 도약의 발판을 확실하게 마련했다.

의료와 관련해서는 첨단의료 복합단지에 의료기술 시험훈
련원, 첨단임상시험센터, K-Medical 외국 의료인력 통합연수
센터, 의료기기 소프트웨어 시험인증센터 등 4개 국책연구기
관을 유치했고 다양한 기업지원시스템을 구축했다. 상업용 의
약품·의료기기 생산허용 특별법 개정 법률안이 지난해 12월 9
일 국회를 통과함에 따라 대구시는 의료산업의 글로벌 전진기
지로서 발판을 마련했다.

에너지 분야에서는 스마트그리드 확산사업, 국가 산단 블록
형 마이크로그리드 구축사업이 본격적으로 추진되며 테크노
폴리스 분산전원형 에너지 자족도시 조성사업이 내년 3월 착
공하는 등 에너지산업 비즈니스 모델 구축으로 대구시는 청정
에너지 도시로 변모하고 있다.

글로벌 포럼 성료로 물산업 1번지 도약

대구시는 2015년 4월 12일부터 6일간 개최된 제7차 세계물 포럼을 역대 최대, 최고의 대회로 개최하고 물산업 선진국들과 네트워크 구축 및 투자유치 성과를 거두어 세계 물산업 중심도시로 도약하는 기반을 만들었다. 또 같은 해 11월 24일부터 열린 '제2회 지구촌 새마을지도자대회 및 2015 전국 새마을지도자대회'에서는 국내외 지도자가 한자리에 모여 개발도상국 빈곤퇴치를 위한 대구 선언을 하는 등 글로벌 새마을운동기반을 구축했다.

권영진 시장은 세계물포럼 기간 중 글로벌 기업 CEO 및 외국 정상과의 1:1 면담을 통해 물산업 클러스터 내 물기업 유치, 경제교류 확대를 강화하고 공동사업 분야 발굴 및 투자유치 협의를 이끌어냈다. 특히 수 처리 관련 분야 세계 1위 기업인 베올리아 Veolia의 앙투앙 프레로 CEO 미팅을 통해 물산업 클러스터 내 투자 및 중국 진출 등 공동 프로젝트 개발을 논의하였다. 그리고 수질/폐수처리 분야 세계 2위인 SUEZ 장루이 쇼사드 사장과의 면담을 통해 수 처리 및 물 재이용 관련 R&D센터 건립을 검토하기로 하였으며 SUEZ 한국지사장과 실무협의를 하기로 했다. 또한 베올리아 Veolia 마르셀 가보렐 한국지사장 등

제7차 대구경북세계물포럼
에 참석한 세계 각국 물 관
련 기업 CEO와 수 처리 분
야 전문가 등이 전시장을 둘
러보고 있다.(2015.4.14.)

세계물포럼 CEO 패널 23여 명을 초청하여 네트워크를 구축
하였고 세계물포럼에 참가한 20여 개 일본 물기업을 대상으로
투자환경설명회를 개최, 향후 국가산업단지 내 투자유치를 이
끌어낼 계획이다.

　세계물포럼 기간 중 이루어진 물산업 클러스터 특별 세션에
서는 세계 물 시장에서 가장 비중이 큰 미국(2013년 기준 세계

물산업 시장 4,828억 달러 중 1,070억 달러로 전체 22%를 차지)과 협력관계를 다지며 글로벌 네트워크를 확충했다. 일차적으로 협력관계를 맺은 미국의 대표적 물산업 도시인 밀워키시다. 위스콘신주 밀워키시는 160여 개의 물기업, 3만여 명의 물 관련 종사자, 100여 명의 물산업 연구원 등을 보유한 미국 내 대표적인 '물의 도시'다. 이번 물산업 클러스터 특별 세션에 더 큰 밀워키 위원회The Great Milwaukee Council 회장 겸 미국 물위원회 The Water Council 이사 줄리아 테일러와 밀워키시 공공기반 부국장 프레스톤 콜을 기조 연설자 및 패널 토론자로 초청하여 밀워키시의 물산업 성공사례를 공유하였으며, 대구시-밀워키시-미국 물위원회-한국 물산업협회 등 4자 간 상호협력 약정Partnership Agreement도 체결하였다.

또 특별 세션에 애드 맥코믹 미국 물환경연맹WEF 회장도 참석하였다. 미국 물환경연맹은 물 관련 최신기술 전파, 물 관련 정책제언, 국제적인 비즈니스 기회 등을 제공하는 물 관련 전문가 및 주요기업이 주축이 된 미국 연방 수준의 민간협력 단체이다.

한편 대구시는 미국 물 시장과 별도로 이번 물 포럼 기간 중 이스라엘 물산업 클러스터 추진기관인 NewTechNoble Efficient Water

대구광역시와 이스라엘 뉴텍. 경제부 국가 물 프로그램과 물산업 발전을 위한 전략적 파트너십을 구축하는 협력의향서를 체결 하고 있다.(2015.4.14.)

Technologies와 협력의향서LOI를 체결하였다. 이스라엘은 낮은 강수량, 사막 기후 등 척박한 환경 속에서 정부 주도의 물산업 육성을 성공시켰다. 현재 물 재이용율 75%로 세계 최고이며 생활용수 40%를 담수화한 해수로 충당하고 있다. 우리 구트만 이스라엘 대사는 물산업 관련 협력 외에도 의료, 벤처창업 및 투자, 농업, 문화행사 등에 대한 상호 교류도 제안하였다.

대구형 물산업 기술, 100조 中 물 시장 진출

대구환경공단, 중국이싱환보과기공업원 등 한국과 중국의

기관이 기술력 있는 양국 기업을 발굴해 합자를 지원하는 대구형 대중국 진출 플랫폼도 가시적 성과를 이뤄냈다.

2015년 12월 14일 중국 강소성 이싱시에서 권영진 시장이 참석한 가운데 한국의 엔바이오컨스와 중국 강소필립환보공정유한회사 간 1억 위안 규모의 기술이전 계약이 체결됐다. 엔바이오컨스는 폐기물 슬러지를 건조하여 자원화하는 건조기 기술 분야에 독보적인 기술력을 보유하고 있으며, 중국 강소필립은 포기조 산기관 등 수 처리 설비를 제조하는 기업이다. 이 계약 외에도 양 기업과 대구환경공단, 중국이싱환보과기공업원 등 4자 간 4억 위안 규모의 한중경영합자계약이 체결돼 황금알을 낳는 100조 규모 중국 물 시장에서 대구형 물 기술이 첫 성과를 거뒀다.

엔바이오컨스는 기술이전 대가로 강소필립환보공정유한공사로부터 1억 위안의 기술 이전료를 받고 한국 측 대구환경공단과 엔바이오컨스 및 중국이싱환보과기공업원과 강소필립이 총 4억 위안을 출자해 중국 하수처리 전문기업을 설립하는 것이 골자다. 한국 지방자치단체와 중국 정부기관이 공동으로 민간기업 합자에 참여하고 한국기업이 중국기업으로부터 기술 이전료까지 받는 계약을 이끌어낸 것은 지금까지 유례없는

중국 강소성 이싱시에서 한국의 엔바이오컨스와 대구환경공단, 중국의 강소필립환보공정유한회사와 중국이싱환보과기공업원 등 4자간 4억 위안 규모의 한중경영합자계약 체결 후 관계자들이 기념촬영을 하면서 파이팅을 외치고 있다. (2015.12.14.)

큰 성과다.

대구환경공단과 중국이싱환보과기공업원은 2014년 7월 업무협약을 맺고 양국의 우수 물기업을 발굴하기로 합의했으며, 지난해 4월 대구 세계물포럼에서 대구시가 주최한 '한중 환경기업 교류회'에 참가한 이후 계약이 급진전되었다. 중국 물 시장이 수년 내 100조 원에 육박할 것으로 전망되고 있는 만큼 합자회사는 중국 전역의 하수처리 시설을 수주하고 중국 증시 상장까지 추진할 계획이다.

이번 계약은 단순한 하나의 합자회사 설립보다 더 큰 의미가 있다. 합자회사가 본격적인 중국 하수처리장 등 환경시설을 본격 수주하게 되면 관련 핵심 설비 및 기자재를 한국기업으로부터 공급받게 된다. 이번 합자 계약식에 대구 물산업 클러스터 입주예정인 기업들도 동행했다. 이번 합자계약으로 대구시가 역점을 두어 추진하고 있는 물산업 클러스터의 기업유치도 탄력을 받을 전망이다. 대구시는 대구환경공단 및 중국 이싱환보과기공업원이 플랫폼이 되어 기술력 있는 한국 물기업의 중국시장 진출을 지원하고 이들을 물산업 클러스터로 유치함으로써 물산업 클러스터를 수출의 전초기지로 만든다는 복안이다.

물산업 클러스터 기업 1호 롯데케미칼 유치

대구시는 대구 국가산업단지 물산업 클러스터 조성과 관련해 역외 물 관련 우수기업 유치를 위해 지속적으로 노력해왔다. 특히 3년 전부터 롯데케미칼 대구 유치를 위해 꾸준히 공을 들여왔고 기업의 필요에 대응한 맞춤형 투자제안 등 적극적인 활동으로 투자유치에 성공했다.

롯데케미칼은 대구시와의 투자협약을 통해 대구 국가산업

세계 최고 수준의 멤브레인 제조 기술을 보유하고 있는 롯데케미칼이 대구 물산업 클러스터에 총 500억 원을 투자하는 협약을 체결하고 기념촬영을 하고 있다. (2015.12.10.)

단지 물산업 클러스터 내 3만 2,261㎡ 부지에 총 500억 원을 투자하기로 하였으며 2016년 7월 착공하고 2017년 7월에 준공하여 2017년 하반기부터 본격적으로 공장을 가동할 계획이다. 이로 인해 120여 개의 새로운 일자리가 창출될 것으로 기대된다.

또한 롯데케미칼은 세계 최고 수준의 멤브레인 제조 기술을 보유하고 있는 기업으로 대구 물산업 클러스터를 기반으로 다양한 수 처리 기술을 확보함으로써 세계 초일류의 물기업으로 성장한다는 계획을 가지고 있다. 수 처리 분야 이외의 신사업으로 에너지 저장장치와 바이오폴리머, 자동차부품 등 비석유 부문으로 사업영역을 확대할 계획도 세우고 있다.

특히 국가산업단지와 같은 기업집적단지에서 앵커기업 역할을 수행할 대기업 롯데케미칼과 대구시가 본격적인 투자협약을 체결함으로써 물산업 클러스터 조성에도 청신호가 켜진 셈이다.

경제영토 확장과 미래 먹거리 발굴

대구는 대한민국 경제영토 확장의 중심에 서고자 해외시장 개척에 매진 중이다. 물산업, 미래형 자동차산업, 의료산업 등 신성장 산업을 키우기 위해 한발 앞서 있는 도시들을 벤치마킹하고자 외국을 돌아다니고 있다.

미국 시카고에서 열린 세계 최대의 물기업 전시회인 WEF-TEC을 방문해 세계적인 물기업과 물 선도도시들과의 네트워크를 구축했으며 한·중 물산업 합작회사 설립과 기술이전은 국내 우수 물 기술의 해외진출 성공 사례가 되었다.

유럽 투자유치 활동에서는 전기자동차와 로봇, 스마트시티 조성 분야의 글로벌 기업을 방문해 상호협력 방안을 논의하고 지역 산업 발전에 연계할 수 있는 투자협약을 이끌어냈다.

국내 지자체장 가운데 유일하게 한-인도 비즈니스 서밋에 초청받은 권영진 시장이 공개토론회에 참여해 '스마트행복도시 대구'를 주제로 IoT실증단지, C오토 등 스마트시티 정책성과를 소개하고 있다.(2016.1.15.)

  미국 라스베이거스 CES 참관은 대구의 메가 비즈니스로 육성할 미래형 자동차, 드론, IoT, 스마트시티 관련 최신 글로벌 동향을 확인하고 국내외 글로벌 기업과 지역기업들과의 실질적 연계협력 방안을 모색한 기회였다.

  또한 한-인도 비즈니스 서밋 참가를 통해 대구의 스마트시티 조성과 관련해 인도의 IT 분야 첨단기술과 동향을 파악하고 주요 기관, 기업과 비즈니스 네트워킹을 구축할 수 있었다.

제2회 지구촌 새마을대회에 참석한 각국 장,차관 및 기업인들이 호텔인터불고 주차장에 마련된 농기계 임시 전시장을 방문해 한국의 우수한 농기계에 대해 관련자로부터 설명을 듣고 있다.(2015.11.25.)

청정에너지 선도도시 구축

대구시는 신재생 에너지 보급 확대를 통한 친환경 도시를 조성하기 위해 박차를 가하고 있다. 2004년 솔라시티 조례 제정에 이어 2013년 세계에너지총회를 개최했으며 2021년에는 세계가스총회를 유치함으로써 청정에너지 도시로서 위상을 제고하고 있다.

이를 위해 대구는 정주 인구 5만 도시인 대구 테크노폴리스를 국내 최초 100% 분산전원형 청정에너지 자족도시로 조성하고 있다. 또한 대구 국가산업단지는 건설단계부터 마이크로

미국 라스베이거스에서 열린 세계 최대 전자전시회인 CES(국제전자제품박람회)를 찾은 권영진 시장이 현대모비스 전시관을 방문해 정승균 부사장(연구개발본부장)과 미래형 자동차에 관한 의견을 나누고 있다.(2016.1.7.)

그리드 기반의 융복합 분산전원으로 최적화된 에너지 통합시스템을 구축하고 있다.

정부의 신재생 에너지 보급정책을 활용해 재정 투입은 최소화하고 민자유치를 더함으로써 대구 전역을 청정에너지 허브 도시로 조성할 계획이다.

미래세대를 위한 꿈 스마트시티

대구시는 스마트 기술기반을 상용화함으로써 대구 산업지

형의 판도를 바꾸고 미래형 인재가 몰려드는 도시로의 변화를 추구해나가고 있다.

스마트클린 변속시스템 개발 사업을 올해부터 본격 추진하고 자율 주행차 실증도로 구축 공모사업자를 선정했다. 지역 전략산업으로 자율 주행 자동차가 선정됨에 따라 미래형 자동차산업 선도도시 구축을 본격화하고 있다.

사물인터넷IoT 기반 웰니스산업도 지역 전략산업으로 선정돼 스마트시티 관련 산업을 발굴·추진할 동력도 확보한 것으로 평가된다. 스마트드론 활용기술 기반 구축, 드론 시험장 구축, 드론 장애물 회피 조정장치 기술개발 등 드론산업 육성기반도 마련됐다. CT 공연플렉스파크 조성사업, 정부제3전산센터 유치로 지역 IT산업과의 시너지 효과를 크게 높일 것으로 대구시는 기대하고 있다.

안심연료단지는 개발계획이 결정·고시되었고 검단들은 계획수립 용역을 완료하고 계획 승인신청을 준비하는 등 행정절차를 본격 추진하고 있다. K-2 이전도 이전협의를 완료하고 타당성 평가가 추진되는 등 순조롭게 진행 중이다.

시민참여 정책으로 혁신

대구시는 개별적으로 운영되는 민원채널을 시민의 눈높이에 맞게 통합한 '두드리소'를 전국 최초로 구축하고, 기존 120 달구벌콜센터도 확대 운영하는 등 민원행정 혁신으로 시민 만족도를 제고하고 있다.

그동안 민원 접수채널이 온라인, 오프라인에 너무 많이 산재해 제각각 운영되고, 신청한 민원의 처리 상황을 알지 못해 시민들에게 불편함과 답답함을 주고 있었다. 불만족 민원에 대한 사후관리, 피드백 기능도 없었다. 이에 대구시는 문제점들을 해결하고자 두드리소(민원·제안·콜 통합시스템)를 구축했다. 통합시스템의 명칭 두드리소는 경상도 사투리의 정감이 느껴지고 민원을 두드리면 언제든지 들어주고 해결해 주는 공간이란 의미를 담고 있다.

두드리소는 개별 민원 접수창구를 하나로 통합하고 시민들이 120전화, 인터넷, 모바일로 신청하는 모든 민원과 제안을 바로 접수하여 가장 빠른 방법으로 처리결과를 통보하고 언제든지 처리 과정을 조회하거나 결과 확인까지 할 수 있다. 단순 및 반복 민원 처리의 경우 해당 부서로 배분됐던 기존 방식에서 벗어나 자체적으로 구축한 민원 DB 자료를 활용하여 즉시 답변 처리하고, 일반 민원, 제안도 신속히 해당 부서로 통보되기 때문에 처리 결과가 더 빨라진다.

시민들이 제기하는 민원, 제안을 접수한 후 부서 배분, 처리 결과까지 한 곳에서 확인할 수 있다. 민원 신청 시 접수확인 1차 통보, 민원 처리 과정 2차 통보, 처리결과 3차 통보의 처리 과정을 두드리소 홈페이지에 공개하며 문자메시지와 이메일로도 알려 준다.

민원인이 민원 처리결과를 확인하면서 바로 만족도 평가가 가능하게 해피콜_{Happy Call}을 시행하여 민원 처리에 대한 피드백이 즉각 이루어지게 했다. 또 행복민원과 민원조사팀이 불만족 민원 조사 및 현장 확인을 실시한 후 해당 부서에 통보해 재처리 또는 추가답변을 통보하도록 했다.

120달구벌콜센터 확대 운영도 중요한 혁신이다. 대구시는 평일 야간과 공휴일에 시민과 대구를 찾는 관광객들의 편의를 도모하고자 120달구벌콜센터를 확대 개편했다. 상담인력을 19명에서 45명으로 증원했으며 상담시간도 기존 평일 오전 8시 30분부터 오후 6시 30분까지였던 것을 확대 운영해 평일에는 오전 8시부터 오후 9시까지, 토, 일, 공휴일에도 오전 9시부터 오후 6시까지 운영한다

120달구벌콜센터는 각종 문의, 신고, 행사정보 등 시정 전 분야에 대한 안내, 상수도 민원 접수, 단순 민원 즉시 답변처리 등의 상담서비스를 확대 시행하고 있다. 또한 콜센터의 상담 DB를 해당 부서에서 실시간으로 입력 및 관리하도록 하여 콜센터 상담사들의 시정 정보에 대한 접근성과 이용 편리성이 강화됐다.

권영진 시장은 "두드리소와 120달구벌콜센터 확대 운영을 통해 시민들의 작은 민원 하나라도 시정에 보탬이 될 수 있도록 하겠다"며 "불만족 민원에 대한 사후관리와 피드백 기능으로 시민 만족도를 향상시키고 시민이 행복할 때까지 최선의 민원행정 서비스를 제공하기 위해 더욱 노력하겠다"고 말했다.

소통과 협치로 신거버넌스 모델 창조

권영진 시장은 시민의 참여와 소통이 무엇보다도 중요하다는 점을 깊이 인식하고 시민과 함께 결정하고 함께 책임지는 대구형 협치모델을 창조하고 있다.

현장소통시장실은 취임 이래 25일 56개소를 방문해 지역의 숙원인 안심연료단지 폐쇄를 위한 행정절차에 착수한 것을 비

취임 이후 처음으로 칠성시장에서 개최한 현장소통시장실을 찾은 권영진 시장이 상인들의 애로사항과 현안 사항을 들은 후 해결 방안에 대해 설명을 하고 있다.(2014.7.14.)

롯하여 교통 불편해소, 도심재정비사업, 시민운동장 리모델링 사업에서 시민 의견을 수렴해 조치하였다. 시민 원탁회의는 지하철 사고로 실추된 안전 도시로서 대구의 이미지를 극복하기 위해 '안전한 도시, 대구 만들기'를 주제로 시작되어 지금까지 5회 개최됐다. 2015년부터는 분기별로 개최함으로써 원탁회의를 전국 최초로 정례화하였다.

또 실질적인 주민참여예산제 추진을 위해 2015년 7월부터 주민참여예산위원수를 애초 10명에서 100명으로 확대 구성했다.

지난해 처음 대구시민 대상으로 실시한 주민제안사업은 모두 821건, 358억 원으로 주민참여예산위원회 분과위원회 심사 및 총회 의결을 거쳐 최종 174건, 74억 원을 2016년도 예산에 반영하였다.

　대표적인 제안사업으로 '온고지신' 청년창조경제사업, 대학생 저소득층 학습멘토 지원사업, 쓰레기 불법투기 방지 및 방범용 CCTV 설치사업, 주택가 이면도로 교차로 알림이 설치사업 등이 선정되었다.

김영식 총장

백석예술대학교
BAEKSEOK ARTS UNIVERSITY

백석예술대학교

김영식 총장

학력
1979   부산대학교 법대 졸업
1987   서울대학교 행정대학원 행정학 석사
2000   미국 Pittsburg대학교 교육학 박사

경력
2004~2006   교육인적자원부 차관
2006~2008   한국대학교육협의회 7대 사무총장
2008~2011   한국외국어대학교 교육대학원 석좌교수
2010~2011   세계미래포럼(WWF) 원장
2010~現   APEC 국제교육협력원(IACE) 이사장
2011~2013   한국국제대학교 총장
2014~現   백석예술대학교 총장, 백석문화대학교 총장
2016~現   학교법인 숙명학원 이사

상훈
1987   대통령 표창 수상
2006   황조근정 훈장 수여
         몽골 「우정훈장」 수여
2014   대한민국 경제리더 대상 수상(중앙일보)
         한국 경제를 빛낸 인물 수상(매경닷컴)
2015   제11회 대한민국명품브랜드대상 수상
         TV조선 2015경영대상 수상(TV조선)
         대한민국 최고의 경영대상 수상(매경닷컴)

저서
2010   교육의 틀 바꿔야 대한민국이 산다
2015   열정리더: 성공 리더들의 생각습관

맞춤형 전문 인재 키우는 백석예술대학교

백석예술대학교는 21세기 정보화 시대 다양한 전공 분야에 맞춤형 능력과 전문성을 갖춘 인재를 키우기 위해 노력하고 있다.

첫째로 백석예술대학교에서 지금 가장 핫한 전공은 음악학부 실용음악이다. 실용음악 전공은 현장과 동일한 환경에서 학생들이 간접적으로 공연상황을 체험할 수 있도록 첨단장비와 시스템을 구비하여 활용하고 있으며, 이론과 실기 그리고 실무를 완벽하게 소화하여 실용음악 제반업계로 진출할 수 있는 미래의 예술전문가 양성을 목표로 하고 있다.

실용음악 전공은 보컬트랙, 기악트랙, 작곡트랙으로 나뉘어 있으며 세부전공으로 보컬, 건반, 기타, 베이스기타, 드럼, 관악기, 작·편곡, 싱어송라이터, 뮤직테크놀로지 등을 두어 전국 최고 수준의 시설에서 전문 음악인으로서 요구되는 기술과 능력을 교육받고 있다.

이러한 학교와 학생의 노력으로 2014년에는 실용음악 분야에서는 세계 최고의 명문 교육기관으로 인정받고 있는 미국 버클리음악대학과 교류협력을 체결하는 쾌거를 이루었고, 2014유재하가요제에서 본교 이신영 학생(당시 2학년)이 '그

백석예술대학교 항공기 모형 실습실

때 그 마음으로'라는 자신의 창작곡으로 대상 받는 등 근래 들어 각종 경연에서 두각을 나타내는 중이다.

둘째로 백석예술대학교의 항공서비스과 역시 눈여겨 볼만하다. 글로벌 시대 국내외 항공운송산업 전문 인력양성을 목표로 2009년 신설된 백석예술대학교 항공서비스과는 2016년도 입시전형에서 2,000명이 넘게 지원할 정도로 급속한 성장을 이뤘다.

이러한 성장의 배경에는 모형비행기 실습실과 이미지 메이킹실, 식음료 실습실 등 학교의 적극적 지원과 소속 교수들의 헌신적인 노력이 숨겨져 있다. 다년간 대한항공에서 객실 승무직을 비롯하여 전 직원의 서비스교육 및 매뉴얼 개발을 담당하였던 이경미 학과장을 필두로, 항공사 출신 우수한 교수진들이 항공 전문 인력양성을 위해 인성교육 및 항공서비스 관련 실무교육을 매 학기 실시하고 있다. 항공객실 승무직과 항공예약, 발권, 운송직 등 직군별 차별화된 전문화 교육을 실시하고 있으며, 다양한 문화권 고객 응대를 위한 외국어와 이異문화 교육도 하고 있다. 특히 외국어 성적, 자격증, 봉사실적, 입학 초 실시하는 적성·성격유형검사 결과를 기재해 만드는 개인 프로파일Personal Profile 시스템은 항공사 입사를 위한 개별적이고 구체적인 자료로 활용 중이다.

이같이 백석예술대학교 항공서비스과는 재학생이 항공사 직원으로 거듭날 수 있도록 역량개발에 필요한 탄탄한 교육 커리큘럼을 제공함과 동시에 객관적이고 계량적인 접근 시스템을 도입해 재학생들이 국내외항공사에 쉽게 취업할 수 있도록 최대한의 노력을 기울이고 있다.

노력의 결과로 매년 국내 대형 항공사뿐 아니라 해외 항공사로의 취업도 증가하고 있다. 전국 대학 항공서비스 관련 학과 70여 개 중 백석예술대학교 항공서비스과는 취업률 상위

10% 이내 꾸준히 이름을 올리고 있으며 특히 미국, 중국 등 해외 우수 대학들과의 협약으로 편입과 어학연수 기회를 제공한다. 이로써 재학생들이 아랍에미리트 항공사를 비롯해 다양한 외국 항공사로 취업할 길이 열렸다. 더불어 매해 실시되는 해외 문화연수를 통해 항공 관련 고객만족도 상위권 항공사와 공항이 있는 국가를 방문하는 등 실습을 통한 학업의 기회도 얻고 있다.

셋째로 세계무대에 진출할 수 실력 있는 뮤지컬 배우를 양성하고자 백석예술대는 2009년 음악학부 뮤지컬전공도 신설, 2016년도 정시 1차에서 48대 1의 입시 경쟁률을 기록했다. 입시 경쟁률에서 짐작할 수 있듯 백석예술대 음악학부 뮤지컬전공은 국내에서 명성이 높은 뮤지컬 관련자 위주로 교수진이 이뤄져 있다. 학과장인 강신주 교수는 뉴욕 프라미스 극장에서 공연된 한인 뮤지컬 'His Life'에서 주연인 세례요한 역을 맡았으며 교내에서 보컬 크로스오버와 대학생활과 진로 과목을 담당한다. 이 밖에 오나라 교수(드라마 '용팔이' 주역, 영화 '댄싱퀸' 주역, 뮤지컬 연기수업 담당), 구원영 교수(2011년 제17회 한국뮤지컬대상 여우조연상 수상, 2007년 제1회 더뮤지컬어워즈 여우조연상 수상, 뮤지컬 연기 수업 담당) 등 현재 뮤지

백석예술대학교 재학생 공연 리허설

컬 분야에서 활발히 활동하는 쟁쟁한 교수진들이 미래의 오페
라 배우들을 교육하고 있다.

　백석예술대학교 음악학부 뮤지컬 전공은 2009년도부터 현
재까지 뮤지컬 작품 '페임', '풋루스', '그리스', '유린타운' 그리
고 '하이스쿨 뮤지컬', '갓스펠' 및 '헤어스프레이' 등을 백석 아
트홀(380석)에서 공연하였으며, 2015년에는 서초구청에서 주
관한 2015서리풀페스티벌 참가를 비롯하여 국가보훈처 주최
광복 70주년 기념행사에도 재학생들이 참가하여 강남역 M스
테이지에서 플래시몹 연주를 선보였다. 그뿐만 아니라, 9월에

는 여주소망교도소 초청 뮤지컬 '갓스펠' 공연 및 12월 서울시 크리스마스 페스티벌축제에 뮤지컬 갈라 쇼 공연을 성공적으로 이끌었다. 학교를 벗어나 대외적인 무대에서 학생들이 그동안 배운 것들을 실제로 공연할 수 있도록 다양한 무대공연 기회를 제공함으로써, 학생들의 성취도를 이끌어내고자 백석예술대학교 교직원들은 최대한의 노력을 기울이고 있다.

국내외 유수 기관·대학과 협력

백석예술대는 교육의 질을 높이기 위해 국내외 유수의 대학 및 기관과 협력을 강화하고 있다. 지난 2014년에는 미국 매사추세츠주 보스턴에 위치한 버클리음악대학과 상호 교류협력을 추진하기 위한 MOU를 체결했다.

1945년 개교한 버클리음악대학은 세계 최대의 실용음악대학으로 재즈, 록, 팝송 등 다양한 현대음악을 가르치고 있으며 2013년 기준 작곡, 영화음악, 음악제작 및 엔지니어링 등 12개 전공이 개설되어 있다.

백석예술대와 버클리음대 양 교육기관은 음악예술인을 양성하기 위해 교육적 협력관계를 구축하고 이를 바탕으로 음악교육 프로그램 개발과 동시에 학생들에게 폭넓은 해외 경험의 기회를 제공할 방침이다.

협약 이전부터 백석예술대와 버클리음대는 해외 단기문화 연수 등을 통해 활발히 교류해왔다. 학생들이 최고의 실용음악 교육을 받을 수 있도록 최상의 커리큘럼 및 교육시스템을 개발해 나가고 있다.

백석예술대는 예술의전당 및 여의도 콘래드호텔과도 협업하고 있다. 예술의전당과의 협력은 서초구청이 추진하는 글로벌 문화 창조도시 조성 및 발전을 위한 것이다. 더불어 백석예술대는 예술의전당에서 주관하는 공연, 전시 등 각종 행사의 진행과 홍보에 동참하고 예술의전당 관람객과 방문객을 대상으로 하는 서비스 편의 제공에 협력하고 있다.

콘래드호텔과는 교육인증과정을 개설하는 데 힘을 모으기로 했다. 'CONRAD 교육인증과정' 개설취지와 목표는 백석예술대의 호텔경영 전공 및 관련 전공에 교육적인 효과를 높이기 위한 것이다. 산업연계 프로그램 기준과 지침을 마련하고 이를 통해 인증된 학생을 배출하면서 동시에 관련 산업에 대한 자문을 시행함으로써 호텔산업 교육의 발전을 도모하는 것이다.

미래 호텔리어를 꿈꾸는 학생들은 호텔 전문가들과 함께 현장에서 공부하고 멘토링을 받을 수 있다.

백석예술대는 2015년 10월 중국의 톈진외국어대학교와도 상호교류협력MOU을 체결했다. 1964년 설립된 톈진외국어대학교는 중국의 권위 있는 8대 외국어대학교 중 하나로 어학과 관련하여 다양한 전공과 해외문화에 개방적인 사고를 갖춘 특성화 교육기관이다. 자주 학습능력 배양과 다문화를 이해하는 글로벌 인재 양성에 주력하고 있으며 현재 영어, 일본어, 유럽 언어 등 어학 관련 전공을 비롯해 법정계열, 기초과학 등 31개 전공과정이 개설되어 있다. 톈진외국어대학교에는 약 1만여 명의 학생들이 재학 중이며 매년 100여 명의 외국인 전문가 및 교원을 초빙하여 글로벌 환경에 걸맞은 강의를 제공하고 있다.

공직자 출신 총장의 열정

김영식 백석예술대학교 총장은 고향이 거제도다. 지금이야 거제도를 모르는 사람이 없고, 거가대교로 육지와 연결되어 있지만, 그가 살던 때만 해도 거제도는 잘 알려지지 않은 외딴섬이었다. 그곳에서의 생활은 어렵고도 궁핍했다. 형편이 안 돼서 고등학교 진학을 포기해야 했을 정도였다. 시간을 보내

백석예술대학교 커피연구소

던 중 거제도 내에서 개인이 운영하던 한 사립고등학교에 입학했는데 이 학교가 바로 거제고등학교다.

1980년 대우그룹이 인수하면서 거제고는 이제 명문고의 반열에 올랐으나 김영식 총장이 다니던 당시만 해도 그 위상은 지금과 달랐다. 어렵사리 고등학교를 마친 김영식 총장은 대학진학은 꿈도 꾸지 않고 곧바로 말단 공무원인 5급(지금의 9급) 시험에 도전했다.

공무원이 된 후 첫 발령지는 부산이었다. 그곳에서 김영식 총장은 인생을 바꾼 사건을 경험했다. 대학에 다니는 친구

백석예술대학교 강의실 전경

와 저녁을 먹던 중 친구가 던진 "직장 다녀봐야 별수 없네"라
는 말이 그의 가슴을 후벼 팠다. 대학에 가지 못한 서러움이 복
받친 김 총장은 다음날 출근해 사표를 내겠다고 선언했다. 직
장을 그만두려는 이유가 대입시험 준비라는 말을 듣고 과장
은 오전 근무만 하고 오후에는 공부하도록 배려해줬다. 하지
만 대입시험이 2달밖에 남지 않은 상황이었다. 김 총장은 결국
사표를 제출했고 죽을 각오로 공부한 끝에 이듬해 부산대학교
사회복지학과에 입학했다.

대학에 진학했지만 김 총장의 꿈은 여전히 공무원이었다.

하지만 이번에는 공무원시험의 꽃인 행정고시에 도전했다. 1979년 고시에 합격하고 그는 거제도로 금의환향하는 버스 안에서 펑펑 울었다. 우여곡절 끝에 중앙부처 공무원이 된 김 총장은 보건복지부를 거쳐 교육 분야에서 공직생활을 했고 교육부 차관까지 역임했다.

김영식 총장은 공직 시절과 대학 총장이 되고 난 후의 생활이 크게 다르지 않다고 얘기한다. 조찬과 각종 회의, 행사 등 5분 단위로 쪼개 쓰다가 밤 11시나 돼서 귀가하던 당시의 스케줄에 비하면 오히려 지금은 조금 여유가 있다. 하지만 각종 지식과 정보 습득을 게을리 할 수 없는 것은 마찬가지다. 학습 모임만 일주일에 평균 두 차례이며 조찬 포럼까지 있는 날이면 여전히 아침부터 저녁까지 바쁜 하루를 보낸다.

김영식 총장은 우리 청년들에게 도전과 열정을 즐기라고 조언한다. 그는 "내가 사는 세상이 전부는 아니다. 밖으로 나가보면 얼마나 넓은 세상이 있는지 경험할 수 있다. 눈을 크게 뜨고 멀리, 넓게 보면 자신이 갖춘 능력과 소질, 끼를 발휘할 기회는 얼마든지 있다"고 말했다. 김영식 총장이 백석예술대학교 학생들에게 해외 취업을 권장하는 것도 같은 이유다. 학교 바깥으로 나가보면 넓은 세상이 펼쳐진다는 것이다.

김영철 사장

제주특별자치도개발공사

김영철 사장

학력
1984　서울대학교 계산통계학과 학사
1988　동경대학원 농업경제학 석사
1992　동경대학교 농업경제학 박사

경력
1983　쌍용정유 판매기획부 근무
1992　현대리서치연구소 마켓리서치 부장
1994　크레티아컨설팅 마켓컨설팅 부장
1995　KMAC(한국능률협회컨설팅) 전략HR본부장
1998　경희대학교 경영대학원 겸임교수
2008　농심 인재원 원장
2013　농심 인재원 상담역
2014~現　제주특별자치도개발공사 사장

상훈
2015　대한상의·포브스 사회공헌 대상
　　　지방공기업 경영실적 평가 최우수
　　　지방공기업 경영혁신 우수상
2016　행정자치부 장관 표창
　　　한국의 영향력 있는 CEO 선정

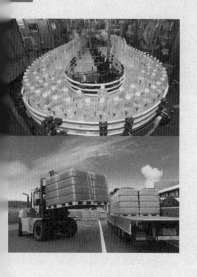

제주특별자치도개발공사
JEJU PROVINCE DEVELOPMENT CO.

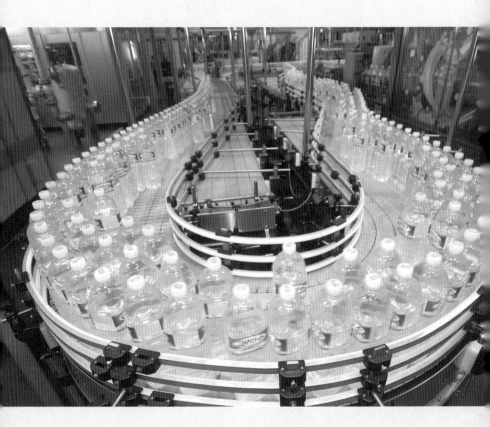

제주 자원의 가치를 창출하는 개발공사

제주특별자치도개발공사에게 2015년 한해는 매우 의미 있는 한해였다. 2014년 말, 김영철 사장이 취임하면서 기대에 부응하겠다는 도민과의 약속, 최고 품질과 서비스로 신뢰를 높이겠다는 고객과의 약속, 그리고 행복하게 일할 수 있는 직장을 만들겠다는 공사 임직원들과의 약속을 지키기 위해 물심양면 애써왔다.

김영철 사장은 이 약속을 지키기 위해 가장 먼저 공사 구성원들의 열정과 도전정신을 끌어내고자 힘썼다. 조직을 변화에 민감하고 창의에 기반을 두는 체질로 바꾸는 일이 필요하다고 생각했다. 2015년은 혁신을 추구하는 데 어려움도 많았지만 임직원들이 한마음으로 노력한 결과 제주특별자치도개발공사는 새로운 희망, 도약의 기반을 다질 수 있었다.

2015년 국내 경기는 상당히 어려웠다. 소매 유통업은 성장이 정체 또는 역신장하며 대한민국 경제에 대한 우려를 키웠다. 하지만 제주특별자치도개발공사의 대표 상품인 삼다수는 도민들의 지지와 공사 임직원들의 혁신 의지로 점유율 하락세를 극복하고 시장 방어에 성공했다.

제주특별자치도개발공사의 지난해 매출은 전년 2,225억 원

제주삼다수

에서 2,321억 원으로 4% 정도 상승했으며 당기순이익 또한 480억 원에서 567억 원으로 18% 증가했다. 삼다수 판매량은 67만 톤에서 75만 톤으로 11% 정도 늘었다. 유통체계를 개선하고 생산과 물류, 영업 혁신에 매진한 결과라 할 수 있다.

제주특별자치도개발공사는 일단 삼다수의 시장지위를 지키기 위한 기초를 다졌지만 향후 시장 상황에 대해 방심은 하지 않고 있다. 대내외 환경 변화로 먹는샘물 시장이 정체되고 있는 데다 양적, 질적으로 경쟁이 심화되는 등 기본적으로 불확실성이 높다는 판단이다.

제주특별자치도개발공사는 2015년 초 혁신 선포식을 갖고 기존 생산, 물류, 영업의 문제점 개선과 공사 구성원 마인드 혁신에 대한 계획을 세우고 실행 중이다. 덕분에 생산체제를 정비하고 물류 안전재고를 성공적으로 운영할 수 있었다. 영업조직을 시장 대응형으로 재편하여 광고와 판촉활동을 강화한 결과 점유율 하락을 막고 시장을 수성하는 성과를 냈다.

삼다수 도내 유통체계는 유통질서 확립, 골목상권 보호, 관광객 대상 배포망 확대를 목표로 직영체제를 도입했으며 제주형 프리미엄 탄산수 개발을 추진하는 등 제품 다양화도 모색하고 있다. 수출 브랜드와 파트너사를 정리하여 전략적 수출정책 기반을 마련하고, 적자를 내던 미국 호접란 농장도 매각했다.

감귤 가공사업에 대해서는 도정의 감귤 혁신정책과 발맞춰 나가는 한편 내부적으로는 농축액 생산은 수익에 구애받지 않는 사회공헌사업으로 명확히 분류해 놓았다. 감귤 주스의 고부가가치화와 판매확대에도 적극적으로 임할 계획이다.

특히 제주특별자치도개발공사 본연의 임무에 대한 도민 요구도 증대되고 있음에 따라, 주거 안정화, 지하수자원 보호 외에도 제주 자원의 가치를 높이는 활동에 적극 임할 계획이다.

제주특별자치도개발공사는 도민토론회와 대학생 아이디어 공모 등을 통해 수렴된 의견을 반영한 공사 미래비전을 지난해 말 준비했다. 이 미래비전이 정리되는 대로 2020 공사 목표에 대해 미래비전 선포식을 가질 예정이다.

삼다수 브랜드 강화에 총력

2015년 삼다수 시장점유율은 금액 기준 44.8%로 제주특별자치도개발공사는 혁신의 노력 끝에 하락세를 저지했다. 제주특별자치도개발공사는 올해부터 점유율 목표를 판매량이 아닌 금액 기준 45%로 잡았다.

매출 기준 점유율 목표 설정은 저가의 PB 제품에 대응하기 위한 방편이다. 대형 유통사의 PB 제품과 직접 경쟁을 통해 판매량을 높이는 일은 결과적으로 삼다수의 가격을 인하하는 즉, 저가로 대응하는 결과를 낳게 된다. 이는 도민 자원인 수자원의 고부가가치화라는 방향과 정면으로 배치된다.

또한 제주특별자치도개발공사는 브랜드스탁이 발표한 '2015년 대한민국 100대 브랜드' 순위에서 삼다수는 21위로 발표됐지만, 올해는 다시 10위권에 진입시키는 것을 목표로 삼고 있다.

제주삼다수 생산 공장 모습

삼다수 지위확립을 위해 통합마케팅 전략 아래 영업력의 양적 질적 강화와 유통 체제 재정비를 이루고 서울영업소는 본부 수준으로 확대할 계획이다. 특히 파트너사가 새로 선정된 물류 운영에 만전을 기하면서 제주 지하수를 기반으로 하는 먹는 물 사업이 1위 지위를 유지하는 등 시장 지배력을 더욱 높이는 게 목표다.

지난해 삼다수의 수출 성적표는 초라했다. 2015년 기준 28개국 정도 수출됐고 물량도 전년보다 줄었다. 제주특별자치도개발공사는 수출전략에 근본적 문제가 있는 것으로 판단하고 있

다. 중국시장에서 20년 가까이 활동한 글로벌 브랜드 A의 경우
도 판매량이 1만 톤이 채 안 되는 것이 수출 시장의 현실인데 과
도하게 목표를 설정하는 것 자체가 문제였다는 것이다.

공사는 향후 합당한 통합전략 하에 파트너와 브랜드, 가격
체계, 디자인 등 수출을 위한 기본을 정비하고 국가별로 구체
적이고 세분화된 시장대응 전략을 마련하여 해외시장을 공략
한다는 계획이다. 이를 위해 일단 2016년에는 국가 수를 늘리
는 노력과 더불어 수출기반을 튼튼히 다지고 정비하는 데 역
점을 두고 수출전략을 추진할 계획이다. 올해 수출 목표는 28
개국에서 40개국으로 아시아 국가부터 선제적으로 수출을 늘
려가고, 이후 중동과 유럽지역으로 확대한다. 동시에 중국시
장에 대한 구체적이고 실질적 수출을 위해 거점을 선정하고
거점진입전략을 수립할 방침이다.

지하수자원 보호해 도민과 상생

지난해 말 제주도는 미래비전을 정비했다. 그 핵심 키워드
가 바로 청정과 공존이다. 청정은 제주도 경쟁력의 근본이다.
그리고 공존과 평화 등은 제주도의 가치를 극대화하는 문화적
가치다. 이 과정에서 제주도 개발이 도민을 소외시키는 발전

이 돼서는 곤란하다는 것이 김영철 사장의 생각이다. 도민 주도의 성장, 발전을 위해서는 제주도가 갖고 있는 공공자원에 대한 도민 주도성이 강화돼야 한다.

예를 들어 물과 바람, 경관 등 제주도의 많은 공공자원 중 염지하수를 포함한 제주 지하수는 제주특별자치도개발공사가 담당해야 할 중요한 공공자원이다. 그래서 올해는 제주 물의 청정함을 살리고 가치를 창출하는데 주도적이고 선도적으로 대응하려고 한다.

수자원 오염방지 차원에서 한라산국립공원 화장실 개선사업을 하고 곶자왈 보전을 위한 지원 사업도 강화할 방침이다. 용암 해수단지 등 지하수와 관련한 모든 사업영역에서 공사가 적극적이고 선도적으로 임해서 제주의 중요한 공공자원인 수자원을 지키고자 한다.

신성장동력 탄산수

제주특별자치도개발공사의 신성장 동력인 탄산수 사업은 현재 합작회사에 대한 타당성 조사를 마쳤고 제주도의회의 동의도 통과했다. 동시에 생산설비를 도입하는 준비작업도 병행하고 있다. 2016년 하반기 중 프리미엄 탄산수를 출시하는 것이

공사의 목표다. 제주특별자치도개발공사는 국내 탄산수 시장 톱3 진입을 목표로 하고 있다.

제주특별자치도개발공사는 탄산수 사업 역시 삼다수처럼 생산과 유통을 나누어서 생산은 직접하고 판매와 유통은 CJ의 마케팅과 유통망을 활용하는 방식을 취할 예정이다. 공사가 60% 지분을 갖게 되는 법인을 CJ와 함께 설립해 추진하게 된다. 합작 파트너인 CJ그룹은 우선 국내 대형마트에 대한 영업력이 강하다. 그리고 케이블 채널을 16개나 보유하고 있는데 대부분 탄산수 타겟층을 대상으로 하는 채널들이다. 또한 국내 식품회사 중 가장 선도적으로 글로벌화를 추진하는 기업이기 때문에 제주 탄산수가 국내뿐 아니라 세계적으로도 뻗어나갈 수 있을 것으로 공사는 기대하고 있다.

탄산수 시장 진출은 두 가지 목표를 갖고 시작했다. 하나는 기존 삼다수의 경쟁력을 강화하는 원군 역할이고 두 번째는 먹는샘물 시장이 인구 감소에 따라 궁극적으로 정체되는 시점에 대비하여 시장 다각화 제품으로 자리 잡게 하려는 것이다.

앞서 설명했듯 대한민국 인구는 감소세에 있어 먹는샘물 시장도 2020년에는 성장이 한계에 다다를 것으로 전문기관들이 예측하고 있다. 삼다수를 보완할 새로운 성장엔진이 필요하다는 것이 제주특별자치도개발공사의 판단이다. 그뿐만 아니라 지금 삼다수 판매는 성숙기에 접어들었기 때문에 여러 제품 구색을 갖추고 대응하지 않고서는 유통경쟁력을 유지하기가 어렵다는 판단이다. 탄산수는 이에 대비하는 중요한 구색 강화 제품이기도 하다.

판매 협상력 강화는 나아가 제주 특산자원을 이용한 여러 음료사업들의 시장진출과 판매 활성화에 기여할 것으로 보고 있다. 2016년에는 감귤 주스 제주도 내 1위 판매를 목표로 하고 있지만, 향후 감귤 주스를 필두로 녹차와 제주 허브 등의 특산 자원을 활용한 음료 사업을 강화해 나가는데 탄산수 사업의 성공은 중요한 기반이 될 전망이다.

도민 주거안정 도우미

김영철 사장은 취임 이후 삼다수 사업 안정화를 기반으로 공사 본연 임무에 최선을 다하라는 도민들의 요구를 많이 듣고 있다. 최근 제주도에 급격하게 인구가 유입되고 정주 인구가 늘어남에 따라 주거문제에 대한 도민들의 걱정이 커지고 있다. 반면 제주도의 미래 발전을 위해서는 정주 인구 증가가 필수적이기 때문에 주거 안정화 문제는 가장 중차대한 일이라는 인식을 하고 있다. 공사 본연 임무에 직결되는 주거 안정화 문제에 대해서는 주도적이고 선도적으로 대응해 갈 계획이다.

다행히 공사는 건설관리 경험이 있고 (매입)임대주택 사업도 진행하고 있었다. 공사의 매입임대주택 사업은 기존주택들을 매입해서 차상위층들에 저렴하게 공급하는 복지 차원 사업이었는데 이를 바탕으로 올해부터는 행복주택사업을 전개할 예정이다. 행복주택은 신혼부부, 대학생, 취업 5년 미만 직장인, 만 65세 이상 노인 등을 대상으로 80% 이하의 저렴한 임대료로 제공하는 사업이다. 행복주택 사업 경험을 쌓아가면서 향후 본격적으로 국공유지를 활용한 택지개발사업으로 발전시켜 나갈 계획이다.

제주도는 민간과 공공이 힘을 합쳐 올해부터 10년간 매년 1만 호씩 총 10만 호의 공공임대주택을 공급하는 계획을 세웠다. 이중 2만 호는 도와 제주특별자치도개발공사, LH가 함께 공급할 계획이다. 이 논의 과정에 공사도 적극적으로 참여했고, 앞으로 주도적으로 대응해 갈 계획이다.

제주특별자치도개발공사는 원도심 재개발 사업에도 관심을 두고 있어 민간업체가 국민주택기금을 활용해 짓는 중산층용 임대주택인 뉴스테이 사업에도 적극 동참할 방침이다.

제주도는 주택 건설비가 매우 비싸다. 주택 공급도 공급이지만 적합한 가격으로 안정적 주택공급이 이뤄질 수 있는 부분까지 개선방향을 찾겠다는 것이 공사의 취지다.

현재 제주특별자치도개발공사에서 추진하고 있는 매입임대주택사업은 어려움을 겪고 있다. 매입 임대주택사업은 주택을 매입해 저소득층에게 저렴한 가격으로 임대를 하는 사업이다. 하지만 제주도에서 최근 1~2년 사이 집값이 폭등해, 기존 예산으로는 주택을 매입하기가 어렵다.

기존 국토교통부와 협의가 이뤄진 내용은 1억 원 이하의 주택을 매입해 임대사업을 하도록 돼 있는데, 제주도 내에는 이 예산으로 매입할 수 있는 적합한 주택이 사실상 없다. 제주특별자치도개발공사는 이러한 문제를 해결하기 위해 일단 중앙정부와 협의를 통해 다른 방향을 모색하고자 한다. 매입 제한 가격에 대한 문제라든지 매입임대주택 입주대상자의 문제 등을 협의해서 해결하는 데에 집중하면서 행복주택으로의 전환을 통해 종합임대주택사업으로 발전시킨다는 전략이다. 이 모두 중앙정부 및 도정과 협의하면서 한편으로는 청년층, 신혼부부 등 새롭게 시작하는 사람들을 지원하고, 또 한편으로는 복지가 필요한 소외계층들에게도 최대한 많은 공급이 이뤄질 수 있는 방향으로 풀어가고자 한다.

도민과 더불어 잘 사는 공사

제주특별자치도개발공사는 도민 기업으로서 배당금을 포함해 이익의 50% 이상을 매년 도민사회에 환원하고 있다. 2015년 당기순이익 567억 원 중 제주도에 이익배당 170억 원, 공익사업 84억 원, 기부금 25억 원 등 50% 정도인 279억 원을 올해 사회에 환원할 예정이다. 창립 이래 2014년까지 배당금 1,330억 원과 기부금 151억 원 등 1,481억 원을 사회에 환원했다. 이는 총 누적 당기순이익 2,801억 원의 53% 수준이다. 그 외에도 다양한 사회 기부활동과 지원 사업을 항시적으로 진행하고 있다.

적극적인 이익환원에도 불구하고 김영철 사장은 도민들이 체감하기에 부족했다고 생각한다. 지금까지 사회 환원과정이 특정 인맥과 사업에 집중되는 일방적이고 특혜적인 모습이 있었다는 비판이 많기 때문이다. 이를 극복하기 위해 지난해부터 CSR(사회공헌)심의위원회를 구성해 운영하고 있다. CSR위원회 운영을 통해 사회공헌사업 예산에 대한 공정성과 투명성을 확보하고 CSR 관점에서 올바른 곳에, 올바른 사람들을 대상으로, 올바른 방법으로 운영하고자 한다.

지난해 CSR위원회는 15억 원의 기부금을 집행했으며 이를 바탕으로 올해는 10억 원의 예산을 증액해 모두 25억 원의 기부금 예산을 편성했다. 더불어 84억 원의 공익사업 예산도 투입해 수자원 보호와 연계마을 보호사업, 청년창업지원 등에 활용할 계획이다. 앞으로 공사의 사회공헌은 일자리 창출 등 공유가치 창출 활동, 즉 CSV 관점에서 창조적이고 생동적으로 추진할 계획이다.

논란 많던 미국 호접란 농장도 매각

제주특별자치도개발공사의 호접란 사업은 그동안 도의회, 행정자치부 등에서 계속 매각을 지시받아온 사업이다. 공사 역시 2012년부터 매각을 계속 시도했으나 유찰되면서 팔리지 않았다. 김영철 사장은 공사에 와서 사업성에 대해 6개월 정도 면밀히 판단을 했으며 최종적으로는 완전 매각을 목표로 매수자를 찾아 나서서 지난해 말 계약을 성사시켰다.

지금껏 호접란 사업은 제주특별자치도개발공사가 약 35억 원을 현물출자로 인수받았고 이번에 농장매각을 통해 약 20억 원을 회수했다. 11년간의 운영손실을 제외하면 결론적으로 공사가 본 손실은 3억 3,800만 원 정도에 불과하다.

생산된 제주삼다수를 판매하기 위해 화물차에 적재하는 모습

　　제주특별자치도개발공사는 논란이 되었던 호접란 사업을
정리함에 따라 삼다수를 기반으로 하는 지하수의 고부가가치
화 사업과 공사 본연의 임무에 보다 집중할 방침이다.

감귤가공사업 순항 중

　　제주특별자치도개발공사는 제주도민의 주력 산업인 감
귤 산업과 관련해 감귤 혁신 등 적극적으로 대응하고 있다.
지난해에는 2014년산 비상품 감귤 15만 8,290톤의 41%인 6
만 4,545톤을 수매해 가공했다. 이는 처리물량 기준 2014년 2
만 4,462톤의 280%에 달한다. 올해는 도내 2015년산 비상품 감귤이 8만 3,844톤 발생했으며 제주특별자치도개발공사는 53%인 4만 4,851톤을 처리했다.

감귤 농축액 판매는 근본적으로는 한계가 있다. 국내시장에서는 8,000톤 정도가 적정선이며 1만 톤을 넘어서면 공급과잉으로 팔 곳이 사실상 없다. 최근에는 국내 가공음료시장 자체가 정체돼 판매에 더욱 어려움을 겪고 있다. 제주특별자치도개발공사는 이를 극복하기 위해 감귤 주스 마케팅을 강화하는 한편 농축액을 활용할 수 있는 다른 방법을 고민 중이다. 단순히 가공용 감귤 처리뿐 아니라 감귤산업의 고부가 가치화도 주도해 감귤산업 경쟁력 강화에 앞장서 나갈 계획이다.

2020년 매출 5,000억 미래비전

제주특별자치도개발공사는 지난해 혁신 선포에 이어 올해 '2020 공사미래비전' 선포를 준비하고 있다. 2020년까지 매출 5,000억 원 달성 계획을 세워 1조 원 달성의 기반을 마련하고자 한다. 김영철 사장은 "앞으로도 저희들은 최선을 다해 내부 구성원들의 마음을 혁신하고 지속적인 노력을 통해 제주 자원의 가치를 극대화하여 도민에 기여하는 공사 본연의 임무를 다할 수 있도록 최선을 다할 것"이라고 말했다.

김유석 대표이사

KACO

new energy.

카코뉴에너지

김유석 대표이사

학력
1988   Loras College(Dubuque, Iowa, USA) 화학과 졸업
1989   University of Missouri(Missouri, Kansas City,
        USA) 물리화학과 석사

경력
1994~2005   Bayer Healthcare, Leverkusen,
             Germany
             Bayer Healthcare AG 경영분석 본부장
2006~2011   오리엔트화학 대표이사
2012~2014   한국GEA웨스트팔리아세퍼레이터 대표이사
2015~現   ㈜카코뉴에너지 대표이사

상훈
2009   한국무역협회 300만불 수출의탑 수상
2010   KOTRA GREEN 보증 브랜드 획득
        기술혁신형 중소기업 선정(INNO-BIZ)
        신성장동력 우수기업 선정
        GS마크 획득
        녹색기술 인증(제GT-10-00121호)
        한국무역협회 2,000만불 수출의탑 수상
2011   한-EU FTA 인증서 획득
        제5회 올해의 전력전자제품상 수상
        한국무역협회 5,000만 불 수출의탑 수상
2012   미래선도 유망기업 인증 획득
        신재생에너지 유공자 장관 포상 표창 수상
        제4회 국가녹색기술대상
        올해의 녹색기술 수상
2014   산업통상자원부 산하 우수기술연구센터 지정,
        표창장 수상

KACO

new energy.

Ready, Go! 카코뉴에너지

독일에 본사를 둔 카코뉴에너지는 세계 태양광 인버터의 선두 업체로서 국내에서도 최고의 시장 점유율을 자랑하는 히든 챔피언이다.

김유석 대표가 카코뉴에너지 한국지사장으로 취임한 이후 카코뉴에너지 한국지사는 국내에만 국한되지 않고 중국, 일본, 동남아시아는 물론 인도와 호주로까지 사업영역을 확장하며 신규시장에서 점유율과 신뢰도를 높여 나가고 있다. 특히 아시아 지역의 총괄 지역 본사Regional HQ로 자리매김하며, 공식적으로 아시아 전 지역에 대한 영업과 고객서비스를 총괄하고 있다.

카코뉴에너지 코리아는 카코뉴에너지 아시아로 역할과 위상이 승격되면서 세계 태양광 시장에서 가장 중요하고 가장 빠르게 성장하고 있는 아시아 시장을 맡는 막중한 책임을 지게 됐다.

카코뉴에너지는 지난 1년간 다소 미비했던 사내 시스템을 구축했고, 부문별 전문성 강화에 주력하면서 체계적인 자산관리와 재무관리를 통해 아시아 총괄 지역사무소로서의 경쟁력 강화와 체질개선을 이뤘다. 또한 '향후 3년 내 두 배 성장'이라

미국 텍사스 주 샌안토니오에서 설치, 운용 중인 카코뉴에너지 인버터의 모습

는 목표를 달성하기 위해 국내 및 해외 영업팀을 보강하고 카코뉴에너지 중국 지사의 인원을 확충했다. 또 상해에 지원을 개설하였으며 호주 시장에서 영업망 확충을 추진하는 등 보다 적극적이고 공격적인 영업 활동을 하고 있다.

태양광 인버터 글로벌 선두주자

카코뉴에너지는 태양광 집전판에서 직류 형태로 저장된 발전전력을 교류로 변환시켜 실생활에서 사용할 수 있는 전기 형태로 바꿔주는 인버터 전문업체로, 단독 주택에서 멀티 메

지속적인 연구개발을 통해 최고의 품질을 제공하는 카코뉴에너지

가와트 태양발전소까지 전 범위의 각종 태양광 인버터를 제공하고 있다. 2007년 창립 이래 100㎾ 인버터 개발에 성공하였고, 20㎾부터 1㎿까지 다양한 용량의 태양광용 인버터를 생산하고 있는 카코뉴에너지 아시아는 기술력과 판매량에서 업계를 평정하고 있다.

특히 시장에 Powador-gridsave라는 특유의 에너지 저장 및 관리 장치를 선보임으로써 단순한 구성품 공급업체가 아닌 시스템 공급업체로서의 위상을 지닌 카코뉴에너지 아시아는 2013년 매출액이 전년 대비 47.1% 증가했고 2014년에도

34.1%의 증가세를 이어가며 침체된 태양광 시장에서 두각을 나타내고 있다.

　그뿐만 아니라 각 나라와 지역에 최적화된 프로젝트를 진행하며 세계 시장에서도 제품의 품질과 기술력을 인정받고 있다. 카코뉴에너지는 단일 발전소로는 세계 최대 규모인 미국 텍사스 주 샌안토니오의 400㎿ 태양광발전소 프로젝트에 인버터를 수주해 현재 설치·운용 중이다. 또한 2015년 5월 태국에 설립한 사무소에서 동남아시아 시장의 허브 역할을 수행하고 있다. 말레이시아 시장에서 약 25㎿의 설치 실적을 바탕으로, 필리핀, 태국, 인도네시아 등 동남아시아 전역으로 시장 확대 정책을 펼칠 예정이다. 일본 시장에서는 300㎾급 옥외형 제품 출시로 제품군을 다양화하고, 하반기에는 소용량 제품을 선보여 시장 점유율을 더욱 높일 계획이다.

　또한, 에너지저장장치ESS 분야의 지속적인 연구개발R&D 투자를 통해 신재생에너지 분야의 최고 혁신을 끊임없이 제공하고 있다. 2014년 국가 전력망 연동 사업에 참여해 한전 신용인 변전소에 국내 첫 주파수 조정용 ESS 프로젝트에 단일 1㎿, 총 8㎿의 전력변환장치PCS를 납품하는 성과를 거뒀다. 이 장치는 현재 유럽과 미국 시장에도 시판을 준비하고 있다. 올해는 2㎿

의 PCS를 신규 개발·적용하는 것을 목표로 하고 있다.

지난해에는 단위 용량 1㎿ 규모의 대용량 태양광 인버터를 국내에 처음 출시해 판매를 시작했다. 미국과 유럽 시장을 겨냥한 2㎿급 대용량 센트럴 인버터는 올해 상반기에 출시할 예정이며, 더욱 적극적으로 해외시장에 진출하여 2018년에는 현 매출액의 100% 신장을 위해 노력하고 있다.

기술력으로 이룬 쾌거

주요 프로젝트에 카코뉴에너지가 참여할 수 있었던 건 그동안 인버터 기술에 꾸준히 투자해왔기 때문이다. 카코뉴에너지는 지속적인 R&D를 통해 아시아 최초로 FRT_{Fault Ride Through} 기능이 내재된 독일 계통연계 규정 BDEW와 이탈리아 CEI 0-16 인증을 받아 기술력을 인정받았다. BDEW 인증은 신재생 에너지 발전 설비 증가에 따른 계통의 불안정 및 전력 품질 저하를 극복하기 위한 독일 규정으로 국내에서도 적용될 예정이다.

또 역률 제어 기능을 탑재한 태양광 인버터 제품 라인을 보유한 국내 유일의 기업 역시 카코뉴에너지일 정도로 기술력에서 앞서나가고 있다. 이외에도 자국 제품 보호주의가 확대되

우수한 인버터 기술력을 갖춘 카코뉴에너지 생산공장

고 있는 세계 태양광 시장을 커버할 수 있는 UL, CE, CGC 등 다양한 국제인증과 소프트웨어 품질인증인 GS 마크, 전력관리 시스템 등 다양한 특허를 보유하고 있다.

우수한 인버터 기술력을 갖춘 연구소와 생산 공장을 보유하고 있는 카코뉴에너지 아시아는 전 세계에 최상의 품질과 최적의 성능을 갖춘 인버터를 공급하며, 설립 후 태양광 인버터 수출 100만 달러의 성과를 얻었다. 끊임없이 에너지 관련 새 기술을 개발하고 품질을 향상시키며, 효율을 증대시키기 위해 노력했고, 그 결과 한국무역협회에서 2009년부터 2011년까지 연이어 300만 달러, 2,000만 달러, 5,000만 달러 수출탑을 수상하는 성과를 거둘 수 있었다. 또한 녹색기술 인정서 획득, 제4회 국가녹색기술대상에서 올해의 녹색기술 수상, 2014년에는 산업통상자원부 ATC 우수기술연구센터로도 선정되는 등 신재생에너지 분야의 선두주자로서 끊임없이 발전하고 있다.

카코뉴에너지는 올해 신재생에너지 투자가 더 활발해져 소형 스트링 인버터 시장도 활성화할 것으로 예상하고 이에 맞춰 시장 요구에 부합하면서 기존 모델보다 성능이 개선된 신제품 블루플래닛 20$_{BluePlnet\ 20\cdot20kW}$, 블루플래닛 50$_{BluePlanet\ 50\cdot50kW}$ 태양광 인버터를 출시해 발 빠른 대처에 나섰다. 국내 시장의 적극적인 영업을 위해 상반기에 지역별 로드쇼를 계획하고 있으며 이를 시작으로 홍보에도 적극적으로 임할 계획이다.

즐겁고 행복한 에너지, 카코뉴에너지

카코뉴에너지 아시아의 김유석 대표는 지난 25년간 다국적 기업에서 일해 왔고 그중 10년을 독일 본사에서 근무했다. 이 경험을 바탕으로 카코뉴에너지 아시아 직원의 독일 본사 및 다른 해외 지사로의 진출을 적극적으로 추진했으며 그 결과로 카코뉴에너지 미주지역 총괄 지사 고객서비스 부문 총괄 부서장을 아시아에서 파견하게 됐다. 앞으로도 지속적인 임직원의 직능과 재능관리 및 계발을 통해 더욱 많은 인원을 독일 본사 및 해외 지사에 파견하여 임직원 개개인에게 자기계발의 기회를 부여하고 동시에 카코뉴에너지 아시아의 발전을 위해 계속 노력할 계획이다.

카코뉴에너지는 즐겁고 행복하게 스스로를 계발하면서 회사의 발전에 기여할 수 있는 회사문화를 만들고 있다. 회사에서 하는 일이 즐겁지 않고 일에 대한 열정을 가지지 못한다면 개인은 물론 회사의 발전에도 불행한 일이라는 생각이기에, 항상 즐겁게 일하며 사회에 유익한 결과를 창출하는 건강한 기업으로 나아가기 위해 노력하고 있다.

아울러 스스로 자기계발에 충실하고 이를 업무에 적극적으로 활용하면서 회사 발전에 기여하는 사람이 이에 걸맞은 정당한 대우를 받고 또 회사 내에서 중요한 위치로 발전해 나아갈 수 있는 사풍과 시스템을 더욱더 확충해 나갈 방침이다.

신재생 에너지 분야의 글로벌 선두기업으로서 한국에 제품 개발 연구소와 생산기지를 보유하고 있는 카코뉴에너지 아시아는 지속적인 연구 개발과 철저한 품질관리를 통해 우수한 제품을 생산 및 공급하고 있다. 한국인의 기술력에 독일의 장

신재생 에너지 분야를 선도하는 카코뉴에너지 임직원의 모습

인정신을 융합해 카코뉴에너지가 갖고 있는 기술의 우수성을 전 세계에 알리는 것이 카코뉴에너지 아시아의 궁극적인 목표이다.

카코뉴에너지 아시아 임직원들은 태양광 에너지 기술, 즉 친환경 기술을 발달시켜 지구 환경을 보호하는 것이 카코뉴에너지 아시아의 의무임을 항상 마음속에 새기며 업무에 임하고 있다. 끊임없는 혁신과 기술 개발을 통해 인류사회에 기여하며 단순한 매출액으로 판단되는 기업이 아닌, 세계 친환경 사업 분야의 선두기업으로서 시장을 선도하기 위해 최선을 다할 것이다.

박기출 회장

세계한인무역협회

박기출 회장

학력
홍익고등학교 졸업
울산대학교 건축학과 졸업
서강대학교 카톨릭경영자과정 졸업

경력
군복무(ROTC)
쌍용건설 입사
Permastlisa Pte, Ltd Asia Pacitic Director 역임
세계한인무역협회(World-OKTA) 싱가포르 지회장
싱가포르 한국학교 이사
싱가포르 한인 상공회의소 수석부회장
세계한인무역협회(World-OKTA) 제16대 수석부회장
싱가포르 한인회 회장 역임
現   C.N.A Manufacturing Sdn Bhd社 설립
現   ㈜셀맥인터내셔날 설립
現   AUTOCOM社 설립
現   DK-RUS社 설립
現   PG AUTOMOTIVE HOLDINGS PTE.LTD 회장
2014~現   ㈜세계한인무역협회 제18대 회장

상훈
2008   제35회 상공의날 대통령 표창
2011   제48회 무역의날 대통령 표창
2012   월드코리안 대상 〈리더십 부문〉

최대 경제 단체, 세계한인무역협회

세계한인무역협회(월드옥타)는 1981년 4월 2일 모국의 수출 증진에 기여함으로써 모국 경제발전을 돕자는 취지에서 전세계 16개국 101명의 재외동포 무역인이 모여 설립한 재외동포 경제단체다.

협회는 창립 이래 모국 상품 구매단을 운영하며 한국 상품을 직접 구매해 현지시장에 판매, 우리 상품의 해외 홍보를 지원해 왔다. 중국의 화상, 유대인의 유대상, 인도 인상과 더불어 전 세계에서 한민족 경제 공동체를 구축하고자 활발히 활동 중이다. 지금은 전 세계 71개국 140개 도시에 지회를 두고 있으며 총 2만 3,000여 명의 회원이 가입한 재외동포 최대 경제 단체로 성장했다.

경제 네트워크 구축의 양대 산맥

세계한인무역협회 주요사업 중 가장 대표적인 것은 세계한인경제인대회다. 전 세계를 무대로 활동하는 해외 한인 무역·경제인들이 '세계 속의 한민족, 하나 되는 경제권'이라는 슬로건 아래 모여 한민족 경제 네트워크 구축과 모국 상품 수출확대 방안을 심도 있게 논의하는 대회로 보통 1,000여 명의 회원

2015년 10월 싱가포르에서 개최된 제10차 세계한인경제인대회에서 월드옥타 차세대무역스쿨에 만나 결혼에 성공한 차세대 부부와 함께

이 한자리에 모이는 연중 최대 규모 행사다. 짝수 해에는 국내에서, 홀수 해에는 해외에서 격년으로 개최되고 있다. 국내에서 개최 시 대회가 열리는 지역에 소재한 중소기업과의 수출 상담회 및 해외 시장진출 컨설팅 상담회를 함께 개최하며 모국 중소기업의 해외시장 진출을 돕고 있다.

세계대표자대회 및 수출상담회는 세계한인무역협회 71개국 140개 지회 지회장, 상임이사와 협회 임원 등 간부급 회원들이 참여하는 행사다. 세계대표자대회는 국내 주요 지자체에서 개최하여 해외 한인 경제인들의 네트워크와 국내 지자체의 교류를 유도한다. 이를 통해 지역경제 활성화를 비롯한 중소기업의 수출 활성화를 위한 방안을 협의하는 행사로 매년 500~600여 명이 참가하고 있다.

지역경제인대회는 지역 회원 간 단합과 비즈니스 네트워크 활성화를 위해 세계한인무역협회 지회에서 대륙별로 개최하는 대회다. 주로 새롭게 부상하는 시장 혹은 글로벌 경제 트렌드를 엿볼 수 있는 지역에서 개최되어왔다. 개최지역과 한국을 잇는 실질적인 프로그램을 통해 모국 경제 발전에 기여하는 방향으로 열리고 있다. 지역경제인대회는 지자체 및 각 유관기관에서 대회 일정에 맞춰 현지 대회에 참관 혹은 시장 개척단의 형태로 참가하도록 하고 있다.

협회는 지금까지 세계한인경제인대회와 세계대표자대회 등 양대 대회를 개최하며 모국 중소기업과의 수출 상담회를 진행했다. 이를 통해 많은 국내 중소기업들이 해외에 진출한 것은 물론이다. 2010년부터 2015년까지 5년간 협회와 모국 중소기업과의 총 상담액은 5억 6,260만 달러에 달하며 총 계약금액은 3,814만 달러에 달한다.

차세대 경제인 육성의 메카

차세대무역스쿨은 지난 2003년 시작하여 올해로 14년째 시행하고 있는 협회의 대표적인 사업으로, 현지어에 능통하고 현지문화에 익숙한 재외동포 1.5세~4세대를 대상으로 무역 실무와 더불어 한민족 정체성 및 모국에 대한 애국심을 교육하는 프로그램이다. 차세대무역스쿨은 월드옥타의 미래이자 대한민국의 중요한 인적 자산인 미래의 경제 주역을 발굴하고자 재외동포 차세대 경제인을 발굴하는 사업이다. 차세대무역스쿨은 해외 현지와 모국 방문교육으로 나누어 운영하고 있으며 해외 현지교육은 매년 5월부터 8월까지 해외 현지의 지회에서 예비 창업자들을 대상으로 진행하고 있다. 모국 방문교육은 해외 현지 교육 수료자 중 인재들을 모국에 초청하여 6박 7일 일정으로 진정한 무역인 혹은 경제인으로 육성하는 심화 과정으로 운영하고 있다. 이 기간에 한국 중소기업의 아이템을 수출하는 현지화 프로젝트도 진행하고 현지 창업도 할 수 있도록 적극적으로 지원하고 있다.

차세대무역스쿨은 올해부터 크게 4가지가 달라진다. 가장 먼저 대상이 확대된다. 기존 재외동포 예비 창업자 대상에서 재외동포 청년 기업인, 벤처 CEO, 2세 경영인, 현지 지상사 및

2015년 1월 제18대 차세대위원회 워크숍에 참가한 18대 차세대위원회 및 차세대 대륙대표들과 월드옥타차세대의 미래를 책임질 차세대 회원의 육성을 위한 논의를 진행하였다.

해외 진출 중소기업 담당자들로 대상을 확대해 미래의 청년 기업인을 적극적으로 발굴할 예정이다. 또한 기존에 크게 해외 현지 무역스쿨과 모국 방문교육 등 2개로 진행돼 온 프로그램을 올해부터는 지역 특성에 맞게 해외 현지 프로그램, 해외 차세대 리더스 콘퍼런스, 해외 현지 통합무역스쿨, 모국 방문 교육 등으로 세분화하여 수료생 활용중심으로 진행된다. 해외 현지 프로그램은 전 세계 23개 지회 규모로 개최되고 있으며 지회 자체적으로 차세대무역스쿨을 개최할 수 없는 지역의 경우 해외 현지 통합무역스쿨로 인근 3개 이상의 지회와 공동으로 개최된다. 지난 수료생들을 포함해 재외동포 청년 기업인들 간 경제 공동체 강화를 위해 차세대 리더스 콘퍼런스를 개최하여 기존 차세대무역스쿨 수료생과 신규 수료생들과의 네트워크를 강화한다.

이밖에 전 세계에서 활동하는 협회 회원과 국내 중소기업의 1대 1 매칭 시스템인 해외 한인 글로벌 마케팅사업은 현지 시장을 개척하고 실질적인 수출계약을 이끌어내면서 2014년 기준 48개국 67개 도시에서 97명의 협회 회원이 마케터로 참여했고 국내 421개 중소기업과 연간 파트너십 계약을 체결, 8개월간 총 626만 달러의 수출계약 실적을 달성했다.

또한 한인 기업 해외 인턴사업은 해외 한인 네트워크를 활용하여 해외 진출을 희망하는 국내 청년에게 해외기업 문화 습득 및 실무 경험의 기회를 제공하는 것으로 이를 통해 해외 취업까지 도와 국내 청년 일자리 문제 해결에 일조하겠다는 취지다. 2016년 4월까지 사업을 진행하고 있으며 현재까지 80명의 청년 인턴이 전 세계 협회 회원사에 인턴으로 나갔고 22명이 현지 취업을 할 예정이다. 지난해 협회는 고용노동부에서 주관하는 해외 인턴 우수기관으로 선정되기도 했다. 무엇보다 회원들이 협회 발전을 위한 변화에 동참하며 어느 때보다 강한 결속력을 발휘했다는 점에 의미를 두고 있다. 지난 싱가포르대회 당시 이사회에서 상임이사들이 어느 때보다 협회 발전을 위해 단단히 뭉쳐야 한다는 공감대로 다양한 아이디어를 냈다.

협회는 올해 2월 일산 킨텍스 제2전시장에 월드옥타 글로벌 비즈니스 센터(이하 GBC)를 개소하여 산하에 차세대 글로벌 창업지원센터를 개소하였다. 이를 통해 차세대무역스쿨을 통해 발굴하고 육성한 인재들이 한국의 청년과 글로벌 창업을 할 수 있는 공간으로 조성했다. 협회의 청년 기업인과 모국의 청년이 글로벌 창업을 직접 도와 기업가 정신을 전수하며, 지속적인 창업을 지원하고 있다.

또한 2016년부터 세계적인 대학인 MIT 대학교의 창업 프로그램인 MIT Bootcamp 프로그램에 차세대 회원을 참가시켜 차세대들의 글로벌 창업과 글로벌 창업에 필요한 청년 기업가 네트워크를 쌓을 수 있도록 지원하고 있으며, 참가비를 비롯한 교육비 전액을 협회에서 지원하고 있어, 차세대 회원들의 지속적인 글로벌 거상 육성 정책을 시행하고 있다.

마지막으로 인재통합관리시스템을 중심으로 한 사후관리

프로그램이 도입된다. 협회는 발굴한 차세대의 사후 관리를 위한 프로그램으로 차세대 리더스 콘퍼런스와 해외 통합무역 스쿨을 운영한다. 이를 통해 현지 기업인, 국내 중소기업인, 지상사기업, 월드옥타 회원사와의 지속적인 네트워크 형성을 유도할 계획이다. 또한 지회 회원사의 적극적인 사업 참여를 유도해 멘토로 활동한다. 차세대 무역인들의 사업이 시장에서 조기에 안착할 수 있도록 지원하고 각 지회에서 꾸준한 활동을 연계하여 미래의 거상으로 육성할 계획이다.

현장을 아는 진정한 리더

2014년 10월부터 월드옥타를 이끌어오고 있는 박기출 회장은 평생 현장을 누벼 온 기업가다. 책상 앞에서 생각하기보다는 현장에서 답을 찾는 것이 그의 습관이다. 그 때문인지 2015년 한 해 동안 그가 한 주요 활동도 전 세계 회원의 현장을 직접 다니며 눈으로 확인하는 것이다. 그렇게 2015년을 보낸 박기출 회장은 "우리 협회의 네트워크가 실로 어마어마하다는 생각을 했고 이를 더욱 잘 이어 나가야 한다는 사명감도 생겼다"고 말했다.

박기출 회장은 취임하면서 내걸었던 공약은 모두 이행했다.

2015년 6월 동경에서 개최된 차세대무역스쿨의 참석하여 특별강연을 하는 박기출 회장.

그러나 아직 완성도가 높지 않아 부분적으로 짜임새가 부족하다. 완벽하게 이행했다고 볼 수 없기 때문에 그는 공약 이행률이 80%라고 얘기한다. 남은 20%의 완성도를 채우기 위해 2016년도 그는 열심히 뛰어다닐 예정이다.

박기출 회장이 취임 후 이룬 가장 큰 성과는 회원들에게 실질적인 혜택을 늘린 점이다. 국내병원, 호텔과 제휴하여 혜택을 받게 했으며 협회 최초로 회원들의 비즈니스를 돕기 위한 컨설팅 자문위원회를 발족했다. 또 국민은행과 제휴를 통해 모국금융거래의 애로사항을 해결했으며 협회 행사 역시 회원들을 위한 비즈니스 네트워킹에 주안점을 둔 행사로 바꾸었다.

박기출 회장 취임 후 협회 위상도 높아져 다양한 유관기관과의 공동 사업을 진행할 수 있었다. 부산시와 중소기업 수출지원을 위한 공동 사업을 6개월간 진행하여 20명의 회원이 총 20만 달러가 넘는 수출계약을 일궈냈다. KIAT와는 북미주경제인대회에서 지역특화상품 수출상담회를 개최하여 한국의 지역특화명품을 미주시장에 진출시키는 역할도 수행하였다. 157만 달러 수출상담액에 4만 2,000달러 계약 성과와 2건의 MOU를 체결하며 한국 전통상품의 해외시장 진출에 첨병 역할을 했다.

진주시와는 지난 11월 동남아통합무역사절단을 운영했다. 베트남 호찌민, 중국 광저우, 필리핀 마닐라 지회와의 상담회를 통해 상담실적 4,660만 달러, 계약 실적 684만 달러의 성과를 냈다. 작은 중소 지자체에서도 협회의 전 세계 한인 경제인 네트워크를 통하면 얼마든지 좋은 실적을 낼 수 있다는 계기를 마련했다.

또 지금까지 양성에만 그쳤던 차세대무역스쿨 프로그램에 통합무역스쿨과 차세대 리더스 콘퍼런스를 도입하여 사후 관리까지 지원하는 시스템을 구축하였다. 통합무역스쿨 개최로 지금까지 차세대무역스쿨을 경험하지 못했던 지회들도 차세대무역스쿨을 경험할 수 있게 함으로써 지역 차세대 간 네트워킹을 더욱 강화하는 효과를 가져왔다. 지난해 차세대무역스쿨은 23개 지역 39개국 72개 지회에서 1,600여 명의 차세대 경제인을 배출했다.

차세대 리더스 콘퍼런스는 5개 지역(아르헨티나, 스웨덴, 필리핀, 중국 북경, 심천)에서 개최하여 각 지역에서 배출한 차세대들이 다시 모여 지역의 차세대 네트워킹 강화를 위해 지속 가능한 프로그램 개발을 할 수 있도록 하였다.

차세대 라이징 스타 프로젝트는 차세대의 글로벌 창업을 회원들이 직접 지원하는 효과를 가져와 지난 싱가포르대회 때 250만 달러의 창업 투자금을 모으는 쾌거도 일구었다.

박기출 회장은 2015년 성과에 안주하지 않고 2016년에는 2015년 신설한 사업을 보다 구체화, 체계화할 계획이다. 가장 먼저 시범적으로 협회가 수익사업을 할 수 있는 토대를 마련할 계획이다. 2015년 여러 유관기관과의 공동사업을 통해 지회 자체적으로도 수행할 수 있는 다양한 네트워크를 구축했다. 특히 지회 회원들과 모국 중소기업을 직접 연결하는 다양한 사업들을 개발하여 도입해 볼 계획이다. 가령 한국의 전자

2015년 싱가포르에서 개최된 제20차 세계한인경제인대회 개회식, 이날 김우중 회장이 기조강연을 하였으며, 이날 강연이 김우중 회장의 마지막 강연이 되었다.

제품 관련 중소기업을 전자제품이 강한 중국 심천 지회의 회원들과 매칭하는 형태의 사업이다.

사업이 시작되면 해당 아이템의 현지시장 진출을 위한 컨설팅부터 수출업무 지원, 현지 마케팅, 수출계약까지 한 번에 돕는 시스템이 협회 네트워크를 활용하면 가능할 것 전망이다. 이런 사업 시스템이 완성된다면 협회의 안정적인 재원 확보는 물론 지회에도 재정 지원이 가능해져 낙수효과를 거둘 전망이다.

차세대무역스쿨의 통합개최를 더욱 확대하고, 차세대 리더스 콘퍼런스의 개최지역을 더욱 늘리는 등 차세대들이 지속적으로 네트워킹 할 수 있는 토대도 넓힐 계획이다. 지역별 통합 무역스쿨이 정례화 된다면 지회의 차세대무역스쿨 단독 개최에 대한 예산부담도 줄고 늘어난 예산으로 교육 프로그램과 차세대 발굴과 지원을 위한 후속 사업까지 연계할 수 있어 다양한 이점이 있다.

세 번째로는 청년들의 해외 취업 및 창업에 대한 지원 계획이다. 모국 인재를 채용하고 싶어 하는 회원사가 모국 청년들이 진출할 수 있는 다양한 사업을 발굴하고 진행할 계획이다. 우선 정부의 해외 취업 사업을 적극적으로 지원하는 가운데 각 대학 및 지자체의 사업도 지원할 계획이다. 협회를 통해 모국 청년이 해외에 정착하고 이들이 다시 현지에서 창업하므로써 자연스러운 선순환 고리를 만드는 것이 목표다.

35년 역사 글로벌 한인 기업인 요람

올해는 우리 협회가 창립 35주년이 되는 해이다. 협회의 지난 역사가 말해주듯 우린 정말 많은 일을 해오고 있다. 그러나 지금까지 우리는 무형의 자산을 보여줄 근거지가 없었던 것이 한계였다. 이것을 뚫어보고자 한다.

2015년 10월 차세대무역스쿨 모국방문교육에 참가한 월드옥타 차세대 교육생들과 함께 2015년을 기점으로 월드옥타는 16,900여명의 재외동포 차세대경제인을 배출하였다.

이 같은 목표를 이루기 위해 박기출 회장은 킨텍스에 협회 3개 기관을 입주시킬 계획이다. 우선 국제통상전략연구원을 재건하고 입주시켜 전 세계 회원사의 활동에 대한 DB를 구축한다. 뿐만 아니라 다양한 연구 활동과 회원들의 비즈니스에 실질적으로 도움이 되는 이론적 성과를 만들어갈 계획이다.

차세대 글로벌 창업지원센터도 개관할 예정이다. 협회는 지난해 차세대 라이징스타 프로젝트를 통해 협회 차세대의 창업에 회원들이 직접 투자하는 선례를 만들어 냈다. 차세대 글로벌 창업지원센터는 협회의 차세대들과 모국의 청년 사업가들이 함께 세계시장이 진출하는 글로벌 창업을 직접 지원하는 전진기지 역할을 하게 된다.

세 번째는 월드옥타 글로벌 비즈니스 센터GBC 개관이다. 협회 회원사가 모국에 진출하거나 모국 중소기업과의 거래 원할 경우 비즈니스를 돕는 역할을 하게 된다.

세계한인무역협회는 35년의 역사를 자랑한다. 재외동포 경제단체 중 가장 긴 역사와 강력한 네트워크를 자랑한다. 2016년 협회는 가장 잘할 수 있는 3가지 사업을 메인으로 하여 과감한 사업을 진행할 계획이다. 월드옥타 GBC가 활성화된다면 중소기업의 해외시장 진출 창구와 해외에 있는 협회 회원사의 모국진출 거점이 될 것이다. 또 청년들에게는 글로벌 창업의 요람이 된다. 전 세계를 무대로 활동하는 수많은 선배 회원들의 도움을 받을 수도 있다. 다양한 성과 달성을 위한 이론도 개발되며 회원사와 창업자들을 지원할 것이다.

박보생 시장

경상북도 김천시

박보생 시장

학력
1968 김천농공고등학교 졸업
2000 경북대학교 행정대학원 졸업(행정학 석사)
2008 경북대학교 행정대학원 박사과정 수료

경력
1969 공무원 초임 발령
1991 김천시 새마을과장
1998 김천시 기획감사담당관
2002 김천시 사회산업국장
2004 전국체전유치 기획단장
2005 세계배드민턴 한국대표단장
2006 민선4기 김천시장
　　　 김천시 체육회 회장
2008 전국혁신도시지구 협의회 회장
2010 민선5기 김천시장
2014~現　민선6기 김천시장

상훈
2008 목민관상 수상
2010 지역일자리대책 경진대회 대상 수상
2013 행정대상 수상
2014 매니페스토 약속대상 수상
　　　 경제리더 대상 수상
2015 한국을 빛낸 창조경영대상 수상
　　　 한국의 미래를 빛낼 CEO 대상 수상
2016 한국의 영향력 있는 CEO 수상

김천시
GIMCHEON CITY

희망을 담은 행복도시 김천

김천시가 최첨단 혁신도시로 환골탈태하고 있다. 김천혁신도시 건설로 한국도로공사, 한국전력기술 등 12개의 공공기관이 대거 이전해오면서 새로운 성장 모멘텀을 수혈 받은 덕분이다. 이 같은 호재에 맞춰 김천시는 신규산업단지 조성, 역대 부농富農 2,000명 육성, 수도산 자연휴양림 개장, 김천 부항댐 산내들 오토캠핑장 개장, 황악산 하야로비공원 조성 등으로 새로운 도약을 준비하고 있다. 더불어 김천시는 광역 교통망 확충을 위해 김천~거제 간 남부내륙철도 조기 건설 추진과 김천~전주 간 동서횡단철도 구축 등을 통해 행복한 혁신도시로 거듭나겠다는 희망에 부풀어 있다.

박보생 김천시장은 비전 있는 행정과 열정적인 시정추진으로 김천시민뿐 아니라 대외적으로도 그 능력을 인정받고 있다. 그는 지난 2014년 6.4 지방선거에서 3선에 성공했다. 민선 4~5기 시장을 역임한 경험을 바탕으로 행복도시 김천을 위해 새롭고 다양한 정책을 펼치고 있다. 그 결과 김천시는 정부 3.0 시책추진평가에서 2년 연속 우수기관에 선정됐으며 전국 230개 기초자치단체를 대상으로 한 주민행복도 조사에서 전국 5위를 기록했다. 이 밖에 투자유치 서비스 만족도 조사 2년 연속 1위, FTA 과실 생산유통 지원 사업 최우수, 2015 경영대상, 대한민국 경제리더 대상, 민선 6기 기초단체장 공약실천 평가 최우수상, 정부 저소득층 자립정책 자활분야 평가 우수기관 선정 등 시정 전반에 걸쳐 수없이 많은 상으로 인정받았다.

명품 혁신 신도시로 도약

김천시가 가장 모범적으로 추진하고 있는 시책 중 하나는 '김천혁신도시'다. 김천혁신도시는 380만 5,000㎡(115만 평) 면적에 기반조성 사업비 8,676억 원을 투입하여 전국 10개 혁신도시 중 가장 빠른 공사 진척을 보이고 있다. 1단계는 2014년 연말 완료했으며 2단계는 2015년 5월 1일 자로 준공했다. 3단계 공사 역시 2015년 12월에 완료했다.

김천혁신도시에는 한국도로공사, 한국전력기술, 교통안전공단, 농산물품질관리원 등 12개 기관 5,000여 명이 이전을 완료하고 김천에 새 둥지를 틀었다.

김천혁신도시에는 2만 7,000여 명이 거주하게 되며 경북의 신성장 거점으로 행복도시 김천 발전을 견인하는 중추적인 역할을 할 것으로 기대된다. 김천시는 지금까지 인구감소, 경기 침체 등으로 도시발전이 정체되었으나 혁신도시 조성으로 일

김천 혁신도시 전경

자리 창출 1만 500개, 경제효과 1조 원 등의 경제적 파급 효과를 기대하고 있다.

　김천시는 혁신도시로서 원활한 역할을 수행할 수 있도록 그린에너지 전문과학관인 녹색미래과학관을 개관·운영하고 있으며, 전국 혁신도시 가운데 유일하게 241억 원의 예산을 투입해 건립한 산학연 유치 지원센터가 개소식을 하고 업무에 들어갔다. 또한 이전 공공기관과 연계한 다양한 연관 산업과 연구단지, 연수원 등 산학연 클러스터 구축에 나선 것이다. 이로 인해 상당한 인구증가와 고용창출을 비롯해 연간 국세 2,000억 원, 지방세 200억 원 등의 세수효과도 기대된다.

　김천시는 김천혁신도시를 중심으로 한 신도심 개발과 더불어 지역의 균형발전을 위한 도시재생사업에 총 300억 원의 사업비를 확보하고 추진에 박차를 가하고 있다. 혁신도시와 기존 도심을 지역발전의 양대 축으로 성장시키기 위해 김천역 등 구도심 주변을 대상으로 노후 공동주택 환경개선사업을 추진하고 있으며 이 밖에도 다양한 도시재생사업을 계획하고 있다.

도시개발에 힘쓴 만큼 도농복합도시 김천의 기반산업인 농업에 대한 투자도 늘렸다. 산지유통센터 17개소 등 농산물 유통시설 확보와 더불어 전국 최초로 농기계 임대은행 5개소 운영으로 농업에 큰 활력을 불어넣었다. 무엇보다 억대 농부 500명 육성을 목표로 투자한 결과 민선 5기 동안 1,000명이 넘는 억대농이 배출되는 등 가시적인 성과를 거뒀다. 현재는 억대농 2,000호 육성을 목표로 노력하고 있다. 이것은 박 시장이 농업을 미래의 유망한 비즈니스로 인식하고 적극적으로 지원해 높은 경쟁력을 갖췄기에 가능한 결과였다.

김천시는 또 귀농인 유치를 전략적으로 추진하고 영농기반과 농촌 생활환경 정비도 꾸준히 추진하면서 쾌적하고 정감 있는 정주여건을 조성하고 있다. 사이버 활용 체험형 농가육성, 시설 현대화, 경영안정 및 영농기반 확대자금, 농업 종합자금, 영농 규모화 자금, 농어촌 진흥기금 등을 지원하고 가축 재

남부내륙고속철도 예비타당성 조사 통과를 위한 토론회(국회의원 회관 2015.10.13.)

해보험이나 농업 종합자금 이자 보전 등으로 농업인의 소득안
정에 힘썼다. 또한 한우, 낙농, 양돈 등 축산농가 경쟁력도 제
고시켰다.

김천시는 교통·물류의 허브 도시로의 위상을 더욱 공공이
하기 위해 KTX 김천(구미)역을 유치하여 전국 반나절 생활권
의 중심지가 되었고, 교통중심 도시로 한 단계 더 도약하기 위
해 김천~진주(거제) 간 남부내륙철도와 김천~전주 간 동서횡
단 철도 등 십자 축 철도망 구축에 행정력을 집중해 왔다.

이러한 노력의 결과 예비 타당성조사가 마무리 단계에 있는

남부내륙철도(김천~거제) 사업은 기본설계를 위한 30억 원의 국비 예산을 확보했고 3차 국가철도망 구축계획에 2016 신규 사업으로 반영됐다. 그리고 2차 국가철도망 구축계획에서 제외되었던 '김천~문경 간 전철' 사업도 73㎞에 1조 3,714억 원을 투입하는 2016 신규 사업으로 반영되었으며, 2차 계획에서 추가검토 대상사업으로 분류되었던 '김천~전주 간 동서횡단철도'는 108.1㎞에 2조 7,541억 원을 투입하는 계획 기간 내 착수대상 사업으로 반영됐다.

또한 양천~혁신도시~어모 간 국도 대체 우회도로 개통, 김천~거창 간 국도 3호선과 김천~선산 간 국도 59호선 확장 등 광역교통망 확충에 심혈을 기울이고 있다. 김천혁신도시와 산업단지의 접근성을 높여 지역균형 발전의 토대를 구축한다는 복안이다.

일자리와 활력이 넘치는 도시

김천시는 희망찬 미래 행복도시로 변모하면서 일자리와 활력이 넘쳐나고 있다. 박 시장은 특히 김천 일반산업단지 조성, 명품 혁신도시 건설, 부농 육성 등에 행정력을 집중해 보다 살기 좋은 도시를 만들어오고 있다.

민선 5기 시절 이룬 다양한 성과도 박 시장이 높은 지지율을 유지하는 비결 중 하나다. 특히 일자리 창출 노력이 큰 효과를 거뒀다. KCC, LIG-넥스원, 현대모비스 등 대기업 유치와 양질의 일자리 창출에 심혈을 기울인 결과 산업통상자원부 주관 4년 연속 '기업하기 좋은 10대 도시'에 선정되었으며 투자유치 만족도 2년 연속 전국 1위를 차지했다.

또한 김천 일반산업단지 1단계 80만 5,000㎡ 준공에 이어 2단계 142만 4,000㎡ 조성 공사를 순조롭게 추진하고 있다. 전국 최저가 분양으로 코오롱플라스틱 등 53개 우량기업을 유치하면서 100% 분양을 성공했다. 준공도 전에, 2개의 공장이 신축·등록을 완료했고, 9개 회사가 공장 건축에 착수하는 등 금년부터 건축공사에 힘을 쏟을 것이다.

이렇게 2단계 사업이 완료되면 고용 효과 6,600명, 생산유발 효과 3조 3,000억 원으로 지역경제를 더욱 튼튼하게 하고 산업기반을 확충하게 된다. 2단계 사업이 순조롭게 추진됨에 따라 3단계 산업단지 조성사업을 위해 전문기관에 타당성 용역을 의뢰하여 추진 중이다.

농공단지 노후 공공시설물 정비, 산업·농공단지 시설물 정비, 투자유치기업 고충·건의사항 지원, 소규모기업 환경개선

김천일반산업단지(1단계) KCC전경

사업 등도 기업과 우수 인력들의 이목을 끈 김천시의 주요 활동이다. 6급 이상 간부 공무원 1명당 관내 2개 기업을 전담하는 '기업사랑 119' 프로그램을 통해 기업운영과 관련된 애로사항을 적극적으로 해소했고 '김천시 기업 및 투자유치촉진조례 개정'을 통해 고용 보조금과 교육훈련 보조금의 최대 지급 한도를 1억 원에서 6억 원으로 상향 조정했다.

박 시장은 중소기업 경쟁력 강화 및 육성에도 앞장서고 있다. 경영 컨설팅, 기업인증 획득, 지역기업 수출촉진을 위한 보험료 등 유무형 지원을 아끼지 않았고 공공근로사업으로 일자리 창출에 힘을 보탰다. 또 일자리정보센터를 운영해 구인·구직 상담 및 알선을 적극적으로 추진했으며 매월 마지막 목요일에는 '잡 미팅 데이Job Meeting Day'를 운영해 현장면접 및 면접 클리닉, 기업 현장투어 등을 진행했다.

이 밖에 지역 공동체 일자리 사업과 고용노동부 공모 사업인 '청년 CEO 육성 지역 맞춤형 일자리 창출 지원 사업'을 시행했으며, 일자리 취약계층을 정규직 평균 고용인원 이상으로 채용한 경우 자금을 지원하는 '일자리 취약계층 고용지원 사업', 또 시간제 근로자를 신규로 채용한 기업에 지원금을 지급하는 '플렉스타임제Flextime 일자리 창출사업' 등 다양한 사업들을 성공적으로 진행하고 있다.

스포츠 중심도시로 우뚝

박 시장은 취임 이후 인구 14만 명에 불과한 중소도시인 김천시가 고부가가치를 창출할 수 있는 새로운 산업을 육성하고자 골몰했다. 평소 '스포츠 산업은 굴뚝 없는 21세기 고부가가치 산업'이라는 말을 자주 들어온 그는 김천시를 스포츠 산업의 메카로 육성키로 했다. 실제 소득증대와 여가 증대로 스포츠 레저산업이 부흥하는 추세고 스포츠는 관광 등 다른 콘텐

김천종합스포츠타운 전경

츠와 결합할 수 있어 경제적 유발 효과도 크다.

　김천시의 스포츠 산업 잠재력을 인지한 박 시장은 36만㎡ 규모 전국 최고 수준의 김천종합스포츠타운을 짓고 각종 국내외 대회 유치는 물론 경기장과 김천시청 소속 스포츠 선수들을 전국에 널리 알리는데 나섰다. 김천시는 2000년 종합운동장 건립을 시작으로 꾸준히 경기장 시설을 늘려 2006 제87회 전국체전을 유치하기에 이르렀다. 전국체전으로 인해 삼락동 일원에 실내체육관, 실내수영장, 테니스장, 인라인 롤러경기장 등 종목별 경기장 시설이 연이어 건립되면서 전국에서

으뜸가는 종합스포츠타운이 조성됐다. 2010년에는 수영(다이빙) 지상 훈련장과 김천 국제실내테니스장을, 2013년에는 국민체육센터를 건립해 완벽한 경기장 시설과 부대시설을 갖추었다.

이러한 인프라를 바탕으로 적극적인 마케팅을 통해 전국체육대회, 경북도민 체육대회, 경북도민 생활체육대회 등을 개최했으며, 김천시청 배드민턴 실업단, 김천시청 여자농구팀에 우수 선수를 확보해 국제 및 국내대회에서 우승을 차지함으로써 김천시 위상을 높이고 있다.

2014년 한해 국제테니스연맹ITF대회, 세계군인체육대회(수영, 배구, 축구) 등 국제대회만 8개를 개최했으며, MBC배 전국수영대회, 전국고등축구리그 왕중왕전, 프로배구(도로공사 하이패스 홈경기 연간 15경기), 김천전국수영대회 등 전국단위 대회가 40개로 총 48개의 대규모 대회가 개최됐다. 이렇게 각종 체육대회와 전지훈련으로 김천을 찾는 선수·임원, 관람객이 22만 8,000여 명이 넘었고, 233억 원의 경제적 파급효과를 거두었다.

이렇듯 김천시는 경기장 시설, 대회운영 경험, 편리한 교통망이라는 3대 강점을 적극 활용하여 대한민국 스포츠 중심도시로 급부상하고 있다. 박 시장은 "전국 최고의 경기시설과 편리한 부대시설이 한곳에 집중된 종합스포츠타운의 인프라와 경기운영 노하우, 시민들의 자원봉사 활동 등으로 김천의 지역경제 활성화에 견인차 역할을 하고 있다"며 "지속적으로 대규모 대회와 전지 훈련팀을 유치하여 공공 스포츠시설의 활용도를 극대화하고 김천시가 대한민국 스포츠의 중심이 되도록 힘쓰겠다"고 밝혔다.

스포츠 중심도시가 가능했던 김천의 가장 큰 매력은 청정한 환경이다. 감천과 직지천에는 수변공간, 자전거도로, 산책로 등을 조성해 친환경 생태하천으로 정비하고, 김천 부항댐, 황악산 하야로비 공원을 비롯한 무흘구곡 경관가도, 수도산 자연휴양림과 부항 생태숲, 남면 오봉저수지 오색테마공원 등 권역별로 관광인프라 개발을 추진하고 있다. 이들을 직지사, 청암사 등 기존 관광자원과 연계한 '체류형 관광 휴양 벨트'로 구축할 계획이다. 또한 김천의 숨어 있는 역사와 문화자료를 발굴하고 스토리텔링화한 감성 콘텐츠를 개발해 새로운 관광자원으로 개발하고 있다.

이러한 성과를 발판 삼아 김천시는 경제가 함께하는 희망김천, 도심이 살아나는 창조김천, 사람이 중심이 되는 행복김천,

부항다목적댐 전경

역사가 어우러진 문화김천, 자연과 공존하는 녹색김천을 건설하는 데 심혈을 기울이고 있다.

대화합으로 다지는 미래 100년의 초석

박 시장은 김천혁신도시의 성공적인 조성과 함께 김천 시가지의 혁신적인 재창조를 위해 도시재생사업을 최우선 과제로 삼아 김천역 중심으로 젊은이들이 붐비고 활기가 넘치는 문화 창조 거리를 조성할 계획이다. 더불어 도심 전선 지중화, 공공기관 북부권 이전, 김천문화원 신축, 구도심 미니 행정타운 건설 등을 통해 혁신도시 건설에 따른 구도심 공동화를 최소화하는 등 도시경쟁력을 제고할 방침이다.

또한 시민소통과 화합을 위해 어려운 문제는 지역주민과 함께 고민하고 자율적인 참여와 인식확산으로 삶의 질을 개선하고 안전하고 따뜻한 복지김천을 위해 시민안전의식과 복지서비스도 강화할 방침이다.

박 시장은 이러한 시정을 성공적으로 추진하기 위해 원도심 재생을 통한 지역균형발전, 안전한 도시를 위한 재난안전 강화, 지역경제 활성화 및 서민생활 안정 도모, 십자 축 광역교통망 확충과 성공적인 혁신도시 안착, 다양한 계층을 아우르는 문턱 없는 복지행정, 건강백세를 열어가는 선진 보건행정, 역사와 생활이 어우러진 문화 관광도시 건설, FTA에 대응하는 농업경쟁력 강화 등 8대 역점시책을 제시하고 추진 중이다.

김천시는 서울대 행정대학원 서베이조사연구센터와 중앙일보가 공동으로 지난 2014년 전국 230개 지자체, 성인 21,050명을 대상으로 행복도를 조사한 결과 5위를 차지했고, 경북도 내에서는 1위를 차지했다. 이처럼 김천시는 행정서비스 수준을 높이고 지역민들의 복지와 행복도 향상을 위한 노력에 최선을 다하고 있다.

2016년 신년화두(보합대화)

박 시장은 '한마음을 가지면 큰 의미의 대화합을 이룰 수 있다'는 '보합대화保合大和'라는 주역의 한 구절을 인용하며, "일천여 공직자와 혼연일체가 되어 김천발전과 지역화합을 이끌어가는 견인차가 되고, 미래 100년을 만들어가는 초석을 굳게 다지겠다"는 의지를 피력했다.

신정택 회장

seun 세운철강

세운철강

신정택 회장

학력
대구 대륜고등학교
동아대학교 경영학과
동아대학교 경영대학원 석사
동아대학교 명예경영학 박사
부산대학교 명예경영학 박사

경력
1978 ㈜세운철강 설립, 대표이사 역임
2003 ㈜세운철강 회장
      한국자유총연맹 부산시지회 회장 역임
2006 주한스리랑카 명예영사
2008 ㈜에어부산 대표이사 역임
2012 부산상공회의소 회장 역임
      한국자유총연맹 부총재 역임
      부산글로벌포럼 공동대표
2013 ㈔대한럭비협회 회장 역임
      한국해양구조협회 총재 역임
2015 부산사회복지공동모금회 회장
2016 법무부 법사랑위원 전국연합회 회장

상훈
1995 제32회 무역의날 천만불 수출의탑 수상
1997 제24회 상공의날 산업포장 수상(경영자부문)
2001 제9회 부산광역시 산업평화상 금상 수상
2002 제36회 조세의날 철탑산업훈장 수상
      법무부장관 표창장 수상
2009 부산시민산업대상 수상
      캄보디아 모하 세네이붓(국가재건) 훈장 수상
2012 제33회 시민의날 기념식 자랑스러운 시민상 대상 수상
2015 법무부 범죄예방 한마음대회 국민훈장 모란장 수상

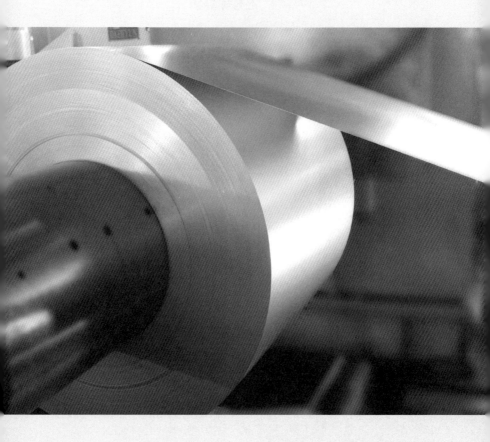

seun 세운철강

세계를 움직이는 창조 경제

고객을 최우선으로 생각하는 경영철학과 통찰력을 바탕으로 한 과감한 투자 그리고 노사화합의 문화를 이룬 세운철강은 열정과 고객중심의 경영을 지속해 매출 1조 원 달성을 목표로 노력하고 있다. 나아가 세계 최고의 철강 가공센터 구축을 통해 국가산업 발전과 국가경쟁력 향상에 기여한다는 큰 비전을 향해 오늘도 달리고 있다.

세운철강의 기업적인 노력과 더불어 신정택 회장은 최고경영자로서 스스로의 다짐도 잊지 않았다. 특히 그는 조직이 성장하고 커질수록 조직이 관료화되거나 일처리가 정형화되는 등 조직 안에서 나타나는 여러 가지 부작용을 경계해야 한다고 힘주어 말하고 있다. 특히 직원들의 창의력과 생산성을 저하하는 조직의 관료화나 작업의 정형화를 철저히 경계할 것을 다짐했다.

"성공적인 신제품의 개발은 조직원들의 효율적이고 열린 사고에서 아이디어를 얻는 경우가 많습니다. 세운철강 또한 기업 활동이나 업무 프로세스, 조직구조와 관련하여 새로운 아이디어를 중시하여, 더 효율적이고 창의적으로 조직구조를 개편하거나 업무 프로세스를 개선할 수 있도록 조직의 분위기를

세운철강 부산공장 전경

조성하고 문화로 정착시키겠습니다."

이를 위해 신정택 회장은 새로운 아이디어를 가감 없이 받아들이고 경영자 혼자만의 비전이 아닌 임직원과 함께 공감하는 경영비전을 제시하도록 노력하겠다고 말했다.

"국가 경제발전과 신규고용창출, 사회공헌활동 등 창조적인 미래경영환경 개척에 힘써온 경영인과 기업을 선정하는 자리에 부족한 제가 함께 할 수 있게 돼 매우 영광인 동시에 무한한 책임감도 함께 느낍니다. 창조경제란, 가치를 창조하고 일자리를 창출하며 성장 동력을 이끌어줌으로써 경제를 부흥시키고 풍요로운 삶을 만드는 것이라 생각합니다. 미력하나마 우리나라 경제발전을 위해 창조적인 미래 경영환경 개척에 힘쓰겠습니다."

1970년대 모두가 경공업에 집중할 때 특유의 통찰력과 노력을 바탕으로 국내 중공업의 성장 신화를 일궈낸 신정택 회장을 주목하는 이유는 기존의 틀을 깨는 발상의 전환과 창의적이고 감성적인 경영철학을 통해 새로운 미래를 이끌어갈 세운철강의 행보가 더욱 기대되기 때문이다.

변화의 흐름을 꿰뚫어보는 세운철강

1978년 부산에서 신정택 회장이 창업한 세운철강은 부산에 본사를 둔 향토기업으로 부산, 창원, 울산, 포항지역에서 자동차, 가전, 발전설비, 조선 등의 산업군에 포스코POSCO의 냉연철강제품을 공급하는 국내 최대의 포스코 가공센터를 운영하고 있다. 주요매출처는 현대자동차, LG전자, 르노삼성자동차, 한국GM, 세아에삽, 두산중공업, 고려용접봉 등으로 매출처 70% 이상이 대기업으로 구성돼 매출구조가 탄탄한 내실 있는 기업이다.

지역별로 특화된 설비와 품질관리로 경쟁 우위를 확보하고, 4개 공장에 연간 150만 톤의 가공설비를 보유해 회사의 성장 잠재력 또한 높이 평가되고 있다. 2015년에는 연간 78만 톤 이상의 냉연철강제품을 가공, 판매하며 6,600억 원의 연 매출을

세운철강 부산공장 Blanking Line

기록 중인 세운철강은 매출 1조 원 달성의 목표를 앞당기기 위해 전 직원이 매진하고 있다.

현대를 살아가는 사람들에게 꼭 필요한 자동차, 가전제품, 발전설비 등 이들 산업에서 빼놓을 수 없는 것 중의 하나가 바로 철강이다. 국내 최대의 포스코 가공센터로 1978년에 설립된 세운철강은 당시 국내 산업의 변화를 이끌며 성장해왔다. 변화의 흐름을 꿰뚫어보는 신정택 회장의 탁월한 통찰력으로 오늘날의 세운철강이 있을 수 있었던 것. 세운철강 설립 당시 국내 산업은 신발, 가발 등 경공업이 경제 성장을 견인할 때였지만, 신정택 회장은 경공업 위주의 산업은 성장에 한계가 있을 것이고 곧 자동차, 가전, 기계, 조선 등의 산업이 미래의 경제 성장을 이끌 것이라 직감했다. 이를 대비해 세운철강은 설비투자에 지속적으로 집중했고, 그 결과 철강 수요산업이 발전하면서 성장의 기틀을 마련할 수 있었다.

세운철강은 1978년 설립 당시에는 철강재의 유통 판매를 했지만, 고객이 원하는 제품을 가공 생산하기 위해 1989년 김해공장, 1994년 창원공장, 1996년 울산공장, 2011년 포항공장을 설립했다. 2002년에는 중국 동북부지역 대련시에 현지법인 대련세운강판유한공사를 설립했고, 2007년에는 말레이시아 현지공장을 설립하고, 2011년에는 김해공장을 부산공장으로 확장 이전했다. 그리고 2015년에는 중국 연태시에 현지법인 연태세운강판유한공사를 설립하는 등 지속적인 설비투자를 해왔다.

또한 업무 전산화를 감행하고 생산성 향상을 위한 기술개발에 끊임없이 투자함으로써 업계 리딩 컴퍼니로 성장할 수 있는 기반을 마련했다. 신정택 회장은 지난 1995년 외부기관의 경영진단을 통해 디지털 경영에 과감하게 투자하겠다고 결정했다. 공장별로 제품인식 바코드를 설치하고 국내외 사업장

간 전용회선에 의한 ERP 시스템을 구축, IBM AS400 메인 서버 8대 도입 등 기업 경영의 합리적인 시스템을 구축한 이후로 지속적인 전산시스템 보강을 통해 회사의 주요 경영정책 결정에 신속한 의사결정 시스템을 확보할 수 있게 됐고, 이는 업무효율성으로 연결됐다. 이로써 세운철강의 전산시스템은 고객의 발주에서부터 가공, 납품에 이르기까지 모든 정보를 빠르고 정확하게 제공한다.

또한 세운철강은 고객의 다양한 요구에 적극적으로 대응하기 위해 새로운 가공설비 개발과 설비투자 확대와 생산성 향상으로 가격경쟁력 확보 및 철저한 가공품질 관리로 품질경쟁력을 확보해 자동차, 가전, 발전설비 등 우리 경제의 성장을 주도하고 있는 탄탄한 전방산업의 발전과 함께 성장하고 있다. 이를 위해 먼저 고객사의 산업별 특성에 맞는 제품 공급을 위해 공장별로 특화된 가동을 해왔고, 물류비용을 절감하면서 고객에게는 적시 공급할 수 있는 JIT_{Just In Time} 개념의 직납체제를 이뤄내 고객 만족을 일궈왔다.

1996년에는 조선 사업에 필수적으로 소요되는 용접봉 제조에 필요한 용접봉 피막 소재 가공기술을 특화해 차별화를 이뤄냈으며, 생산성을 획기적으로 향상할 수 있는 설비 제작에

세운철강 포항공장 Osscillating Line

착수해 2007년에는 오실레이터 제작에 성공하기도 했다. 이 뿐 아니라 중국 대련공장의 경우에는 대규모의 건축용 컬러강 판을 생산 공급할 수 있도록 특화하고, 또한 중국 연태공장은 냉연철강 임가공설비를 갖추고, 중국 내수시장은 물론 유럽과 중남미지역 수출의 기점으로 활용하고 있다.

하지만 세운철강은 여기에서 멈추지 않고 최고의 품질관리에 노력하고 있다. 가공품질은 공정뿐만 아니라 제품의 포장, 보관, 운송, 납부 등 모든 과정에서 철저히 관리돼야 하기 때문에 더욱 관심을 기울여야 한다. 이에 세운철강은 가공품질

기술력을 인정하는 LG-QA9001 품질관리인증서, 영국 NQA ISO9001 품질인증서를 획득함으로써 가공기술은 물론 완벽한 포장과 보관을 거쳐 안전한 납품까지 모든 과정에서 품질 관리에 만전을 기하고 있다.

강철 같은 신뢰와 믿음

세운철강은 1978년 창업 이후 부산에 본사를 둔 기업으로 부산, 창원, 울산, 포항지역에 공장을 설립하고 POSCO의 냉연철강을 가공, 절단해 가전제품을 비롯한 자동차, 가전, 발전설비, 조선 등의 산업에 공급해왔다. 그뿐만 아니라 관련 산업의 성장에 발맞춰 지속적인 투자를 한 결과 가공설비를 가장 많이 갖춘 국내 최대의 포스코 가공센터로 발돋움했다. 즉 포스코에서 생산하는 철강을 고객사가 원하는 규격으로 절단해 원하는 시간과 장소에 맞춰 공급하며 냉연강판, 용융아연도강판, 전기아연도강판, 열간아연도강판, 산세강판 등 고품질 냉연철판 가공판매를 하고 있는 것.

특히 최대 포스코 냉연코일센터로 경쟁우위를 확보함으로써 회사의 성장 잠재력도 높이 평가되고 있다. 2015년에는 연간 78만 톤 이상의 냉연철강제품을 가공, 판매해 연 매출 6,600억

세운철강 POSCO 매입 1,000만 톤 입고

원에 이르며, 국내 냉연철강 가공센터 중 34년 만에 1,000만 톤 매출달성이라는 전무후무한 기록을 세우기도 했다.

이러한 세운철강의 성장은 한 사람 한 사람이 회사의 주인 이라는 의식과 더불어 신정택 회장의 고객 최우선주의 경영철학이 있었기에 가능했던 일이다.

"비즈니스는 자기 위주여서는 안 됩니다. 남을 배려하는 마음을 우선시해야 하죠. 거래는 그러한 마음과 마음이 일치될 때 비로소 이뤄지기 때문입니다. 우리 회사의 입장만 내세우기보다 고객의 요구와 만족을 가장 먼저 배려하자는 마음을 항상 가슴에 품고 있습니다. 또한 그러한 마음이 사업 성공의 핵심이라고 생각합니다."

특히 그는 특유의 친화력을 바탕으로 언제나 고객의 요구를 긍정적으로 수용했을 뿐만 아니라, 경기 호황이나 불황에 따라 냉연철강제품의 물량수급이나 가격 변동이 아무리 심해도 세운철강의 거래처는 항상 안정된 물량과 가격으로 거래할 수 있다는 점을 보여줌으로써 믿음과 신뢰의 경영을 실천해왔다. 현재 세운철강의 고객 60% 이상이 20~30년 이상 된 장기 거래처라는 것은 오로지 이익만 내세우는 일반적인 사고에서 벗어나 고객과 동반 성장하고자 하는 세운철강의 경영철학을 잘 보여주는 결과라 할 수 있다. 고객 최우선주의와 더불어 신정택 회장이 직원들에게 강조하는 덕목은 '열정'과 '주인의식'이다.

"맡은 직분에 책임감을 갖고 끝까지 최선을 다하라 독려합니다. 중도에 포기하는 것은 있을 수 없는 일이며, 열정과 주인의식을 갖고 일한다면 회사나 직원 모두에게 좋은 결과로 돌아올 것이라 믿어 의심치 않습니다."

그는 열정적 인재상을 요구하는 한편, 노사화합의 조직문화 구축에 힘쓰고 있다. 철저한 성과 배분과 임직원들의 건의사항을 경영에 반영하는 일은 직접 챙기고 있으며, 학자금 지원과 주택자금 지원 등 다양한 복지제도를 직원들을 위해 운영하고 있다. 그리고 매년 창립기념일 즈음에 3년 이상 근속자와 장기 근속자를 대상으로 해외여행을 실시하고 있으며, 2008년 회사 창립 30주년에는 전 직원이 일본 규슈지역으로 단체관광을 떠나기도 했다.

그뿐만 아니라 세운철강은 설립 이후 지금까지 단 한 번도 경영상의 이유로 직원 구조조정을 단행한 적이 없으며, 오히려 2012년에는 선도적으로 정년을 60세로 연장해 직원들의 호응을 얻었다. 그래서인지 직원과 회사 간의 믿음과 신뢰가 남다르다.

주변과 나누는 진정한 경영인의 자화상

신정택 회장이 경영자로서 주목받는 또 다른 이유는 기업의 사회적 역할을 적극적으로 실천한다는 점이다. 그는 지난 2006년부터 2012년까지 6년간 부산지역 상공인들에게 공로를 인정받아 부산상공회의소 회장을 연임했다. 부산상공회의소 회장직을 역임하면서 보여준 지역개발사업들이 지역사회에서 큰 공감을 얻었기에 가능했던 일일 터.

그는 부산 상공계의 큰 숙원인 공장용지 부족사태를 해결하고자 관계기관에 지속적인 건의와 협조요청을 했고, 결국 부산 강서구 일원에 가시적인 성과를 거뒀다. 이와 더불어 지역 항공사로 주목받는 에어부산을 설립하는 등 지역 경제 발전에 큰 발자취를 남기고 있다.

신정택 회장은 지역 상공인의 금융지원과 비즈니스 네트워킹 강화에도 힘썼다. 부산은행과 부산 상공인을 위한 금융지원 협약을 체결해 매년 500억 원 규모의 부산 상공인 특별협약대출을 지역 상공인에게 지원할 수 있게 했으며, VIP 재외한상기업인과 지역 기업인들과의 비즈니스 네트워킹 조찬 간담회를 열어 미국 LA 한인상공회의소, 중국 청도한인상공회의소, 베트남 호치민한인상공인연합회, 홍콩 한인상공회의소, 일본 효고한국상공회의소 등 5개 재외동포 한인상공단체와 비즈니스 네트워킹 합동협약을 체결하기도 했다. 또 부산의 성장을 견인할 동남권 신국제공항건설, 부산항 북항재개발사업을 국책사업으로 추진하기 위해 전방위적 활동을 추진한 바도 있다.

신정택 회장은 "우리 회사도 중요하지만, 지역 상공인들을 위해 봉사할 수 있는 일이 없는지 늘 생각한다"며 "부산에 본

세운철강 부산공장 내부

사를 둔 기업으로써 지역사회에 이바지할 수 있어서 오히려 큰 영광"이라는 말로 부산상공회의소 회장직 수행에 대한 앞으로의 포부를 다졌다.

신정택 회장은 비단 지역사회뿐 아니라 기업인으로서 사회적 지원과 역할을 다하기 위해 다양한 활동을 하고 있다. 특히 그는 기업의 다양한 사회적 책임 가운데서도 인재양성과 교육을 최우선의 가치로 생각하고 있다. 다양한 교육 지원에 관심과 투자를 아끼지 않는 것은 그의 이런 신념에서 비롯된 것.

기업과 학교의 결연을 통해 사회적 공헌을 실천하는 'UP 스쿨 운동'에 주도적 구실을 하고 있고, 기업인들의 경험과 도전 정신을 청소년들과 함께 공유하기 위해 지역의 기업인을 주축으로 하는 'CEO 경제교수단'을 구성해 직접 학생들과 만나기도 했다. 체육·문화 분야에도 각별한 관심을 보이는 신정택 회장은 한국문화예술위원회, 부산국제영화제, 부산문화도시네트워크 등 각종 사회단체에 발전기금을 지원하고, 대한체육협회 럭비협회장에 취임하여 체육·문화 활동의 활성화에도 이바지했다. 현재는 부산사회복지공동모금회(사랑의 열매) 회장으로서 어려운 이웃에게 희망을 주기 위한 기부문화 확산에 힘쓰고 있다.

그는 부산지역사회 발전과 한국경제 발전에 기여한 공로를 인정받아 2001년 제36회 조세의 날 철탑산업훈장 수상, 2002년 법무부 장관 표창장 수상, 2005년 통일부 장관 표창장 수상, 2006년 제2회 자랑스러운 연맹인상 개인 부문 수상, 2008년 지식경제부 후원 한국의 존경받는 CEO 대상 수상과 부산광역시 교육청이 주관하는 제1회 UP 스쿨, 교육메세나 탑을 수상하기도 했다.

이처럼 사회에서 얻는 이익을 다양한 사회공헌활동으로 지역에 되돌려주기 위해 고민하고 노력하는 신정택 회장. 그가 많은 기업인의 전범이자 존경받는 기업인으로 평가받는 것은 어찌 보면 당연한 결과가 아닐까.

윤순영 구청장

대구광역시 중구

윤순영 구청장

학력

1969   경북 상주여자고등학교 졸업
1997   경일대학교 경영학과 학사
1999   중앙대학교 예술대학원 문화예술행정학 석사
2005   대구가톨릭대학 예술학 박사과정 수료

경력

1988~1990   전문직여성 새대구클럽 회장
1991~2006   분도문화예술기획 대표
2002~2005   민족시인 이상화 고택보존운동본부 상임공동
　　　　　　　대표
2003~2006   한국여성경제인협회 대구경북지회 전문
　　　　　　　위원장
2006~現   민선4기·5기·6기 대구광역시 중구청장
2008~現   대구중구도심재생문화재단 이사장

상훈

2007   대한민국 신뢰경영 CEO 대상
2010~2015   전국기초자치단체장 공약실천계획평가
　　　　　　　SA등급
2011   제3회 다산목민대상
2013   제1회 자랑스러운 자치단체장상 창의부문 대상인
　　　　선정
2015   올해의 지방자치 CEO 선정

대구광역시 중구

생명을 틔우는 대구의 심장

대구 중구는 영남지방을 대표하는 대구의 심장부로 주요 관공서와 금융기관, 의료시설이 밀집해 있으며 문화 공간, 대형 전통시장, 대형 백화점 등 서비스·유통산업의 중심이 되는 곳이다. 오랜 역사를 지나오면서 시대마다 정치와 경제, 문화를 형성하는 데 중요한 역할을 담당해 왔으며 유·무형의 역사·문화 자산이 풍부한 보물창고로 대구지역의 절반에 가까운 근대 역사 문화유산이 온전히 보존된 지역이다.

1990년대 이후 부도심의 개발로 주거인구가 급속히 빠져나가며 도심 공동화 현상이 더해져 20만 명에 이르던 주민등록 인구가 8만 명으로 감소하는 등 어려운 시기도 겪었다. 그러나 지금의 대구 중구는 파괴를 통한 재개발이 아닌 재생을 통한 도심개발로 1,000여 개의 골목 자원에 창조적인 디자인과 스토리텔링을 입혀 '근대골목투어'라는 관광 상품을 개발하고 '방천시장 김광석 다시 그리기 길'을 조성하여 연간 100만 명 이상의 관광객이 찾아오는 대한민국 명품 관광지로 자리매김했다.

'주민이 행복한 중구'를 위해 지난 10년간 추진해 온 수많은 도심 재생사업들은 대외적으로 인정받고 있다. 또한 차별화된 복지정책, 지역 특구 활성화, 다양한 일자리 창출, 그린 친환경 녹색정책, 직원 마인드 함양 등을 통한 창의행정의 전략적 추진으로 살기 좋은 중구, 머무르고 싶은 중구로 발전하고 있다.

윤순영 대구 중구청장은 전국 최초 3선 여성 구청장으로서 지난 10년간 탁월한 리더십과 혁신 의지로 구정을 추진하여 2010년부터 6년 연속 전국 지자체단체장 공약이행률 평가 등에서 최우수$_{SA}$등급을 받았다. 관광과는 거리가 멀던 대구에서 지역자원을 활용한 '대구 중구 근대로의 여행'이라는 대표적 관광 상품을 개발하여 도시의 브랜드화와 함께 지속적인 발전을 하고 있을 뿐 아니라 관광을 통한 일자리 창출 등으로 창조경제의 롤 모델을 만들어가고 있다.

공공디자인 도입으로 도심 공동화 해소

'도시의 경쟁력은 도시디자인'이라는 말이 있다. 도시디자인이 도시에서 차지하는 중요성을 단적으로 표현하는 말이다. 2006년 중구는 동성로를 비롯한 도심 곳곳에 노점상과 배전박스가 산재해 있어 시민들의 보행에 심각한 불편을 초래하고 도시 미관과 안전에도 문제가 있었다. 그래서 윤순영 중구청장은 대구의 대표 거리인 동성로를 살려야겠다는 일념으로 '동

대구 동성로 독도 플래시몹

성로 살리기'를 구 핵심 사업으로 선정했다.

이에 중구는 거리환경을 새로 꾸며 보행자 전용도로 조성을 계획하고 가장 먼저 노점 정비를 위해 구청의 직제를 개편했다. 공공디자인, 가로 정비, 녹지업무를 담당하는 도시관리과를 신설하여 기업형 노점은 철거하고 생계형 노점에 대해서는 대체부지 마련과 가판대를 제작해 노점특화거리를 조성했고 노점상 실명제 도입, 도로 점용료와 대부료 부과로 세수 증대에도 기여했다.

아울러 안전하며 걷고 싶은 쾌적한 도심환경을 조성하고자 전봇대 121개 철거와 배전반 67개를 전국 최초로 배전스테이션 방식으로 지하에 매설했다. 이 밖에 상설 야외공연장과 이벤트 마당을 설치했고 차량진입 방지봉, 가로등, 벤치, 가로수 식재, 읍성표식 사인 설치, 간판정비사업 등을 추진했다.

그 결과 동성로는 대구시민 모두가 꿈꿔왔던 아름다운 도심으로 변모하여 주말 유동인구가 100만에 이르는 보행자의 천국으로 거듭났다. 이제 동성로는 옛 명성을 회복했고 주변 상권도 다시 살아나면서 중구는 활력이 넘치는 도시로 재도약했다.

동성로 공공디자인 개선사업은 2008년 대한민국 공공디자인대상 우수상, 2009년 도시대상, 2009년 국제 공공디자인 대상, 2009년 대한민국 지방자치경영대전 공공디자인 활성화 부문 최우수상, 2012년 대한민국경관대상, 2012년 IPD 국제외교디자인어워드 특별상, 2012년 국토·도시디자인대전 우수상, 2013년 아시아 도시경관상, 2013년 대한민국 공공디자인 대상이라는 영예를 안겨 주었다.

또한 사업추진 과정에서 시민토론회, 시민의식조사, 시민만족도 조사 등을 통해 실질적인 시민참여를 이끌어낸 사업으로 행정이 민·관 파트너십을 구축해 도시를 디자인한 모범사례로 전국 타 자치단체의 벤치마킹 대상이 되었다.

근대역사문화자원과 골목스토리를 접목한
근대골목의 관광 명소화

대구 중구는 대구 역사의 중심이다. 1900년대 초부터 6·25
전쟁 전·후까지의 기간에는 대구사라기 보다는 대한민국사에
서 기억되는 많은 일이 일어났으며 삼국시대에 쌓은 달성토성
과 400여 년의 역사를 가진 경상감영 등 우리 역사의 자취와
특별한 이야기가 흩어져 있다. 그러나 유구한 역사와 함께 근
현대적인 변화를 보여주는 역사문화시설 관리가 미흡하여 시
설이 노후화되고 방치되어 있었다.

윤순영 중구청장은 대구지역 절반에 가까운 근대역사문화
유산과 6·25한국전쟁 당시 피난민과 근대 서민들의 삶의 흔적
이 고스란히 담겨 있는 1,000여 개의 골목 자원을 활용하여 중
구의 역사적 장소와 인물 그리고 길을 서로 연결하는 방안을
모색하던 중 2007년 문화체육관광부의 '생활공간의 문화적 개
선사업 기획·컨설팅 공모 사업'에 선정되면서 대구를 대표하
는 역사문화 공간으로 변신시키는 골목투어 사업이 본격적으
로 추진됐다.

골목투어 수학여행단

근대문화골목 디자인사업은 대구 고유의 근대역사자원과 스토리를 독창성 있게 표현한 사업으로 2007년 7월부터 2009년 6월까지 사업비 14억 원으로 동산동에서 계산동 일원 700m 구간에 역사문화유적을 활용한 도심 골목투어 문화공간을 조성했다.

현재 코스별 생생한 역사와 스토리를 개발하여 5개의 도심 문화탐방 골목투어 프로그램 외에 야경투어와 스탬프투어 프로그램을 70명의 골목 문화해설사와 함께 운영 중에 있다. 또한 특허청에 골목투어 상표 4종과 업무표장 2종을 등록하였으며 동성로와 함께 계산동 일대의 디자인 시범거리는 전국 지자체들의 벤치마킹 코스로, 근대골목은 전국 초·중·고교생들의 수학여행 명소로도 각광 받고 있다. 각종 인프라도 지속적으로 확충하여 2008년 연간 280여 명에 불과했던 중구 방문 관광객이 2015년에는 114만 5,000여 명으로 늘었다.

전통시장 살리기와 예술의 만남

과거 대구의 3대 시장 중 하나로 전성기를 누려왔던 방천시장은 시대의 변화에 따라 주변 상권이 침체되어 시장 운용 자체가 어려운 상황까지 이르렀다. 중구는 시장 상권 활성화를 위해 방천시장의 빈 점포를 활용하여 예술 공간 랜드마크로 조성하고자 2009년 2월부터 6월까지 '별의별 별시장' 프로젝트 사업을 추진했다. 젊은 예술가 30여 명이 상주하여 다양한 현장 학습과 체험행사를 실시한 결과 1일 200여 명의 관람객이 찾아오게 되었다.

이를 바탕으로 지속적인 상권 활성화 방안을 모색하던 중 문화체육관광부가 주관하는 '문전성시' 사업에 공모하여 문화를 통한 전통시장 활성화 시범사업을 추진하게 된다. '문전성시' 사업은 2009년 10월부터 2011년 12월까지 재래시장 침체

김광석 다시 그리기 길

극복을 위해 상인, 예술가, 시민이 공동 참여하는 프로그램을 개발하고 상인들을 위한 다목적 문화공간 조성, 예술 공연과 전시를 통한 시장 활성화로 방문객 수를 증가시켰다.

아울러 영원한 가객 가수 고(故) 김광석이 태어나고 자란 방천 시장 주변 지역을 김광석 추억의 길로 조성하고 벽화 제작, 야외공연장 설치, 골목방송국 운영 등으로 2013년 4만 3,800여 명이던 관광객이 2015년에는 84만 1,840여 명으로 증가한 또하나의 전국적인 관광명소로 자리잡았다.

도심재생을 통한 도시경관 개선

2006년 윤순영 중구청장의 취임당시만 해도 일반적인 도심 정책은 파괴를 동반한 재개발이었다. 대구 중구는 달성토성과 함께 영남지역의 중심인 경상감영이 자리한 곳으로 읍성 등이 일제에 의해 훼손되었으나 상대적으로 골목길과 주요시설물이 잘 보존되어 있었다. 또한 대구 도심은 그 어느 곳보다 매력적이고 거미줄처럼 이야기를 품고 있는 소중한 자산이었으므로 파괴와 재개발이 아닌 재생의 방식으로 도심정책을 추진했다.

대구읍성 상징거리 조성, 경상감영 주변 전통문화거리 조성, 종로·진골목 개선, 영남대로 조성사업 등을 통해 읍성의 주요 경관 요소를 상징화하고 읍성 옛 골목에 대한 경관 트레일을 구축하여 도심재생뿐 아니라 이를 관광 자원화 했다.

공공디자인 개선사업으로 조성한 봉산문화거리 및 건들바위역사공원, 근대골목투어와 김광석 다시 그리기 길이 전국적인 관광명소가 되기까지 구에서는 열악한 재정 여건을 극복하기 위해 각종 공모사업을 통해 국·시비를 확보하여 사업을 추진하였으며 2008년에 도심재생문화재단을 설립하여 도심재생의 핵심 사업들을 챙겨나가기 시작했다.

2012년 2월 근대문화체험관 계산예가 개관에 이어 2014년 8월에는 에코한방웰빙체험관을 개관하였고 특히 2014년 10월에 개관한 향촌문화관은 개관 1년 만에 유료 관람객 수가 10만 명을 돌파하여 지역관광 활성화와 도심재생사업의 성공적인 롤 모델로 주목받고 있다.

친환경 그린중구

중구는 도심 속 녹색 도시 그린중구를 위하여 방천 둑길 숲 소공원 및 3·1만세운동길 쌈지공원 조성 등 자투리땅을 이용한 소공원 조성과 주요 가로를 명품 가로숲길로 조성하여 도시 전체를 걷고 싶은 도시로 변화시켰다.

계산성당, 중부경찰서, 수창초등학교 등 주요기관의 담장 허물기 및 담장개선사업을 통해 가로환경 개선뿐 아니라 도심 속 녹색 공간을 확충하고 도서관, 주민센터 등의 옥상녹화와 그린로드 조성으로 도심 열섬화 현상을 완화했다.

그리고 저탄소 녹색성장 시대를 맞아 기후변화의 영향과 관련한 인식 제고를 위해 에코한방웰빙체험관에 별도의 에코전시실을 운영하고 재활용 트리 제작, 에코맘 녹색아카데미, 업사이클링교실, 찾아가는 에코 홈닥터, 어린이 환경교실, 그린투어 등 수요자 중심의 맞춤형 녹색환경체험 프로그램을 운영하고 있으며 베란다 미니태양광과 태양광 압축쓰레기통 설치 등 현장 중심의 녹색 생활문화 실천 사업을 활발하게 추진해 오고 있다.

차별화된 복지정책으로 희망복지 실현

윤순영 중구청장은 구민 모두의 삶이 건강하고 나눔과 사랑이 넘쳐나는 희망복지를 펼치고자 행정기관의 퍼주기식 복지정책을 탈피하여 작은 것에서부터 수혜자가 사랑과 감동을 느낄 수 있도록 주민 의견을 충분히 반영한 복지를 정책목표로 정하였다.

저소득층의 자활기반 마련과 안전문제 등을 해결하기 위하여 저소득 주민의 자활을 돕고 남는 이윤의 일정 부분을 마을에 환원해주는 동별 맞춤형 복지사업인 '1마을 1특화 복지희망 만들기' 사업의 추진뿐 아니라 주민의 자율적 활동으로 아동, 여성 등의 안전과 복지를 위해 각 분야의 전문가 250명으로 구성된 '행복수호대'를 운영하고 있으며 조선 시대 순라복장과 장비를 착용한 어르신들이 밤길 안전 지킴이 역할을 하는 '은빛순라군' 운영을 통해 어르신의 사회 참여를 돕는 중구

경로잔치

만의 특수시책으로 안전과 함께하는 맞춤형 복지를 제공하고
있다.

나누는 기쁨을 구민 모두가 함께 누리기 위해 중구 주민의
50%가 자원봉사자로 등록했으며 자원봉사대학과 재능기부
나눔은행도 운영 중이다.

2011년부터 2013년까지 전국자원봉사센터 운영 평가에서
3년 연속 최우수상을 받았다.

오랜 주민 숙원사업인 노인복지관 및 보건소를 신축 중에
있으며 주민중심의 건강 서비스를 제공하기 위하여 2014년 4

월과 2015년 7월에 구청 민원실과 남산4동 주민센터에 주민 밀착형 미니보건소를 설치하여 주민 건강 주치의로서 최선을 다하고 있다.

또한 대구에서 유일하게 여성가족부로부터 2010년에 이어 2015년 2회 연속 여성친화도시로 선정되었으며, 사회 취약계층에 대한 맞춤형 복지체계 구축과 매일문안제, 행복드림콜 3119 운영, 저소득층을 위한 동파 긴급 수리반 운영 등 각종 시책 추진으로 사각지대 없는 균형 잡힌 복지중구를 만들어 가는데 혼신의 노력을 다하고 있다.

7,000여 개의 일자리 창출

대구 중구는 일자리가 최고의 행복이라는 생각으로 다양한 계층을 위한 일자리 창출에 노력하여 2013년부터 2015년까지 전국 지자체 일자리 경진대회에서 3년 연속 우수상을 받았다. 지역의 영세한 소공인들에게 쾌적한 작업환경 조성과 차별화된 지원으로 업체들에게 높은 만족도와 두드러진 매출 성장 등 지역 특구 활성화로 지역경제 발전에 힘쓰고 있다.

아울러 전통시장의 시설현대화와 경영현대화 사업뿐 아니라 2016년부터 2017년까지 사업비 20억 원을 투입해 야시장

2030 청년창업프로젝트사업

조성과 ICT 융합사업 등을 본격적으로 추진하여 서문시장을
글로벌 명품시장으로 육성하고 있다.

2016년 1월 행정자치부가 주관하는 제12회 대한민국 지방
자치경영대전에서 '우범지역 핫 플레이스로 만든 창조경제의
김광석 다시 그리기 길'이란 주제로 100만 명 이상의 관광객
방문과 7,000여 개의 일자리 창출 등 창조경제의 롤 모델이라
는 평가를 받아 종합 대상에 선정되어 대통령상을 받았다.

2013년 9월에 개점한 향촌동 수제화 전문 마을기업인 편아
지오는 지역공동체 활성화 및 지역발전에 이바지한 우수마을

대구 중구 서문시장 골목투어

기업으로 선정되어 마을기업의 성공 모델이 되었으며 중구는

수제화 산업 활성화를 위해 핸드메이드 슈즈센터를 조성 중에

있다. 또한 관내 우수기업과 구민우선채용을 위한 MOU 체결

및 2030 청년창업자들에 대한 맞춤형 지원으로 더 많은 일자

리, 더 좋은 일자리 창출에 최선을 다하고 있다.

창의행정을 위한 전략적 행정 추진

윤순영 중구청장은 '중구는 대구의 미래입니다'라는 구정 슬

로건 아래 변화의 주체인 직원들의 핵심가치를 함양하고 실무

중구의 행복한 변화와 미래를 위한 주민 토론회

역량 강화를 위한 창의행정을 실현하고 있다. 2011년 6월 제안 규칙을 마련하고 창의행정 경진대회를 운영하고 있으며 중구 트위터, 페이스북 등 SNS 서비스 제공으로 2016년 2월 지역에서 유일하게 SNS 산업진흥원에서 주최한 2016 대한민국 SNS 산업 대상을 받았다.

급변하는 행정환경에 대처하기 위해 핵심 실무자인 간부와 직원들 워크숍을 매년 개최하여 당면 현안에 대한 우수 정책 과제를 발굴하고 토론 및 보고회를 실시하는 한편 주민 소통과 공무원의 창의적인 아이디어 제안을 장려하고 계발한 내용을 구정에 적극적으로 반영하였다. 명사초청 특별강연회를 매월 개최하는 한편 창의지식 공유 아이디어 뱅크 운영을 위해 다양한 분야의 전문가로 구성된 비전전략기획단을 신설하여 당면 현안에 관한 의견 등을 적극적으로 수렴하고 있다.

이러한 정책들은 2009년 주민생활서비스평가 최우수상, 2013년 제안활성화업무평가 우수기관, 2012년 정부 합동평가 민원분야 최우수기관, 2013년 자랑스러운 자치단체장상 창의부문대상인 선정, 2015년 대한민국 지식대상 국무총리상 등을 수상하며 우수성을 검증받았다.

윤순영 중구청장은 앞으로도 대구의 미래를 열어가기 위한 중추적 역할을 다하고 구정 전반에 걸쳐 각계각층의 다양한 의견을 수렴하여 '주민이 행복한 중구'를 만들어 가는 데 최선을 다할 계획이다.

윤완수 대표이사

웹케시

윤완수 대표이사

학력
1982   진주고등학교
1990   부산대학교 법학과 학사

경력
1988~1998   동남은행
1999~2001   ㈜피플앤커뮤니티 이사
2001~2012   웹케시㈜ 이사
2012~現   웹케시㈜ 대표이사

상훈
2005   정보통신 중소기업상
2006   제5회 대한민국 SW 사업자상
2007   제6회 대한민국 SW 기업경쟁력 대상
2008   제7회 디지털 Innovation
        제7회 대한민국 SW 기업경쟁력 대상
        대한민국 IT Innovation 대상
2009   대한민국 벤처기업대상
2010   중소기업 기술혁신대상

W • Webcash

새로운 기회를 통찰하고,   Insight
새로운 미래를 상상하고,   Imagine
새로운 비전을 디자인하고,   Dream
새로운 사업을 창조하고,   Create
새로운 에너지가 넘치는   Passion

비즈니스 SW 국가대표 브랜드

웹케시는 비즈니스 소프트웨어sw 분야에서 대한민국을 대표하는 브랜드다. 지속적인 금융과 IT 융합을 통해 서비스 혁신을 이끌고 있으며 금융 라이프 스타일 변화를 선도하고 있다.

웹케시는 외환위기 이전 부산, 경남지역을 연고로 전자 금융을 선도하던 동남은행 출신들이 설립한 B2B 핀테크·전자금융 솔루션 전문기업으로 1999년 설립 이후 17년간 국내 최고 기술 및 전문 인력을 바탕으로 사업 분야를 선도해 왔다.

웹케시는 연구개발 중심의 기업이다. 매년 매출액 대비 5~10% 규모의 금액을 R&D에 투자해 오고 있다. 이러한 기술 중심의 기업 문화를 기반으로 기존 존재하던 시장이 아닌 새로운 시장을 개척해왔고 새로운 기준을 제시해왔다.

대표적으로 편의점 뱅킹서비스, 가상계좌서비스, 기업 인터넷뱅킹서비스, 자금관리서비스cms, B2B SW 플랫폼, 정보 구조화, B2B 핀테크 등 다수의 신규 비즈니스를 시장에 선보였으며 이러한 상품들은 현재 웹케시의 주력 사업으로 자리 잡았다.

웹케시 그룹은 핀테크 부문, 비즈정보 부문 등 두 개 핵심 사업 부분과 지원 조직인 웹케시벡터, 그리고 중국(천진법인),

웹케시 본사 출입구 전경

캄보디아(KOSIGN 캄보디아), 일본(MWI 일본) 등 3개 해외 법인으로 구성돼 있다. 종업원 수는 2016년 3월 기준 310명(관계사 포함 611)이다.

금융을 가장 잘 이해하는 IT 전문가들로 구성된 웹케시는 시장 선도 기업이라는 책임감을 바탕으로 더 앞선, 더욱 편리한 기술 개발에 힘써왔으며 이러한 변화를 선도하는 기술과 노력을 바탕으로 꾸준한 경영성과를 올리고 있다.

국내 최초 기업 인터넷뱅킹 개발

웹케시는 2001년 국내 최초 기업 전용 인터넷뱅킹 구축을 시작으로 지난 17년간 기업은행, 우리은행, 국민은행, 하나은행 등 국내 주요 은행과 농협, 산업은행, 새마을금고, 신협, 수협, 부산은행, 대구은행, 광주은행 등 특수은행 및 지방은행에 인터넷뱅킹 시스템을 구축해왔다. 더불어 씨티은행, HSBC, JP모건, 도이치뱅크 등 국내에 진출한 외국계 은행에도 전자금융 솔루션을 제공하며 품질을 인정받고 있다.

2004년 국내 최초로 CMS(자금관리서비스)를 개발하고 금융기관을 통해 관련 서비스를 론칭했다. CMS는 은행 전산망과 기업 내부시스템을 직접 연동시켜 자금관리·입출금·급여이체·물품결제 등 기업의 다양한 자금 업무를 선진화해주는 솔루션으로 공공기관이나 지방자치단체에서도 업무 선진화 시스템으로 각광받고 있다. 웹케시 CMS는 다수의 국내 대기업, 중견기업과 70만 개인사업자, 어린이집 등이 사용하는 대표적인 서비스로 자리 잡았다.

이를 통해 2004~2010년 연평균 성장률 34.7%의 높은 성장을 기록했으며 지속적인 흑자 경영의 토대를 구축했다.

국내 최초 비즈니스 SW 플랫폼 '비즈플레이'

웹케시는 2014년 11월 국내 최초로 기업용 비즈니스 앱 스토어 '비즈플레이'를 선보였다. 비즈플레이는 기업 비즈니스에 필요한 다양한 앱을 제공하고 있다. 플로우·오픈보드·원클릭 연말정산 등 획기적인 비즈니스 앱으로 주목을 받으며 서비스 오픈 3개월 만인 2015년 1월 가입 기업 1만 개를 넘어섰다.

웹케시는 또 금융기관이 모바일 핀테크 시대에 맞는 서비스를 제공할 수 있도록 모바일뱅크 솔루션을 출시했다. 모바일뱅크서비스는 기존 온라인 기반의 뱅킹 서비스를 모바일 기기에서도 이용할 수 있도록 지원하고 있다. 모바일뱅크는 인터넷뱅킹과 동일하게 개인과 사업자용으로 구분되어 솔루션이 제공된다. 사업자용 모바일뱅크는 기본적인 금융서비스는 물론 빅데이터를 기반으로 한 CMS 서비스, 증빙서비스 등을 제공한다. 개인용 모바일뱅크는 조회와 간편 송금 등 핀테크 기반의 편리한 서비스를 제공한다.

2015년 2월에는 업계 최초로 B2B 핀테크 연구센터를 설립하며 B2B 핀테크 사업에 박차를 가하고 있다. B2B 핀테크란 금융과 IT의 결합을 통해 기업의 업무 프로세스 속에 금융을 융합시키는 개념으로 B2B 영역의 핀테크 시도는 웹케시 B2B

핀테크 연구센터가 최초다. B2B 핀테크 연구센터는 B2B 분야의 핀테크 연구 및 사례조사, 비즈니스 상품 개발 및 확산, 금융기관 대상 핀테크 전략수립 컨설팅 등 B2B 핀테크 분야 전반에 걸친 연구 및 컨설팅업무를 수행하고 있다.

웹케시는 비즈플레이와 B2B 핀테크 연구센터를 중심으로 금융사와 핀테크 업체들을 위한 플랫폼 비즈니스와 B2B 핀테크 앱 개발에 집중할 계획이다. 이를 바탕으로 2020년까지 연평균 성장률 10%를 목표로 가시적인 성과를 기대하고 있다.

오픈 플랫폼으로 금융 혁신 선도

웹케시는 혁신 활동과 끊임없는 노력으로 국내 최초 기업용 인터넷뱅킹, 국내 최초 자금관리 시스템$_{CMS}$에 이어 2015년 금융 오픈 플랫폼까지 출시하며 대한민국 금융 혁신의 중심에 섰다.

최근 주목할 만한 사업으로는 NH농협은행과 함께 추진하는 금융 오픈 API 플랫폼이 있다. 이 사업은 금융기관의 금융을 ICT 기업들에 오픈한다면 더욱 다양한 핀테크 아이디어 상품을 출시할 수 있을 것이란 아이디어에서 출발했다.

농협 플랫폼을 통해 표준화된 금융 API를 개방해 제공하고

2014년 9월 14일 캄보디아 국빈내한

핀테크 스타트업들이 이를 활용해 자체 서비스를 만들 수 있
도록 돕는 것이 이 사업의 요지다. IT 기업들이 구축한 플랫폼
을 소비자가 단순히 이용하는 것이 아니라 핀테크 기업이 소
비자에게 맞게 서비스를 만들어 공급할 수 있다.

웹케시는 현재 전자금융 관련 사업 중 가장 많은 인력이 근
무하고 있으며 자체 핀테크 연구소 등 R&D 투자에 심혈을 기
울이고 있다. 이러한 웹케시의 가치창출 중심의 문화가 지금
껏 웹케시가 이룩한 성과의 원동력이다.

웹케시는 독자적 기술력을 바탕으로 금융기관의 플랫폼 전

방에는 지급결제, B2C, B2B 핀테크 사업을, 후방에는 정보·데이터, 보안·인증, 기술 등 핀테크 관련 인프라 사업을 접목하면서 생태계 구축이 가능해졌다. 금융 오픈 플랫폼이 실현된다면 국내 모든 SW가 이와 접목해 핀테크 SW로 변모할 수 있다.

전자금융 올인해 글로벌 경쟁력 확보

웹케시는 1999년 설립 이후 지금까지 오직 전자 금융만을 고민해 왔다. 이런 이유로 현재 해당 사업 분야에서 가장 많은 인력과 다수의 핵심 기술을 보유하고 있다. 이러한 차별화된 서비스 품질이 바로 웹케시의 글로벌 경쟁력이다.

또한 웹케시는 '웹케시 고객 주의'라는 사훈에서도 볼 수 있듯 고객의 목소리를 최고의 가치로 여기고 이웃과 함께 나누는 문화를 지향하고 있다. 열린 기업문화, 함께하는 기업문화가 또 하나의 경쟁력이라고 생각하고 있다.

현재 웹케시는 중국, 캄보디아, 일본 등 3개국에서 사업을 진행하고 있다. 이중 중국과 일본이 바로 차별화된 서비스 품질로 인정받고 있는 대표적인 사례다.

중국 시장에서 웹케시의 핵심 비즈니스는 중국 내 기업을 위한 자금관리서비스$_{CMS}$다. 기업은행, 국민은행, 우리은행 현

캄보디아 교육센터 과외활동

지 법인에 한국의 기업 자금 서비스 모델을 이식한 차이나 CMS를 수출해서 서비스를 제공하고 있다.

일본 역시 웹케시의 기술력에 높은 가치를 인정해 먼저 사업 제휴를 요청해왔다. 일본에서는 파트너사인 일본 대표 회계 SW기업 미로쿠사와 공동으로 플랫폼 사업, 일본 스크래핑 센터 구축, 스크래핑 정보 연계 사업을 추진하고 있다. 이 사업들은 웹케시가 한국에서 성공한 사업 모델들이다.

플랫폼 사업으로는 웹케시가 한국에 출시한 바 있는 비즈니스 SW 플랫폼 비즈플레이의 일본 버전의 출시를 진행했다. 또한 웹케시의 스크래핑 기술을 기반으로 일본 내에 스크래핑 센터를 구축하고 있으며 오픈 후 약 1,500개 금융기관의 정보를 제공할 예정이다. 더불어 일본 미로쿠사 회계 ERP 소프트웨어의 모든 상품 라인을 대상으로 스크래핑 정보 제공 프로젝트도 진행 중이다.

또 캄보디아는 열린 조직문화, 나누는 기업문화가 빛을 발한 대표적인 사례다. IT 환경이 상대적으로 낙후돼있는 캄보디아는 열악한 환경과 인력 부족으로 특히 SW 시장 자체가 형성되어 있지 않다. 하지만 웹케시는 캄보디아 청년들의 미래 가치를 믿고 무료 교육 및 인프라 투자를 먼저 진행했다. 매년 100여 명의 학생을 선발해서 무료 교육을 진행하고 있으며 우수한 학생은 한국 연수까지 진행하고 있다. 이러한 투자는 향후 웹케시뿐만 아니라 한국과 캄보디아 관계에서 긍정적인 효과를 발휘하리라 기대하고 있다. 캄보디아 사업 측면에서는 ATM과 같은 전자금융 채널 서비스와 급여 대량 이체, 온라인 청구/수납과 같은 동남아시아 맞춤형 핀테크 SW를 제공하고 있다.

금융 라이프 패러다임 제시

'핀테크를 기반으로 새로운 금융 라이프 스타일을 창조해내는 것'이 궁극적으로 웹케시가 지향하는 바다. 웹케시는 기본적으로 B2B 영역의 핀테크 기업이다. 최근 조명 받고 있는 간편 결제, 크라우드 펀딩 등에 동참하기보다는 웹케시의 강점 분야인 CMS, 인터넷 뱅킹 등을 기반으로 금융 라이프가 한 단계 더 발전할 수 있도록 지원하고 있다.

더불어 웹케시는 금융 시스템통합SI 사업 등 핀테크를 주축으로 금융·정보기술 사업을 추진하며 핀테크의 세부 영역들이 유기적으로 결합할 수 있는 방향으로 사업을 강화해 나갈 계획이다. 결과적으로 금융과 실물이 융합된 수많은 핀테크 서비스가 상생할 수 있는 건강한 생태계 조성에 주력할 방침이다.

웹케시의 기업문화는 인프라Infra 문화와 오너십Ownership 문화다. 인프라 문화는 구성원들이 회사가 가진 자산이 무엇인지 알고 활용하고 더욱 확대해 나가는 것을 뜻한다. 웹케시에서는 인프라를 인적 인프라, 기술 인프라, 네트워크 인프라로 구분하고 있다. 인프라 문화를 통해 인프라의 확충과 활용의 선순환 과정이 반복되면 회사의 성장과 발전도 함께 이루어질 것이라 기대하고 있다.

웹케시 사내 카페 Cafe We

오너십 문화는 구성원들이 다양한 분야에 대해 오너십을 갖는 것이다. 끊임없이 자기 발전을 위해 노력하면서 기술, 비즈니스, 고객, 솔루션 등 적어도 2~3개 이상의 주제에 대해 구성원들이 주인 의식을 가지는 오너십 문화는 구성원이 회사를 위해 희생하는 것이 아니라 회사의 함께 개인도 함께 성장한다는 비전을 갖고 있다. 따라서 자기 계발에 적극적인 구성원이 우대받을 수 있는 문화를 만들어나가고 있다.

웹케시는 '직원이 행복해야 기업이 성장할 수 있다'는 이념으로 여러 가지 제도들을 마련하고 있다. 주거 지원, 직원 자녀

학자금 지원, 3년 이상 근속 직원에 대한 해외여행 지원, 다양한 사내강좌, 자기 계발비 지원, 헬스장 이용 지원 등 직원 개개인의 성장과 건강관리를 아우를 수 있는 복지 혜택을 제공하며 즐거운 일터를 조성하고자 노력하고 있다.

글로벌 사회공헌 통해 삶의 질 향상

웹케시는 우리 사회와 우리 삶의 가치 향상을 위해 국내외적으로 지속적인 사회공헌 활동을 펼쳐나가고 있다.

가장 먼저 사내 봉사 동아리 '사랑 나눔회'를 중심으로 소아암 어린이 돕기, 결식아동 돕기 등 다양한 봉사 활동을 진행하고 있다. 특히 웹케시는 한국 백혈병소아암협회 수호천사기업 1호로서 백혈병 소아암 어린이들의 더 나은 내일을 위해 전 직원이 매월 급여의 일부를 백혈병소아암협회에 기부하고 있다.

또한 웹케시는 농촌 사랑 실천 일환으로 2006년부터 충북 충주시 소태면 하청마을과 자매결연을 하고 농번기 일손 돕기, 특산물 구매, 마을 홈페이지 제작 등 지속적인 농촌 사랑 운동을 실천하고 있다.

웹케시는 노동부가 진행하고 있는 '사회적 기업 경영지원 서비스'의 자금과 회계 부문 프로그램 제공을 담당하고 있다.

충주시 하청마을 자매결연

'(예비)사회적기업'에 디지털 자금관리서비스$_{sEPR}$ 설치 및 이용료를 지원하며, 이를 통해 예비 사회적 기업의 회계 마인드를 제고하고 회계 관리 효율화를 통한 투명성 확보 및 경영혁신을 이룰 수 있도록 뒷받침하고 있다.

　웹케시는 글로벌 사회공헌 활동도 펼치고 있다. 캄보디아 프놈펜에 HRD 센터를 건립하고 현지인들에게 한국의 선진 IT 기술 습득과 취업의 기회를 제공하고 있다. 우수한 국내 SW를 전파하고 글로벌 IT 인력을 육성해 캄보디아 IT 산업은 물론 국내 SW 산업의 해외 진출 및 성장을 이끌어내고자 노력하고 있다.

이경재 회장

SAMJIN◆LND

삼진엘앤디

이경재 회장

학력
1961 목포고등학교 졸업
1965 한양대학교 기계공학과 졸업
2002 서울대학교 최고경영자과정(AMP) 수료
2004 KAIST 최고경영자과정(AIM) 수료
2005 서울대학교 공과대학 최고산업전략과정(AIP) 수료
      한양대학교 최고엔터테인먼트과정(EEP) 수료
2008 서울대 국제대학원 GLP과정 수료

경력
1966~1969 금성사
1969~1977 ㈜삼성전관
1977~1982 ㈜삼성정밀
1982~1984 ㈜삼성전기
1984~1987 ㈜대우전자부품
1987~現   ㈜삼진엘앤디 대표이사/회장
2009~現   ㈔한미친선좋은친구협회 회장
2014~現   동탄산업단지협의회 회장

상훈
2003 국가품질경영상 대통령상 수상
2004 국제표준시스템경영상 대상 수상
      친환경 경영대상 최우수상 수상
2005 대한민국 품질경영대상 수상
2006 대한민국 산업유공자 금탑산업훈장
2008 노사문화우수기업 인증
2011 중소기업문화대상 수상
      한일경제협력상 수상
2013 무역의날 칠천만불 수출의탑 수상
2014 뿌리기업명가 수상
      World Class 300 기업 선정

SAMJIN LND

혁신으로 LED 시장 선도하는 글로벌 강자

휴대전화에서부터 조명에까지 다양하게 이용되는 LED(발광다이오드). 친환경적이면서도 에너지 절감 효과가 뛰어나 정부에서 신성장동력 산업으로 지정한 신소재다. 1987년 설립된 삼진엘앤디는 자체 기술로 '녹색기술인증'을 취득하며 LED 조명 전문기업으로 자리 잡았다.

TFT-LCD 및 2차전지 부품 등 부품사업과 LED 조명, 프린터 주변기기 등 완제품 사업을 주축으로 하는 삼진엘앤디는 설립 초기엔 카메라, 복사기 등에 사용되는 초정밀 사출부품을 주로 생산했다.

이후 끊임없는 기술 개발로 1999년 TFT-LCD 몰드 프레임을 개발·생산하면서 LCD(액정표시장치) 업계에 진출했다. 2002년에는 LCD BLU(백라이트유닛)의 핵심 부품인 도광판을 자체 개발하는 데 성공하며 중소형 BLU를 일본 대기업에 수출하는 등 사업을 확장해 왔다.

이러한 성공의 원동력은 '품질경영'에 있다. 설립 초기부터 '품질 제일 경영'을 중시한 이경재 회장은 "아무리 뛰어난 기술도 제품의 질이 떨어지면 소용없다"며 품질의 중요성을 역설한다.

㈜삼진엘앤디 본사 전경

삼진엘앤디는 국제적 수준의 품질경영 시스템 확보 및 품질 우선 경영으로 2003년과 2005년 국가품질경영대회에서 품질 경영상 및 한국품질대상을 받기도 했다. 최근에는 LED 보안 등과 실내조명 등 15개 품목이 국방부 우선구매 추천대상 품목으로 선정됐다.

축적된 기술력으로 다양한 신사업 추진

삼진엘앤디는 우수한 품질과 축적된 기술력을 바탕으로 신성장동력 신규 사업에 본격적으로 착수했다. LED 조명과 중 대형 2차전지 부품, 프린터 주변기기 등을 중장기 신성장동력 사업으로 육성해 부품과 완제품 분야에서 세계적 경쟁력을 갖춘 글로벌 리더로 성장했다.

특히 2차전지 부품이 그동안 소형전지 위주의 생산에 머물렀다면, 올해부터는 전기자전거, 전기 오토바이 등 중형 2차전지 부품과 에너지 저장장치$_{ESS}$용 대형 부품 생산을 확대할 예정이다.

삼진엘앤디는 국내 대기업 납품은 물론 수출에도 주력하며 현지 생산기지 설립에도 앞장서고 있다. 중소기업의 해외 진출이 생소하던 1995년부터 대기업과 함께 해외시장에 진출했다. 중국, 미국, 멕시코, 슬로바키아에 해외 법인을 두고 현지에서 제품을 생산한 결과 2015년 기준 해외에서 1억 9,012만 달러의 매출을 올렸다.

사업 다각화와 해외 진출을 통해 성장의 발판을 마련한 삼진엘앤디는 '100년 기업'을 장기 비전으로 세웠다. 이를 위해 이 회장은 사람과 환경을 무엇보다 중시한다. 좋은 제품을 만들기 위해 인재를 확보하고 전문가 육성을 위한 다양한 교육 및 복지 혜택을 제공한다.

이경재 회장은 회사의 이익을 넘어 사회의 이익을 이루기 위해 지속적인 환경개선이 필요하다고 강조한다. 이를 위해 환경법규의 준수는 물론, 제조공정 중 유해물질이 배출되지 않도록 자체 환경관리 제도를 도입했다. 이 밖에도 환경오염을 예방할 수 있는 제품을 개발, 생산해 지속적인 발전이 가능하도록 노력하고 있다.

수입품 국산화 일등공신

이경재 회장은 1965년 한양대학교 기계공학과를 졸업한 후 당시 국내 최고의 전자 기업이었던 금성사(현 LG전자)에 입사하며 엔지니어로서의 인생을 시작했다. 이후 삼성전관, 삼성정밀, 삼성전기 등 주요 기업들을 거치며 다양한 기술 국산화 프로젝트에 참여해 브라운관의 핵심 기술인 브라운관 전자총, 방위산업 장비 분야의 핵심 기술 개발은 물론 카메라, 오디오 데크 메커니즘 등 우리나라 전자산업의 발전을 이끈 주요 제품들의 기술개발에 큰 역할을 했다. 이러한 경력은 삼진엘앤디의 설립자로서 큰 자산이 됐다.

"방위산업 분야에서도 70년대 말 국산 미사일, 다연장 로켓 추진 기관을 개발하는 등 다양한 분야에서 경험을 쌓은 것이 지금의 성과를 거두는 초석이 되지 않았나 생각합니다."

이 회장은 대기업 재직 시절 익힌 금형, 정밀기기 관련 기술을 토대로 1987년 삼진기연을 설립, 경영인으로서 새로운 인생을 시작했다.

창업과 동시에 해외로

회사를 창립하고 그다음 해부터 수출을 시작했다. 일본 기업에 카메라, 프린터, 복사기 등의 부품을 공급했다. 당시에도 일본에 전자 부품을 수출한다는 것은 세계 어느 시장에서도 통할 수 있는 품질과 경쟁력을 의미하는 것으로 그만큼 기술에 자신 있었다.

창립 29년이 지난 현재 삼진엘앤디는 정밀 금형, 사출기술을 바탕으로 TFT-LCD 부품과 2차전지 부품, LED조명 제품 등을 생산하는 중견기업으로 성장했다. 창업 첫해 2억 원 남짓을 기록했던 매출도 그사이 1,400배 이상 뛰었다.

해외진출도 활발히 해 1995년 중국 동관에 최초의 해외 공장을 설립한 이래 중국 소주, 멕시코 티후아나, 유럽 슬로바키아에 생산기지를 미국 샌디에이고, 일본 도쿄에 현지법인을 두며 글로벌 기업으로서의 면모를 완성했다. 특히 멕시코 티후아나 공장은 TV 캐비닛과 LCD 몰드프레임을 생산해 전량

멕시코 OA공장 준공식

삼성전자에 납품, 북미 디스플레이 시장 공략의 주요 파트너로서 그 역할을 다하고 있다. 이 회장은 "현재는 기업 전체 매출의 약 70% 정도가 이들 해외법인에서 일어나고 있으며 그 비중이 점차 증가하고 있다"고 밝혔다.

삼진엘앤디는 회사의 주력제품인 TFT-LCD 몰드 프레임 분야와 함께 2차전지, 자동차 부품, 사무용 고속복합기 피니셔, 도광판, 발광다이오드LED 조명기기 등으로 사업 영역을 확장하고 있다. 그동안 기업성장의 근간이 되었던 LCD 부품을 위주로 하는 주문자상표부착생산OEM만으로는 지속발전에 한계가

올 수 있다는 우려 때문이었다.

특히 OA 분야에서 2010년 일본 코니카미놀타와 협력해 개발부터 생산까지 하는 복합기 피니셔(제본기)가 효자 아이템으로 떠오르고 있다. 개발은 한국에서 담당하고 양산은 중국 자회사에서 담당하고 있는 이 제품은 연간 6,000만 달러 이상의 수출성과를 달성하고 있는 데다 계속 신제품개발을 추진하고 있어 매출 확대가 예상된다.

신성장동력사업 가운데 하나인 디스플레이 제품용 두께 0.3㎜ 박판인 도광판light guide plate도 본격적인 실적을 낼 것으로 기대되고 있다. 도광판은 광원으로부터 발산되는 빛을 화면(전면) 전 영역에 걸쳐 균일하게 분산시켜주는 기능을 수행하는 LCD 백라이트유닛BLU의 핵심부품으로 노트북, 태블릿PC 등 다양한 제품군에서 삼진엘앤디가 보유한 기술의 수요가 지속적으로 확대될 것으로 예상된다.

인간중심 LED조명에 꽂히다

무엇보다 삼진엘앤디가 사활을 걸고 있는 분야는 LED조명산업이다. 2009년 LED조명사업부 공식 출범과 함께 본격적으로 시장에 진출한 삼진엘앤디는 아낌없는 R&D 투자를 바탕

2015 HUMAN CENTRIC LIGHTING SOCIETY CONFERENCE

으로 세계 어느 기업도 따라올 수 없는 독창적인 기술을 완성, 세계시장에 야심찬 도전을 진행하고 있다.

삼진엘앤디는 국내에서 치열한 경쟁이 펼쳐지고 있는 LED 칩 분야가 아닌 조명 등 완제품 개발로 방향을 설정했다. 본격적으로 사업부가 출범한 2009년 당시로서는 타기업보다 한발 빠른 진입이었다. 타이밍이 좋았다.

이 회장은 이미 개발단계부터 세계시장을 염두에 두고 과감한 투자를 단행했다. 조명 분야 개발 인력만 27명, 전체 매출의

5% 정도가 R&D에 투입되었다. 이는 LED사업부문 매출과 큰 차이가 없는 규모로, 그만큼 삼진엘앤디가 심혈을 기울이고 있음을 방증한다.

이 회장이 큰 기대를 걸고 있는 제품군은 최근 세계시장에서 무서운 속도로 성장하고 있는 '인간중심조명Human Centric Lighting, HCL'이다. 현재 삼진엘앤디는 HCL LED 조명 기술력에서 세계 최고를 자부하고 있다. 세계를 선도하는 제품으로 조명업계는 물론 관련 학회에서도 주목을 받고 있다.

HCL은 인간의 생체리듬에 따라 조도와 색온도, 색상 등을 무선으로 조절할 수 있는 스마트 조명으로 여러 제품의 설치를 통해서만 구현될 수 있었던 다양한 조명효과를 하나의 제품으로 이룰 수 있어 많은 관심을 받고 있다. 독일의 한 조명전문지에서는 이 같은 스마트 조명의 수요가 2018년 전체 LED 시장의 10%에 이를 것이라 분석하고 있다.

삼진엘앤디 스마트 조명 기술은 미국 항공우주국NASA의 생체공학 연구에 기반을 두고 있다. 나사NASA는 오랜 시간 우주정거장에서 생활하는 우주인들의 업무효율을 높이기 위해 효과적인 수면 방법에 대한 연구를 하버드 메디컬 스쿨의 닥터 라크리 교수의 자문을 받아 진행한 바 있다. 세계적 수면과학 석학인 라크리 교수는 특히 조명과 수면의 상관관계에 주목해 우주인의 생체리듬을 안정적으로 유지시켜 줄 수 있는 조명관리 프로그램을 개발해냈다.

인간에게 가장 적합한 조명이라면 역시 태양광이 으뜸이다. 하지만 아침, 저녁, 한낮의 태양 빛에서 다른 기운이 느껴진다. 이 회장은 그 이유가 색온도 때문이라 설명한다. 아침과 저녁 불그스름한 태양광의 색온도는 2,300~2,700° K$_{Kelvin}$로 이 시기 우리 신체는 긴장이 풀어지고 안정과 휴식을 취하게 된다. 반면 업무효율이 극대화되는 한낮의 태양광은 5,500~11,000°K 까지 치솟는다. 결국 외부 환경과 차단된 우주선에서 인공조명을 활용해 태양광의 사이클을 구현해 내면 우주인들의 신체 리듬이 정상적으로 유지될 수 있게 되는 것이다.

이 같은 연구결과는 우주인은 물론 우리 실생활에서도 적용할 수 있다. 집중이 필요한 시간, 휴식이 필요한 시간에 각각 알맞은 조명환경을 만들어 준다면 업무 효율이 크게 오를 수 있다는 것이다. 실제 라크리 교수가 주도하는 미국 HCL 협회에서는 이 같은 조명기술을 상용화해 시장수요에 맞춰 공급할 수 있는 기업을 찾았고, 삼진엘앤디의 LED 조명기술에 주목했다.

Seattle Mariners Locker Room 조명설치 사례

　삼진엘앤디의 인간중심 조명은 세계적 석학들의 생체공학 연구결과에 특화된 LED 기술을 더해 완성시킨 차세대 조명이다. 세계 곳곳에서 호평을 받으며 발주량도 꾸준히 늘고 있다. 실제 삼진엘앤디의 LED 조명은 세계 유명 건축물, 공공시설, 기업들에 설치되어 높은 만족도를 기록하고 있다.

　미국 메이저리그 명문구단인 시애틀 매리너스는 선수들의 경기력 향상을 위해 라커룸과 피트니스센터 등 주요 시설의 조명을 삼진엘앤디 LED 조명등으로 교체했다. 마이크로소프트 공동창업자인 폴 앨런이 소유하고 있는 벌컨Vulcan그룹의 빌딩에도 삼진엘앤디 인간중심조명이 설치되었다.

NBA Portland Trail Blazers Fitness Center 조명설치 사례

이 밖에도 미국의 주요 지하철역, 병원 학교, 산업체 등에서 잇따라 삼진엘앤디의 LED 조명등을 선택하고 있다. 시애틀의 민영방송 'King5'에서는 지역 명문학교 'Renton school' 스쿨에서 설치된 삼진엘앤디의 인간중심조명을 소개하며 학생들의 학업성취 효과를 높일 수 있을 것이라 분석해 화제가 됐다.

미국의 유명 프린팅 기업 어스컬러EarthColor도 삼진엘앤디 조명등으로 전부 교체했다. 세심한 색상조정이 필요한 인쇄공정은 물론, 샘플·결과물을 확인하는 고객접견실에도 설치되어 전문가와 소비자 모두 만족하고 있다

미국 유명 프린팅 기업 Earth Color 조명설치 사례

이처럼 삼진엘앤디의 특화된 인간중심조명 기술은 업무·학
습효과의 향상을 기대하는 오피스, 학교, 병원은 물론 '색'에 민
감한 패션, 인쇄, 럭셔리 시장에서 높은 성장 잠재력을 가지고
있다.

국가대표 기업에서 장수기업으로

창립 30년을 앞둔 삼진엘앤디는 어느덧 한국을 대표하는 중
견 전자부품기업으로 우뚝 성장했다. 이경재 회장의 리더십과
최고의 기술력을 향한 변치 않는 고집이 이룩해 낸 결과다. 업

계 원로로서 우리나라 중소기업 발전에 막중한 책임감을 느낀다는 이 회장은 정부의 중소기업 지원정책이 나아가야 할 방향에 대한 소신을 이렇게 말한다.

"중소기업이 살아남기 위해서는 세계 시장을 목표로 특화된 기술 개발에 매진해야 할 것입니다. 문제는 각 국가의 시장 진입에 필수인 인증비용에 대한 부담이 상당하다는 점이에요. 작년 우리 기업이 선정된 '월드클래스300' 등 다양한 분야에서 중소기업을 지원하기 위한 정부의 노력은 계속되고 있지만 아직도 지원규모는 만족할 수준과는 거리가 멀다고 생각합니다. 적어도 정부예산을 문제로 이 같은 지원을 줄이거나 폐지하지 않기를 바랍니다."

중소기업의 지속 가능한 발전 방향에 대해서도 이경재 회장은 뚜렷한 의견이 있다. 일본·독일 등 중소기업 강국과 같이 가업승계에 대한 지원이 합리적 수준이어야 우리나라에서도 50년, 100년을 이어 나가는 중소기업들이 탄생하리라는 것이다.

"많은 국가에서 가업승계를 통한 기업의 지속발전 시스템을 장려하고 있어요. 일본, 독일의 주요 강소기업들의 경우 가문의 자부심으로 제품의 품질을 지켜나가는 책임경영을 통해 기업의 영속성을 지켜 가고 있습니다. 우리의 중소기업도 이 같은 경영구조를 이룩해 많은 명품기업이 탄생할 수 있도록 적극적인 세제지원이 필요합니다."

이일규 이사장

소상공인시장진흥공단
SMALL ENTERPRISE AND MARKET SERVICE

소상공인시장진흥공단

이일규 이사장

학력
1972   육군사관학교 졸업(이학사)
1977   고려대학교 경영대학원(MBA)
2003   중앙대학교 대학원 경영학 박사
2007   스탠포드대 디자인경영과정 수료

경력
1978~2001   산업자원부 사무관 - 국장
1992~1996   뉴욕주재 상무관
2001~2004   창업벤처국장 등
2004~2006   경기지방중소기업청장
2006~2008   한국디자인진흥원장
2014~現   소상공인시장진흥공단 이사장

상훈
1985   대통령 표창
2006   황조근정훈장

저서
1985   연계무역의 이해와 활용
1997   산업디자인편람
1999   반도체전기산업편람
2009   디자인정책
2016   전통시장, 디자인을 입다

논문
2008   정부의 R&D 지원이 기업성과에 미치는 영향

소상공인시장진흥공단
SMALL ENTERPRISE AND MARKET SERVICE

소상공인시장진흥공단

소상공인시장진흥공단은 604만 소상공인과 1,500여 전통시장 상인을 지원하기 위해 설립된 준정부 기관으로 소상공인 및 전통시장을 위한 다양하고 차별화된 시책들을 펼쳐나가고 있다.

소상공인의 안정적 경영환경 조성을 위해 저금리의 융자를 지원하는 소상공인 정책자금이 대표적인 사업이며 자생력 제고를 위한 교육과 컨설팅, 소상공인 협동조합, 매력 있는 전통시장을 위한 특성화 사업 등이 주요 시책이다.

소상공인시장진흥공단은 사업의 효율적 운영을 위해 전국 6개 지역본부와 59개 지역 센터에 근무하는 직원들이 전국 각지 현장에서 소상공인과 전통시장 업무와 관련된 밀착 지원을 펼치며 상인들에게 실질적인 도움을 주고 있다.

생애주기별 맞춤형 지원

소상공인시장진흥공단은 생애주기별 맞춤 지원을 통해 소상공인 자생력 강화, 고객이 다시 찾는 개성 있는 전통시장 육성, 장인기술 기반 숙련 소공인 육성 등을 돕는다. 직접자금 대출 등 2조 원 규모의 자금을 운용하며 소상공인의 다양한 수요

공단은 출범 100일을 맞이하여 '소상공인시장 컨퍼런스'를 개최하고 세계일류의 소상공인시장 서비스기관으로 발돋움하겠다는 각오를 다졌다.

에 부합하고 있다.

　소상공인시장진흥공단은 소상공인진흥원과 시장경영진흥원 2개 기관이 2014년 1월 1일 통합하며 출범한 기관이다. 두 기관이 유사한 기능을 했지만 각 기관이 가지고 있는 고유의 문화를 하나로 만드는 것은 대단히 어려운 일이었다.

　이일규 소상공인시장진흥공단 이사장은 공단의 대표 이미지인 CI를 개발하고 공단 약칭을 선정했으며 장기적 비전 수립과 미션 정립 등을 통해 내부 직원들의 빠른 통합을 주도했다. 이 과정에서 꾸준히 지역본부, 센터의 애로사항 및 의견들을 수렴했다.

또한 양 기관 통합으로 조직 내 사업부문, 조직부문, 인사부문, 서비스부문 등에 대한 혁신의 필요성이 대두됨에 따라 6개월에 걸쳐 각 부문 혁신 작업을 수행했다.

사업혁신은 고객중심으로 사업의 내용과 범위를 조정하고 직무분석 및 사업진단 결과에 따라 폐기, 확대강화, 신규도입 대상 업무로 분류했다. 조직혁신은 조직개편을 통해 창의적이고 혁신적인 조직문화 구현, 사업혁신을 추구했다. 조직혁신에 따라 인사개편, 공개채용도 확대했다. 서비스혁신은 철저한 고객 위주 서비스, 융합 서비스, 현장문제 추적해결, 내부 청렴도 제고 등을 골자로 이뤄졌다.

이 같은 혁신을 기반으로 소상공인시장진흥공단은 지난 2년간 다양한 정책간담회 및 토론회 개최, 현장 방문을 통해 불필요한 규제를 완화하고, 효율적인 정책지원을 해오고 있다.

공단은 서민경제를 살리겠다는 박근혜 대통령의 강력한 의지를 바탕으로 두 전문기관이 통합함으로써 더욱 효과적인 정책수립과 지원이 가능해졌으며 2016년 총 2조 1,000억 원의 예산을 확보하면서 빠르고 효과적인 사업 추진에 필요한 위한 재정적 기반을 마련했다.

공단은 출범 이후 내부 혁신과 현장 밀착형 지원으로 고객 만족을 실현하고 있다. 공로를 인정받아 기획재정부의 2015년 전체 공공기관 종합평가에서 B등급을 받으며 출범 한 해 만에 최고의 실적을 받는 우수기관으로 자리매김했다.

직전해 소상공인진흥원의 경영평가는 E등급을 받았다. 1년 만에 3단계나 상승한 것이다. 이는 경영평가 대상 기관 중 가장 눈부신 발전이다. 296개 공공기관 중 상위 10위를 기록했다.

서민경제 파수꾼

소상공인시장진흥공단은 서민경제를 돕기 위한 다양한 사업을 추진하고 있다.

비예산 사업인 서로 돕고 엮어주기 사업은 정부 예산의 한계를 네트워크로 해결할 수 있다는 점을 보여준 실례다. 지역의 기업과 상인, 유관기관 관계자를 네트워크로 엮어 서로 필요한 도움을 줄 수 있도록 한 것이다. 서로 돕고 엮어주기 사업은 지역 센터가 설치된 전국 59여 개 지역에서 수시로 열리는 운동으로 소상공인, 전통시장 상인, 대·중소기업, 금융기관, 교육기관, 공공기관, 행정기관 등 업계 관계자들과 변호사, 회계

이일규 이사장이 고객접점 현장을 직접 방문하여 고객과 면담을 진행하고 있다.

사, 컨설턴트 등 전문가가 함께 참석해 도움을 주고받는 상생 네트워크다.

2년간 전국에서 총 49회, 8,329명이 참석해 판로개척, 구인·구직, 홍보·마케팅 등 683여 건의 성공사례를 도출했다. 공단은 2016년부터 서로 돕고 엮어주기 온라인 커뮤니티를 도입해 소상공인들이 지속적으로 도움을 주고받을 수 있는 시스템을 마련했다.

공단은 고객만족경영 실천의지를 다지기 위한 '고객만족 및 사회공헌 실천 결의 대회'를 개최했다.

소상공인 선진화 추구

소상공인시장진흥공단은 중장기적으로 선진 소상공인 및 시장 강국의 기반을 조성하고 이를 토대로 세계 일류의 소상공인 시장서비스 기관으로 거듭나기 위한 노력을 지속하고 있다.

이를 위해 공단은 '고객 만족도 제고'를 최우선 가치로 해 전문성은 물론, 사업간 융합과 협업이 뒷받침되는 환경을 지속적으로 조성해나가고 있다. 사업 대 사업, 소상공인 대 소상공인, 소상공인 대 대기업 등 모든 영역을 넘나드는 융합과 협업을 도입해 창조적인 소상공인, 전통시장 지원을 추진한다는 계획이다.

궁극적으로 소상공인의 단기적 경영 애로뿐만 아니라 구조적 문제까지 완화할 수 있는 자영업자 생애주기 단계별 대책을 마련해 안정적인 창업환경을 조성함으로써 경제 양극화 해소에 기여하는 것이 목적이다.

산전수전 다 겪은 행정통

소상공인시장진흥공단을 이끄는 이일규 이사장은 산업통상자원부 사무관으로 공직생활을 시작해 중소기업청 기술지원국장, 창업벤처국장, 경기지방중소기업청장 등을 역임한 30년 경력의 공직자다. 공직생활 동안 쌓아온 전문성과 경험을 살려 민간 전문가로서 진취적이고 유연하게 업무를 추진하고 있다.

과거 군 장교로 복무하던 당시 전역 장병에 대한 소상공인 창업 교육 아이디어를 얻었고 미국 뉴욕 주재 상무관 재직기간 중에는 각종 네트워크 활동을 통해 지한파 미국인 네트워크와의 교류, 교포출신 미국 주류사회의 진출, 각 분야 모임 등을 이끌었다. 공단에서 추진 중인 소상공인 전통시장 서로 돕고 엮어주기 활동 역시 당시 경험에서 아이디어를 얻었다. 이

이사장은 개인적으로도 사람 엮어주기를 즐기며 '기왕 돕는 거 화끈하게 돕자'를 모토로 한다.

이일규 이사장은 또 한국디자인진흥원장, 한국디자인경영협회 이사장 등 민간에서 쌓은 디자인 분야 경험을 바탕으로 소상공인 디자인 및 경영과정을 개설했다. 현재 100여 명의 디자인 관련 강사를 확보하고 관련 교육을 진행 중이며 200여 개 점포를 대상으로 소상공인 디자인 컨설팅 시범 지원 및 전통시장 심사 사전진단을 실시하고 있다.

이일규 이사장은 소상공인시장진흥공단이 국내 유일의 소상공인, 전통시장을 전담 지원 공공기관인 만큼 누구도 넘볼 수 없는 전문성을 바탕으로 고객 중심의 서비스를 펼쳐야 한다는 철학을 가지고 있다.

탄탄한 인력 인프라로 다양한 혁신 시도

소상공인시장진흥공단은 소상공인과 전통시장 지원업무를 담당했던 두 기관의 융합을 통해 탄생한 만큼 각 분야의 오랜 노하우와 전문성을 고스란히 간직하고 있다. 이일규 이사장은 이를 토대로 다양한 혁신과 융합을 시도하고 있다.

공단이 자랑하는 또 하나의 큰 경쟁력은 인적 인프라다. 본

공단은 명절맞이 전통시장 활성화 및 이용촉진 행사를 매년 진행하고 있다.

부를 비롯한 전국 6개 지역본부, 59개 센터는 전국적 지역망을 갖추고 있어 언제 어디서든 고객이 원할 때 도움을 줄 수 있다.

소상공인시장진흥공단은 선진국 사례를 분석한 결과 실업률을 줄이고 좋은 일자리를 늘리기 위한 최선의 길이 기업 성장 및 창업 활성화라고 결론 내렸다. 특히 100세 시대에 진입한 대한민국에서 창업은 피할 수 없는 현실임을 깨닫고 실패를 줄일 수 있게 '준비된 창업'을 돕겠다는 전략이다. 이를 위해 예비창업자들이 다양한 조사·연구 및 컨설팅, 교육 등 체계적 단계를 거쳐 준비하고 과밀업종 '묻지마 창업'을 지양하도록

소상공인시장진흥공단은 2014년 1월 1일, 기존 소상공인진흥원과 시장경영진
흥원 2개 기관을 통합하며 출범했다.

돕고 있다.

소상공인시장진흥공단은 소상공인이 자유롭고 활발한 영
업환경에서 안정적인 삶을 영위할 수 있도록 올바른 생태계
조성에도 앞장서고 있다. '소상공인 보호 및 지원에 관한 법률'
이 본격 시행됨에 따라 각 지방자치단체에서 관련 조례가 줄
지어 개정되는 등 소상공인을 위한 법률 인프라가 구축되고
있는 점은 긍정적이다. 이에 따라 공단도 불공정거래 피해를
당한 소상공인의 권익을 보호하기 위한 피해상담센터를 운영
중이다.

이일규 이사장은 특별재난지역으로 선포된 진도지역의 소상공인을 직접 방문하여 애로사항을 청취, 응원했다.

또한 소상공인시장진흥공단은 1시장 1특색 개발 사업을 통해 전통시장 활성화를 도모하고 있다. 1시장 1특색은 각 지역 전통시장마다 고유한 문화와 지역적 특성을 살리는 것을 뜻한다. 이는 획일적 시설개선이나 한시적 마케팅 지원을 넘어 근본적인 전통시장 자생력 제고를 위한 것으로 시장별 지역적 문화와 환경을 고려한 맞춤형 지원을 뜻한다.

소상공인시장진흥공단은 1시장 1특색 발굴을 위해 시장별 상인회가 중심이 된 특색개발위원회를 만들었다. 특색개발위원회란 시장상인회장이 중심이 돼 향토사학자·대학교수·주민

대표·디자이너·지자체 공무원들이 모두 참여하는 위원으로 시장의 특색을 개발하고 이미지를 개선하는 데 도움을 주고 있다.

구미 중앙시장은 '새마을 정신'의 본고장이라는 의미를 담아 '새마을 시장'으로 탈바꿈했으며, 부천 역곡시장은 국제만화축제 개최지의 특성을 살려 '역곡 상상시장'으로 콘셉트를 전환했다.

첨단 ICT 기술과 따뜻한 전통시장의 접목은 시대적 흐름과 변화의 추세에 맞춘 창조경제의 좋은 사례라고 볼 수 있다. 소상공인시장진흥공단은 전통시장 상인 정보화 교육, 컨설팅, 전통시장 내 ICT 카페개설, 점포 내 모바일 POS 및 스마트폰 결제시스템 도입 등 첨단 기술의 적극적 도입을 유도하고 있다.

내수침체 극복 위해 안간힘

최근 세월호 사건, 메르스 사태 등 잇단 악재로 소상공인과 전통시장은 많은 어려움과 경영 애로를 호소하고 있다. 정부 역시 우리 소상공인 및 전통시장 보호와 자생력 제고를 위해 생업 안전망 구축 및 서민경제 활성화를 위한 법적 장치를 마련하고 있다.

2015년 5월 '소상공인 보호 및 지원에 관한 법률'이 시행됐

공단은 비예산사업인 서로돕고 엮어주기 사업을 추진하여 정부 예산의 한계를 네트워크로 해결할 수 있음을 보여줬다.

으며 '도시형소공인 지원에 관한 특별법'을 통해 정책의 사각 지대에 놓여있던 소규모 제조기업의 경쟁력을 제고하고 있다. 이 밖에도 전통상업보존구역 제도 연장 등을 통해 소상공인 경제민주화를 실현하고 있다. 지역 신용보증재단을 통해 소기 업, 소상공인 보증공급을 확대하며 침체된 지역상권 활성화도 유도하고 있다.

소상공인시장진흥공단 역시 전통시장과 소상공인의 활성화 를 위해 끊임없는 내·외부 혁신을 바탕으로 고객만족도 향상 에 힘쓰고 있다. 한국을 찾는 관광객 수가 급증함에 따라 국내

이일규 이사장은 그간의 경험과 노하우를 바탕으로 소상공인 디자인경영에 대한 철학과 아이디어를 공유하고 있다.

관광 만족도를 향상시키기 위해 소상공인과 전통시장의 적극적 노력이 필요한 시기인 만큼 일회성에 그치지 않는 연속적 지원으로 소상공인과 전통시장의 경쟁력을 높일 계획이다.

청년실업 전통시장에서 답을 찾다

이일규 이사장은 요즘 전통시장에서 청년 사업가들의 이야기에 귀 기울이고 있다. 상당수 사업가가 비록 취업난 때문에 창업을 결심했지만, 결과적으로 열정과 아이디어를 통해 성공적인 창업을 이뤄낸 사례가 많았기 때문이다.

전통시장 입장에서도 젊은 피의 수혈은 반가운 일이다. 전통시장과 청년의 결합을 통해 청년들은 취업 문제를 해결하고 전통시장은 활기가 넘치게 돼 서로 윈윈할 수 있다는 것이 이일규 이사장의 생각이다.

이일규 이사장은 "소상공인·전통시장 성장을 통해 국가 경제 발전에 기여하고 장기적으로는 세계 일류의 소상공인·시장 서비스 기관이 되기 위한 전사적 업무혁신에 박차를 가할 계획"이라며 "대한민국 풀뿌리 경제의 든든한 버팀목이 될 수 있도록 최선의 노력을 다할 것"이라고 말했다.

이창희 시장

CHARM
JINJU
참진주

경상남도 진주시

이창희 시장

학력
1974 한양대학교 공과대학 공업경영학과 졸업
1987 서울대학교 행정대학원 졸업
1994 미국 wisconsin주립대 대학원 졸업

경력
2000 국회사무처 환경노동위원회 전문위원
2001 국회사무처 행정자치위원회 수석전문위원(차관보급)
2004 국회사무처 건설교통위원회 수석전문위원(차관보급)
       국회사무처 농림해양수산위원회 수석전문위원
       (차관보급)
2006 경상남도 정무부지사
2008 제9대 경남발전연구원 원장
2010 민선5기 진주시장
2014~現 민선6기 진주시장

상훈
1983 국회의장 표창
2003 황조근정 훈장
2015 행정자치부(공기업 경영평가 최우수)
       환경부(슬레이트처리사업 최우수)
       보건복지부(지역사회 통합건강증진사업 최우수)
       행정자치부(생산성대상 우수사례 최우수)
       보건복지부(지역복지사업-복지재정 효율화 부문 대상)
       행정자치부(지방재정개혁 우수사례-예산절감분야
       대통령상)
       산업통상자원부(제12회 지역산업정책대상 종합대상)

첨단산업과 문화가 공존하는 21세기형 도시

이창희 진주시장은 전통과 현대가 조화를 이루는 21세기형 첨단산업 문화도시 건설을 위해 산업경제도시, 창조혁신도시, 복지건강도시, 문화관광도시, 녹색환경도시, 선진농업도시, 명품교육도시 등 7개의 미래상을 제시하였다.

이창희 시장은 또 진주의 미래상 완성을 위해 체계적인 시책을 수립하여 활력 있는 경제도시, 함께 웃는 복지도시, 아름다운 문화도시, 인재육성 미래도시 등의 시정 방침을 실현하고자 노력하고 있다.

뿌리산업단지와 항공산업단지 조성을 통해 지역경제가 활성화되고 있으며 혁신도시 완성과 신성장동력산업 육성으로 경남의 중추도시로서 새 시대를 열어가고 있다. 좋은 세상, 무장애도시, 장난감 은행 등 4대 복지시책 추진으로 더불어 잘사는 따뜻한 복지 사회도 구현하고 있다.

진주 남강 유등축제는 축제의 경쟁력 및 자립화 가능성을 국내외에 입증했고 환경기초시설 확충과 쾌적한 도시환경을 조성하여 친환경 도시를 건설해 나가고 있다.

한편 경쟁력 있는 선진농업 육성을 위한 진주 국제농식품박람회를 성공적으로 이끌었고 교육경쟁력 제고와 창의적 인재

육성으로 시민 중심의 열린 시정을 펼쳐나가고 있다.

지역경제 활성화 및 성장동력산업 기반 확충

2014년 국토정책위원회에서 대한민국 항공산업 G7 도약을 위한 동북아 항공산업 생산거점으로 진주·사천 항공산업 국가산업단지가 확정됐다. 진주는 인접 지역에 국내 최대의 항공기 제작사인 KAI가 있는 데다 혁신도시의 성공적 유치로 산업기술 시험원, 국방기술 품질원, 한국세라믹기술원, 뿌리기술지원센터 등 국내 최고의 시험연구시설 인프라도 보유하게 되면서 항공산업을 육성하게 됐다. 전문 인력 양성기관인 공군교육사령부, 국립경상대학교와 경남과학기술대학교 등 고등교육시설이 위치하고 있는 점도 유리한 점이다.

항공산업 최대 집적지인 진주, 사천지역에 항공산업 국가산업단지가 조성되면 약 20조 원의 경제유발 효과를 일으키고 5만 8,000명의 고용을 창출할 것으로 예상된다. 또한 지식기반산업의 광범위한 기술파급 효과도 기대된다. 항공기 부품 수는 자동차의 10배인 20만 개, 항공기 핵심기술은 자동차의 15배인 650개에 이른다. 중소기업의 발전과 타 산업 파급효과가 클 것으로 기대된다.

우주개발 중장기 계획 중 핵심사업인 '차세대 중형 위성사업'은 2025년까지 총 3단계에 걸쳐 12기의 위성을 개발하는 것이 목표다. 3단계 중 KAI가 우선협상자로 선정된 1단계 사업은 500kg급 표준 위성 플랫폼과 정밀 지상관측용 위성을 진주에서 개발하게 되며 개발된 위성은 지상관측위성, 기상위성, 우주과학위성 등으로 다양하게 활용될 계획이다. 위치는 관련 연구시설과 연관기업을 집적화하기 위해 현재 재생사업을 진행 중인 상평산단 일대로 정하고 항공우주산업 특화단지로 조성하기 위한 관련 용역을 진행 중이다.

진주시는 차세대 중형 위성 사업을 시작으로 우주산업의 전초기지로서 입지를 구축하도록 관련 연구개발시설 건립을 추진하고 있다.

진주시는 뿌리산업단지도 조성 중이다. 정촌면 100만㎡ 규모 부지에 1,900억 원의 사업비를 투입해 2015년 말 보상을 시작으로 2016년 공사를 착공, 2017년 말 준공할 예정이다.

뿌리산업이란 금형, 소성가공, 열처리, 주조, 용접, 표면처리 등 6가지 기초산업으로 항공, 조선, 자동차, 기계 산업의 경쟁력 향상에 없어서는 안 될 중요한 산업이다.

진주 뿌리산업단지는 환경오염이 없는 금형, 소성가공, 열

KAI·경상대학교·진주시 등 우주분야 발전을 위한 상호협약을 체결하여 첨단우주항공도시로의 초석을 마련했다.

처리의 친환경적인 3개 업종만 입주를 허용하며 평균 6,000㎡ 규모의 기업체 100여 개를 입주 목표로 하고 있다. 입주 시 7,200억 원의 생산유발과 4,800여 명의 고용창출 효과가 기대된다. 뿌리기술 지원센터와 산·학·연 네트워크 구축으로 정보와 지식, 기술을 공유하는 지역산업 구조로 개편될 전망이다.

정촌산업단지 내에 위치해 있는 진주 뿌리기술 지원센터는 총사업비 405억 원이 투입됐으며 지하 1층, 지상 4층 규모의 5개 동(8,500㎡)으로 지난 9월 개청했다. 이로써 항공, 자동차, 조선·해양 등 핵심 전략산업군의 부품 생산기술지원을 위한 각종 시험 기자재와 시제품 생산 장비를 갖추고 연구개발에서 마케팅에 이르기까지 다양한 지원업무를 수행한다. 향후 컨트롤타워 역할은 물론, R&D 연구센터로서 뿌리산업단지의 든든한 버팀목 역할을 할 전망이다.

명품 혁신도시 완성과 미래지향의 도시체계 구축

진주 혁신도시는 공공기관 지방이전을 계기로 산·학·연·관이 서로 협력하여 수준 높은 생활환경을 갖춘 새로운 차원의 미래형 도시로, 2011년 5월에 LH 포함 11개 기관의 이전이 결정되었다. 문산읍, 금산면, 호탄동 일원 407만 8,000㎡ 부지에 1조 577억 원 예산을 투입한 진주 혁신도시 기반시설은 착공 8년만인 지난 12월 말에 준공되었다. 2015년 말까지 LH를 비롯한 9개 공공기관이 이전을 완료했고 나머지 2개 기관은 2016년 상반기 내로 이전하게 된다.

명품 혁신도시 건설을 위해 진주시는 2013년 7월 준공된 김시민대교의 개통과 혁신도시와 진주IC 간 연결도로 확·포장공사를 2015년 1월에 완공했으며 혁신도시와 국도 2호선 간 연결도로도 2016년 말 준공을 목표로 공사 중이다.

또한 혁신도시 이전 공공기관 임직원 3,600여명과 가족이

진주혁신도시 전경(LH, 한국남동발전 등 9개 공공기관이 이전을 완료했으며, 주택관리공단 등 2개 공공기관은 2016년 상반기 이전을 완료할 예정이다.)

안정적으로 정착할 수 있게 2011년 4월부터 '진주혁신도시 이전 지원계획' 35개 과제를 마련해 행정·재정적 지원을 해오고 있다.

진주 혁신도시가 성공적으로 정착되면 인구 4만여 명의 자족형 거점 도시가 탄생함과 동시에 주택 관련 산업, U-City 사업 등과 관련해 지역 대학 연구기관과 산학협력이 활발하게 전개될 것으로 기대된다. 앞으로 산하기관, 협력기관 등 300여 개의 관련 업체가 동반이주 시 3만여 명의 일자리 창출과 2조 7,000억 원의 생산유발 효과를 기대하고 있다. 지역 내 지방대 생 우선 채용으로 지역 인재의 일자리 창출도 기대된다.

더불어 잘사는 따뜻한 복지사회 구현

'좋은세상'은 복지서비스가 필요한 저소득층과 복지사각지대를 발굴해 공공예산 투입 없이 시민들의 자발적인 성금, 재능기부, 노력봉사 등으로 서비스를 제공하는 수요자 중심의 맞춤형 복지시책이다. 2011년 8월부터 5개월간 준비 기간을 거쳐 2012년 1월 출범하였으며 이 사업의 컨트롤타워 역할을 하는 진주시 좋은세상협의회는 900여 명의 회원들이 주축이 되어 위기상황에 놓인 가구를 찾아 맞춤형 서비스를 펼쳐오고 있다.

진주시는 공공예산 없이 복지 전달체계를 강화하고자 2015년 7월 좋은세상 복지재단을 설립했다. 진주시 좋은세상 복지재단은 사회복지 분야에 대한 조사 연구 및 프로그램을 개발·보급하고 사회복지 증진을 위한 자원 발굴 및 협력을 이끌어내고 또한 저소득 주민의 생활안정 자금 및 저소득 자녀 장학금을 지급하는 등 좋은세상과 연계한 저소득층 및 서민 지원사업을 중점적으로 추진할 예정이다.

그동안 좋은세상을 통한 복지서비스 제공 실적은 7만 9,000여 가구 8만 3,000여 건에 달한다. 공공예산은 1원도 투입하지 않고 시민 전체의 마음과 정성, 행동으로 이루어지고 있어 돈

다 함께 잘 사는 '좋은세상'은 시민들의 자발적인 성금, 재능기부, 노력봉사 등 수요자 중심의 맞춤형 복지시책이다.(노인세대 청소 등 주택환경정비 모습)

안 드는 복지가 가능함을 보여주고 있다. 좋은세상을 통해 시민들이 십시일반 모은 기부금도 18억 9,000여만 원에 달하고 있다.

진주시는 시민과 함께 모두가 편안한 '무장애 도시'도 만들어가고 있다. 무장애 도시는 어린이·노인·장애인·임산부 등 사회적 약자를 비롯한 시민 모두가 안전하고 편리하게 이동하고 시설을 이용하는 데 불편이 없도록 개별 시설물과 도시기반을 계획·설계·시공하여 장애물을 원천적으로 제거하는 보편적 복지시책이다.

진주시는 2012년 7월 전국 최초로 '무장애 도시'를 선언한 이후 무장애 BF_{Barrier Free} 인증제 도입과 공공시설 및 민간 다중 이용시설의 무장애화를 추진하고 LH공사를 비롯한 14개 기관·단체와 MOU 체결을 통해 무장애도시 읍·면·동 위원회를 운영하고 있다.

시민의 이용이 많은 식당, 병원, 마트, 금융기관 등 다중이용 시설은 누구나 접근할 수 있도록 '사업장 문턱 없애기' 시민운동을 추진하여 230개소 사업장이 출입구 문턱 제거 및 자동문 설치를 했으며 향후 자력으로 개선하기 어려운 영세 사업장은 사회단체의 봉사사업과 연계해 추진해 나갈 방침이다.

도로 보행환경 개선을 위해 보도 진입부의 턱도 없애고 있으며 보행에 불편을 주는 전봇대, 가로수, 가로등, 화단 등의 장애물은 장애물 구역에 설치하여 보행 안전통로를 확보한다. 시각장애인도 혼자 보행이 가능하도록 하고 보도의 높이가 계속 유지되는 험프_{hump}식 횡단보도 설치로 횡단보도가 과속 방지턱 기능을 대체하도록 하고 있다. 지금까지 969개소의 공공 시설물에 BF시설 확충을 위해 노력하고 있다.

더불어 혁신도시지역과 초장지구 등 신설 택지지구 내 공동

모두가 편안한 '무장애 도시'는 시민 모두가 안전하고 편안하게 이동하는 데 불편함이 없도록 보행 환경 여건 등을 개선하는 데 그 의의가 있다.

주택(아파트)의 경우 단지 내 보행로가 단절되지 않도록 험프식 횡단보도를 설치함은 물론 쓰레기 배출장, 조경 데크시설 등 주민들의 이용이 많은 곳에 경사로를 설치하거나 턱을 없애 누구나 편리하게 단지 내를 이동할 수 있도록 만들고 있다.

아이가 즐거운 장난감 은행

진주시 4대 복지시책의 하나인 아이가 즐거운 '장난감 은행'은 육아 가정의 경제적 부담을 덜어주고 육아고충 해소를 돕고자 지난 2011년 6월 시청 내에 처음으로 개소하였다.

이어 2012년 6월 서부지역에 '무지개동산'이 문을 열었고 동부지역 주민들의 이용 편의를 위하여 2014년 4월에는 '은하수 동산'이 개소했다. 이어 혁신도시인 충무공동에도 2015년 3월 '장난감은행'이 개소했다. 남부권역인 천전지구에 1개소를 더 설치할 계획이다.

장난감은행은 연회비 2만 원으로 회원 가입만 하면 별도의 비용 부담 없이 장난감을 무제한 사용할 수 있으며, 단순히 장난감을 빌려 가는 대여공간에 그치지 않고 아이들이 부모의 보호 아래 또래와 어울리며 건전한 사회성을 기르는 전인교육의 놀이터 역할을 하고 있다. 장난감은행은 놀이체험교실, 좋은 부모 자격증반, 육아사랑방, 숲 체험, 나눔 장터, 문화공연 등을 통해 온 가족이 함께하는 시민 참여형 복지공간으로 거듭나고 있다.

육아종합지원센터(은하수동산)에서는 일시 보육실을 운영, 건강상 이유나 갑작스러운 일로 아이를 맡길 수 없어 난감할 때 육아 문제를 해결해 주고 있으며 보육도서관은 두 자녀 부모의 편의성 제고 및 영유아와 어린이 간 통합교육을 통해 인성교육 효과도 거양하고 있다.

장난감은행은 개설한 지 4년 만에 이용자가 24만 명에 달할 정도로 뜨거운 호응을 얻고 있다. 장난감 1개를 1만 원으로 환

아이가 즐거운 '장난감은행'은 육아가정의 경제적 부담을 덜어 주고, 아이 낳고 키우기 좋은 환경을 제공하고 있다.

산하면 24억 원, 5만 원으로 환산할 경우 무려 120억 원에 이르는 금액이다. 그만큼 시민들은 증세 없는 복지 혜택을 누리고 있다.

글로벌 축제도시 품격향상과 자립화 추진

문화체육관광부의 축제 일몰제 정책과 행정자치부의 행사·축제성 경비 절감노력을 평가로 인센티브(페널티)를 주는 보통 교부세 정책은 진주시 축제 운영의 내부적인 과제를 주는 동시에 발전의 한계를 뛰어넘게 하는 계기를 만들어주었다.

더 이상 축제의 유료화는 선택의 문제가 아니었다.

개천예술제 프로그램의 하나인 유등띄우기 행사가 2000년 진주 남강 유등축제로 거듭난 지 15년 만에 전면 유료화를 단행하자 전국적인 관심을 끌었다. 전체 관람객 40만 명(유료 25만, 무료 15만)으로 전국 최고의 축제 유료 입장객 수를 기록하였으며 많은 외국인 관광객의 방문은 유등축제의 수출 가능성을 입증했다.

2015년 남강 유등축제는 입장료 수입 22억 원과 그 외 수입 10억 원 등 총 32억 원의 수입을 올렸다. 남강 유등축제 재정자립도도 2014년 43%에서 2015년 80%로 늘며 전국에서 가장 높은 수준을 달성했다.

외국인과 20~30대 젊은층 방문객 증가로 축제장이 밝고 활기찬 분위기로 변했고 축제장 환경, 콘텐츠 등에서 입장료 이상의 가치가 있다는 평가를 받았다.

그동안 고질적 문제였던 주말 교통정체 및 행사장 혼잡 문제는 진주시민 평일 관람, 외지인 주말 관람으로 이분화하면서 해결했다. 축제장 주변 승용차 통행제한 및 셔틀버스 운행 확대로 교통정체 문제도 해결했다.

진주 남강 유등축제는 대한민국 축제 사상 최초로 해외로 수출하여 한국 축제의 위상을 드높이고 있다.(미국 히달고시 보더축제 유등 전시 광경)

농업을 미래산업으로 육성

진주시는 도농복합도시로 경남도 농업기술원 등 농업 관련 기관과 국립 경상대, 경남과기대 등 농업 연관 대학이 많다. 일찍부터 농업이 발달했으며 최근에는 17년 연속 신선농산물 제1의 수출도시 자리를 지키고 있다. 진주 국제농식품박람회 개최로 농업의 선진화와 산업화에도 앞장서고 있다.

2011년부터 개최하고 있는 진주 국제농식품박람회는 진주시가 해외시장 개방에 대비하기 위하여 농업에 과학을 접목함으로써 산업화를 꾀한 진주시 농정 제1 목표 중 하나로 기존

공부가 재미있는 '진주아카데미'는 글로벌 시대에 걸맞은 자기 주도적 학습능력
과 무한한 경쟁력을 가진 창의적 인재를 육성하기 위한 교육지원 시책이다.

농업박람회에 식품·가공분야가 추가됐다.

　5회를 맞은 2015년 진주 국제농식품박람회는 5일간 진주 종
합경기장에서 개최되었으며 짧은 연륜에도 불구하고 매년 참
여 업체와 바이어, 관람객들의 호평을 받으면서 국내 최대, 최
고의 박람회로 자리매김하고 있다. 2015년 30개국 375개사,
750여 부스가 참여했으며 5일 동안 40만 명이 넘는 참관객이
다녀갔다.

　진주 국제농식품박람회는 지난 4년간 79개국 1,075개사,
2,290 부스가 참여하였으며 179만 5,000명의 관람객이 행사
장을 방문해 750억여 원의 지역경제 파급 효과를 가져왔다.

또한 75개국 480명의 바이어가 참가해 수출상담회를 개최했으며 1억 7,242만 달러 규모의 수출계약을 체결했다. 지역에 미치는 경제 파급효과는 200억 원대를 훨씬 웃돌 것으로 평가되고 있다.

창의적 인재육성과 열린 시정 구현

공부가 재미있는 '진주아카데미'는 글로벌 시대에 걸맞은 자기 주도적 학습능력과 무한한 경쟁력을 가진 창의적 인재를 육성하고 교육 경쟁력을 강화하기 위한 진주시의 교육지원 시책이다. 지난 2012년 5월 개관하여 원어민 영어회화, 자기 주도학습, 진로진학, 학부모 프로그램 등 4개 분야 21개 프로그램을 운영하여 시민으로부터 큰 호응을 얻고 있다.

2012년 5월 개관 이후 지난 3년 8개월 동안 6만 9,000여 명의 수강생과 학부모가 프로그램에 참여했다. 지방 중소도시에서는 배우기 어려운 플래너 학습법, 스피치, 리더십, 진로코칭 캠프 등 우수한 프로그램이 구성돼 수강생 및 학부모 만족도가 매우 높다. 수강료 역시 월 2~3만 원으로 저렴한 편이다.

진주아카데미는 청와대에 소개된 이후 정부 포털 사이트를 시작으로 KBS 원주방송에 소개되는 등 지방자치단체의 성공한 교육복지 롤 모델로 주목을 받고 있다. 타 지자체와 대학 등에서 노하우를 벤치마킹하려는 견학 문의가 줄을 잇고 있다.

　진주아카데미는 앞으로도 변화하는 교육트렌드에 발 빠르게 대응하고 2016년부터 전면 시행되는 중학교 자유학기제에 대비하여 중학 영어체험교실 확대운영, 진로코칭캠프 등 인기 있는 프로그램을 더욱 확대해 나갈 계획이다. 진주아카데미 3층에 영어전자 도서관을 설치해 영어 친화적 공간을 조성하고 영어회화 프로그램과 자유학기제를 대비한 중학생 체험공간으로 연계 운영하는 등 더욱 발전시켜 나갈 계획이다.

임채운 이사장

중소기업진흥공단

임채운 이사장

학력
1980   서강대학교 무역학과 졸업
1985   美 미시건대 대학원 경영학 석사
1991   美 미네소타대 대학원 경영학 박사

경력
1995~2014   서강대 경영학과 교수
2006~2007   한국구매조달학회 회장
2007~2008   한국유통학회 회장
2007~2010   서강대 경영전문대학원 원장
2012~2013   한국중소기업학회 회장
2015~2016   한국경영학회 회장
2015~現   중소기업진흥공단 이사장

상훈
1992   미국 마케팅학회(AMA) 박사학위논문상
        (Dissertation Award) 수상
2007   한국유통학회 학술지『유통연구』최우수논문상 수상
2009   한국경제신문/한국마케팅학회, 마케팅대상 학술부문
        특별상
2010   한국경영학회 제12회 통합학술대회 매경우수논문상
        수상
2013   한국경영학회 KBR 정책연구 우수논문상
2014   서강대학교 경영전문대학원 주간MBA 우수강의상
        수상

중소기업 안전판에서 성장판으로, 중기 정책 지원의 요람

중소기업진흥공단(이하 중진공)은 중소기업의 진흥을 위한 사업을 효율적으로 추진하여 국민경제 발전에 기여할 목적으로 1979년 1월 설립된 준정부기관이다.

대한민국 경제발전 시기 중소기업 발전의 첨병 역할을 하며 설립 당시 정원 199명, 자산규모 261억 원에서 현재는 정원 903명, 자산규모 16조 3,253억 원으로 정원은 약 4.5배, 자산은 약 625배의 비약적인 성장을 이뤘다.

현재 31개 지역본(지)부, 5연수원, 1청년창업사관학교, 1센터 등 전국단위의 조직을 통해 중소기업을 현장에서 밀착 지원하고 있다.

중진공은 변화하는 시대의 흐름에 맞게 중소기업을 위한 정책자금, 인력양성, 마케팅 분야 등의 새로운 사업을 지속 개발하며 성장해오고 있다. 올해는 3조 5,000억 원의 정책자금을 중소기업에 지원하며 수출기업 지원의 시너지 창출을 위해 '글로벌 진출 전용자금'과 고용창출 유도를 위한 '인재육성형 기업 전용자금'을 신설하였다.

또한 정책자금 대출업체 중 신규로 고용 창출한 중소기업에 고용인원 1명당 0.1%p, 최대 2.0%p까지 1년간 금리를 우대하고 하반기부터는 내수기업이 수출실적을 창출하거나 수출기업이 높은 수출실적을 달성할 경우에 금리를 우대할 계획이다.

중소기업의 핵심인재 유출을 방지하고 생산성을 향상시키기 위해 출범한 '내일채움공제'는 2014년 8월부터 시작되어 지난해 연말 기준으로 4,192개사, 1만 123명의 핵심인력이 가입하는 등 뜨거운 호응을 얻고 있다.

지난해에는 한국남동발전, 한국가스공사 등 공공기관과 업무협약을 통해 협력사 중소기업에 근무하고 있는 핵심인력을 선정하여 1인당 매월 10만 원씩 5년간 지원하기로 했으며 향후 정부 및 지자체의 출연 근거를 마련하여 지자체와 협업을 통해 더 많은 중소기업과 핵심 인력이 혜택을 볼 수 있도록 노력할 계획이다.

중진공은 또 대형 유통망 연계 지원 사업을 통해 상품 경쟁력을 강화하고 해외 정책매장 등 해외 시장진출 연계를 통해 내수기업의 수출 기업화를 돕고 있다. 이를 위해 전자랜드, 현대백화점, 세븐일레븐, 이마트 등 국내 대형 유통사와 중기 우수제품 발굴 및 입점 지원을 추진해왔으며 올해에도 중소기업 판로 개척을 위해 대형 유통채널을 지속해서 확대해 나갈 계획이다.

특히 2014년 7월 21일 경남 진주 혁신도시로 본사를 이전한 중진공은 임채운 이사장의 취임과 함께 중소기업 자생력 강화와 글로벌화를 핵심 목표로 천명했다. 앞으로 중진공은 성장 가능성이 큰 중소기업을 발굴하고 기업진단을 기반으로 정책자금, 인력, 마케팅, 컨설팅 등의 사업을 효과적으로 연계 지원하는 중소기업 종합지원기관으로 한층 새롭게 거듭난다는 계획을 갖고 있다.

경제위기 극복 일등공신

중진공은 1979년 중소기업진흥에 관한 법률에 따라 설립됐다. 정책자금, 기술·경영 컨설팅, 마케팅, 인력지원, 연수 등의 사업을 통해 지난 37년간 국가 경제 성장의 주역인 중소기업과 함께 성장하고 있다.

1980년대에는 중소기업 근로자의 전문성 향상을 위해 경기도 안산에 중소기업연수원을 개원했으며 중소기업 현장에 밀착한 사업수행을 위해 국내 지역본부를 설치했다.

1990년대는 신경제 5개년 계획에 의해 구조 개선사업을 실시했고 IMF 위기 속에서 기존 정책자금이 은행을 통해 지원되는 형태를 벗어나 중진공이 직접 정책자금을 지원하는 직접대

2015년 6월 24일 경기도 안산 청년창업사관학교에서 개최된 '청년창업사관학교 5기 입교식'에서 중소기업진흥공단 임채운 이사장과 총 278명의 입교생들이 새로운 출발을 기원하고 있다.

출을 실시하며 경제위기 극복에 일조했다.

2000년대에서 현재까지는 중소기업이 FTA에 대응하고 새로운 사업에 도전할 수 있도록 지원하기 위한 무역조정·사업전환 지원센터를 개소했으며 청년 CEO 발굴 및 육성을 위한 청년창업사관학교도 개교했다. 최근 본사를 경남 진주로 이전한 후 핵심인력에 대한 지원사업인 중소기업 핵심인력 성과보상기금을 출범시켰으며, 강원도 태백에 글로벌 리더십 연수원을 개원해 다양한 교육 프로그램을 운영하고 있다.

2016년 3월 7일 중소기업진흥공단과 미래에셋그룹은 중소기업 투자 활성화를 위한 업무협약을 체결했다. 이날 협약식을 통해 중소기업진흥공단과 미래에셋그룹은 성장성이 유망한 중소기업을 발굴하고 투자유치, IPO 지원 등에 합의했다.

2015년 메르스로 인한 피해를 극복하기 위해 추경 예산의 편성 및 집행으로 국가 경제의 안전판 역할을 최일선에서 선도적으로 수행했다. 피해를 본 중소 병·의원과 직간접 피해를 본 중소기업의 일시적 경영애로 해소와 경기 활성화를 위해 정책금융을 적기 공급했다.

또 유망기업 및 제품 발굴을 통해 국내외 유통망 진출을 돕는 등 수출 기업화 맞춤지원을 확대하고 있다. 글로벌 역량진단을 활용해 수출 가능성이 큰 기업에 맞춤형 국내외 마케팅을 지원하였으며 대형 유통망 협력을 통해 유통시장 불균형 해소 및 자생력 강화에도 일조했다.

중진공은 수출 유관기관과 경쟁이 아닌 협업을 통해 지원의 효율성을 높였다. 코트라와 해외 전시회 무역사절단 파견을 협업했으며, 수출 BI 지역별 특성을 살린 협력 운영 등으로 6억 6,500만 달러의 수출 성과를 올렸다.

중소기업 글로벌화 맞춤 지원 첨병

중진공의 글로벌 경쟁력은 중소기업 종합 지원기관으로 맞춤형 사업 수행과 중소기업 현장에 밀착되어 중소기업이 필요한 것을 알 수 있는 현장접점의 보유다.

중진공은 정책자금, 기술·경영 컨설팅, 마케팅, 인력지원, 연수 등 중소기업에 필요한 사업을 다양하게 진행하고 있으며 맞춤형 연계지원을 통하여 중소기업의 글로벌 역량을 키워내는데 최적화돼있다.

또한 국내의 31개 지역본(지)부와 해외 12개국 20개 거점에 수출 인큐베이터를 운영하고 있다. 이를 통해 국내외 중소기업의 목소리를 직접 들을 수 있고 내수기업이 해외로 진출하기 위해 무엇이 필요한지, 해외로 진출하는 초기기업은 무엇을 원하는지 등을 실시간으로 파악할 수 있다. 이는 국내외 중소기업의 애로를 해결할 수 있는 정책 입안으로 연결되는 중요한 경쟁력이다.

첫 민간 출신 이사장 선임으로 인사 혁신

임채운 중진공 이사장은 서강대 교수 출신으로 중진공 최초 민간 출신 이사장이다. 임 이사장은 취임 직후부터 내부혁신을 통한 자생력 강화로 중진공의 체질을 바꾸고 있다.

또한 중진공은 2015년 투명하고 공정한 인사제도를 도입했다. NCS 기반의 채용방식을 도입했으며 공정성·투명성 제고를 위한 전문기관 아웃소싱 중심으로 채용시스템을 전면 개편하였다. 또한 보직 공모제 도입 등 개인평가를 바탕으로 한 성과 중심 인사문화를 정착시켰다. 전사적 공감대 형성을 통한 경영혁신과 조직 내 소통·혁신 문화정착, 일 버리기 등의 업무 효율성 제고를 중점 추진했다.

2015년부터 운영 중인 제1기, 제2기 독수리팀(내부혁신 TF팀)을 통해 인사, 조직의 개편이 이루어졌으며, 2016년에도 제3기 독수리팀을 출범시켜 조직 내부의 성과 평가 시스템과 지역본부 업무 프로세스 합리화 등 혁신역량을 내재화할 예정이다.

중진공은 또한 지속적인 혁신 추진을 위해 지난해 조직개편에서 창립 이래 처음으로 비서실 내에 업무 혁신팀을 만들었다. 중소기업의 정책자금, 기술·경영 컨설팅, 마케팅, 인력지원, 연수 등을 지원하는 종합 지원기관의 역할과 본연의 정체성 확립을 위한 노력이다.

지금까지 중진공이라고 하면 정책자금 집행기관이라는 이미지가 강했으나 최근 '내일채움공제' 등 인력양성 사업과 대형 유통망 진출지원 사업 등 마케팅 지원 사업, 기업진단 사업 등 다양한 사업이 균형과 조화를 이뤄가고 있다.

4대 중점과제 추진해 일류 공공기관 도약

임채운 이사장은 올해 중점과제로 기업 간 협업강화, 사업 간 융합지원 강화, 내부혁신, 임직원 청렴도 등 4가지를 선정하고 추진 중이다.

임 이사장은 처음 공공기관장이 된 후 조직 내부는 물론, 유관기관 간에도 칸막이가 존재한다는 사실을 깨달았다. 그래서 기관의 논리에만 치중하고 사업을 독점하는 구조에서 벗어나 무엇이 중소기업에 도움이 되는지를 생각함으로써 기관의 칸막이를 낮추고 있다. 기관별로 보다 전문적이고 잘하는 사업 분야가 있다는 것을 인정하고 협업을 통해 중소기업이 성과를 낼 수 있도록 지원하는 것이 중요하다고 강조했다.

사업 간 융합지원 강화는 중소기업이 수출과 일자리 창출 등 실질적인 성과를 내기 위해 비용이 필요한 새로운 사업을 개발하는 것이 아닌, 기존 사업인 정책자금, 기술·경영 컨설팅, 마케팅, 인력지원, 연수 등 제반 사업 간 협업을 통하여 새로운 사업을 진행하는 것과 같은 효과를 거두고자 한다.

내부혁신은 고객인 중소기업의 눈높이에 맞는 경영혁신, 조직의 체질개선을 통한 중진공의 정체성 찾기가 중요한 과제다.

또한 임직원 청렴도는 아무리 친절하고 신속해도 청렴하지 못하면 고객으로부터 신뢰를 얻기 어려우므로 사소한 것이라도 신상필벌의 원칙을 확립해 규정과 절차에 따라 엄정하게 대처하고 있다.

중소기업의 베스트 파트너

중진공은 2016년 새롭게 미션과 비전을 가다듬고 중소기업의 성공 파트너로 거듭나기 위한 준비를 하고 있다. 2016년 중진공의 새로운 미션은 '중소기업의 경영안정과 성장 지원을 통해 국민경제 주역으로 육성하는 것'이다. 이러한 미션은 단순

2015년 9월 4일 중소기업진흥공단 임채운 이사장은 충북 청주에 위치한 치과용 기자재를 비롯한 의료용구 전문제조업체인 ㈜메타바이오메드를 방문하였다. 중소기업진흥공단은 중소기업 현장의 목소리를 반영하여 실효성 있는 정책을 수립하기 위한 노력을 기울이고 있다.

히 중소기업을 지원하는 것에서 그치는 것이 아니라 중진공의 지원을 통해 중소기업들이 자생력을 갖고 성장할 수 있게 마중물 역할을 하겠다는 의지를 담고 있다. 이러한 미션을 실현하기 위해 중진공은 '성장 단계별 맞춤 연계 솔루션을 제공하는 중소기업의 베스트 파트너'를 새로운 비전으로 설정하고 중장기 경영 목표를 수립했다.

　각 중소기업이 처한 상황을 정확히 진단해 이에 기반을 둔 솔루션을 제공하며 정책자금, 기술·경영 컨설팅, 마케팅, 인력

지원, 연수 등 중진공이 보유한 다양한 지원 사업을 적절히 연계하여 지원한다는 계획이다.

구체적으로 중진공은 2019년까지 기술 사업성 우수 창업기업 6,000개사 집중 육성, 중소기업 일자리 28만 개 창출 및 수출 270억 달러 달성, 고객만족도 S등급 및 종합청렴도 1등급 달성이라는 중장기 목표를 세우고 이를 실현하기 위해 최선의 노력을 다하고 있다.

가족적 기업문화

중진공은 가족적인 기업문화를 자랑한다. 일례로 결혼하는 직원의 담당 팀장이 직원과 함께 부서를 돌며 인사하는 문화가 있다. 그만큼 서로를 아끼고 배려하는 문화가 지금의 중진공을 만들었다. 여기에 내부혁신을 통한 성과 중심 인사문화가 접목되고 있다. 높은 성과를 내는 인원에 대해 발탁 승진 제도를 도입하여 승진 서열명부와 관계없이 별도 심사를 통해 승진을 하고, 3급 간부 승진 시 서열명부의 승진 후보자는 업무 공적서를 제출하고 승진 심사위원회에서 개인별 역량 및 자질을 심사한다. 이를 통해 가족적인 문화에 성과를 창출할 수 있는 문화가 접목되어 직원이 행복하게 열심히 일할 수 있

2015년 5월 16일 중소기업진흥공단은 임직원들간 유대감을 강화하고 중진공이 추구해야 할 비전을 공유하기 위해 2014년 본사 진주이전 후 처음으로 '화합한마당' 행사를 개최했다. 이 날 화합한마당 행사는 본사 직원을 비롯한 각 지역본·지부 직원들이 한데 어우러져 중진공의 새로운 출발을 다짐하였으며, 직원 장기자랑 등 다양한 부대행사도 함께 진행되었다.

는 동기를 제공한다.

또한 일과 가정이 양립하는 문화를 만들어가고 있다. 이를 위해 희망권역별 전보 인사를 도입했으며 본사 근무 후 지역 근무 시 본인이 희망하는 생활권역에서 근무할 수 있도록 순환 전보를 실시하고 있다.

소통 리더십으로 끊임없는 혁신 발판

임채운 이사장의 경영철학은 자기혁신, 중소기업의 자생력 강화와 글로벌화, 소통하는 조직문화 등으로 정리할 수 있다. 취임 후 직원채용 절차개선, 성과 중심 인사제도 도입, 수요자 중심의 고객만족도 모니터링 체계 개편 등을 통해 지속 가능한 성장의 기반을 닦을 수 있었다.

또한 대외적으로 다양한 대형 유통망과의 협업을 통해 중소기업의 글로벌 판로를 개척하고 대내적으로 31개 지역본(지)부로 수출지원 접점을 전면 확대하여 중소기업들의 글로벌 진출 지원을 위한 전사적 역량을 집결하였다.

향후 수출 실적이 우수한 중소기업에 대한 정책자금 우대금리 제공 등 글로벌 중소기업에 대한 인센티브도 한층 강화할 예정이다. 이처럼 중소기업의 글로벌 강소기업화를 위한 다양한 노력은 임채운 이사장의 경영철학을 가장 잘 반영하는 사례라고 볼 수 있다.

내부소통을 위해 임채운 이사장은 직원과의 소통창구인 'SBC 필통Feel通' 프로그램을 시행하고 있다. 직원들은 솔직하게 중진공의 사업, 조직문화, 인사, 복지, 업무환경 등 자유로운 주제와 관련된 게시글을 익명으로 작성하고 이사장이 직접 답글을 달아 소통하며 생각을 나누고 있다.

임채운 이사장은 우리 중소기업에 글로벌화는 기회이자 반드시 가야 하는 길이라고 말한다. 글로벌화 전략을 갖추지 못한 중소기업은 수많은 경쟁자로 인해 시장에서 도태될 수밖에 없다고 강조한다.

중진공은 우리 기업들이 글로벌 시장에서 기회를 잡고 위기를 벗어날 수 있도록 지원을 강화할 계획이다. TV 프로그램 간접광고 지원, 인콰이어리 검증부터 수출계약까지 무역 제반 업무 밀착지원, 글로벌 바이어 구매알선B2B, 온라인 쇼핑몰 판매대행B2C, 해외 대형 유통망 진출 지원 등 국내 판로부터 해외 마케팅, 수출로 연계하는 원스톱 지원체계를 구축하고 있다. 글로벌 역량진단에 기반을 둔 맞춤형 수출지원 사업을 진행하고 FTA 활용을 촉진하기 위한 해외 마케팅, 컨설팅 지원도 확대할 계획이다.

또 500개사 내외의 고성장 기업을 선정하여 전시회 참가, 바이어 발굴 및 무역전문 인력 채용 등을 지원할 예정이다.

중진공도 내부혁신을 통하여 글로벌 중소기업을 키워낼 수 있는 역량을 갖추고, 끊임없는 변화를 통해 시대의 흐름을 정확하게 읽어낼 수 있는 기관이 될 방침이다.

상생 생태계 조성해 중소기업 글로벌화 지원

임채운 이사장은 '향후 대한민국 경제는 협업을 통한 상생이 해답'이라고 주장한다. 계속해서 새로운 것을 만들고 비용이 수반되는 개발에는 한계가 있다. 이러한 한계를 넘어서기 위해 기존의 것을 효율적으로 활용하여 새로운 사업 효과를 얻도록 하는 것이 그가 말하는 협업이며 함께 살아가는 상생이다.

중진공은 KOTRA와의 협업을 통해 각 기관의 전문성을 극대화한 효율적 추진체계로 수출 지원 효율성을 강화하였고, 그 결과 2015년 해외전시회 31회, 무역사절단 131회 등 162회 추진을 통해 1,482개사의 9,300만 달러 수출계약 체결을 지원하였다. 또 무역협회와 중소기업 수출 전문인력 채용 지원을 협업하여 고성장기업 수출역량강화사업 참여업체에 무역협회 수출 전문인력을 알선해 실제 채용될 수 있도록 지원하여 340개사에 전문 인력을 공급했다.

임채운 이사장은 "지금 우리는 새로운 경제성장 패러다임의 전환기에 있다"며 "현장에서 체감할 수 있는 지원 서비스 제공을 통해 중소기업 생태계를 활성화하고 중소기업들이 글로벌 시장에서 성과를 창출할 수 있도록 모든 힘을 쏟을 것"이라고 말했다.

조용준 대표이사

동구바이오제약

조용준 대표이사

학력
1985   문일고등학교 졸업
1989   고려대학교 경영학과 졸업
1992   고려대학교 경영대학원 졸업

경력
1991   ㈜동구제약 입사
2002~現   서울남부지방법원 조정위원
2005~現   ㈜동구제약 대표이사 사장
2007~現   제약협동조합 임원
       ㈔한국제약협회 이사
2009~現   ㈔한국건강기능식품협회 감사
       한국의약품수출입협회 이사
2012~現   한국피부장벽학회 부회장
2013~現   한국제약협동조합 이사장
2014~現   서울남부지방법원 민사조정위원 부회장
2015~現   새누리당 정책위원회 자문위원
2016~現   한국제약협회 이사장단

상훈
2014   명문장수기업포상(IBK기업은행장)
2015   미래창조경영대상(미래기술 선점 부문)
       대한민국 경영대상(미래경영 부문)
2016   한국의 영향력 있는 CEO(창조경영 부문)
       하이서울브랜드(바이오메디컬)

(주)동구바이오제약
DongKoo Bio&Pharma Co.,Ltd.

동구바이오제약은 피부/비뇨기 의약 분야에서 탄탄한 입지를 구축한 전문기업이며 2020년에 50주년을 맞는 역사가 긴 기업이기도 하다. 전문 의약품이 주력이기 때문에 대중들에게 잘 알려져 있지는 않지만 전립선 치료제와 정장제를 국내에 처음 소개한 회사로써 의사, 약사에게는 높은 인지도를 가진 회사다. 1970년 설립 이후 탄탄한 자체 기술력을 바탕으로 세계 유수의 제약사와 협력해 품질 좋은 약을 국내에 공급하고 있다.

　오늘날 동구바이오제약은 제약산업에 대한 끊임없는 혁신을 통해 안정적인 수익 창출을 만들어 내면서 동시에 바이오 산업으로의 투자를 통해 새로운 성장 가능성을 모색하고 있다. 2014년 동구제약에서 동구바이오제약으로 사명을 변경하며 글로벌 제약/바이오 기업으로 거듭나겠다는 의지를 대외에 알리기도 했다.

　앞으로는 의료기기 사업과 코스메슈티컬 사업을 확대하고 토털솔루션 개념으로 의약외품, 건강식품 사업에도 진출해 예방-치료-관리 시장을 모두 커버할 수 있도록 할 계획이다.

융합으로 새로운 시장 개척

동구바이오제약은 다양한 포트폴리오를 활용해 서로 다른 분야를 융합·접목하는 것에 강점을 가지고 있다. 지금까지 시장에 없었던 융·복합 제품을 개발, 경쟁사와의 경쟁에서 우위를 점할 수 있었다.

대표적인 예가 피부질환 치료제, 더모타손 MLE다. 더모타손 MLE는 치료가 목적인 의약 성분에 미용이 목적인 화장품 성분을 접목했다. 효과적인 치료는 물론 높은 환자 만족도도 얻어 오리지널 제품을 누르고 국내 처방 1위를 유지하고 있다. 동구바이오제약은 앞으로도 제약과 미용/성형의 융합, 의약품과 건강식품의 융합 등을 지속 발전시켜 새로운 시장 개척에 앞장설 것이다.

동구바이오제약이 가진 제조경쟁력도 차별화 포인트다. 동구바이오제약은 말랑말랑한 알약인 연질캡슐을 생산할 수 있는 몇 안 되는 국내 제약사이며 다른 제약사의 제품을 수탁 생산하는 CMO 사업에도 큰 강점을 가지고 있다. 이와 같은 경쟁력을 확보하기 위해 90년대부터 중앙연구소를 설립했고, 2012년 cGMP Current Good Manufacturing Practice 수준으로 공장을 리모델링해 국제 규격에 맞는 품질관리 체계를 갖추고 있다.

새로운 성장 가능성, 바이오

바이오 산업은 우리 경제의 구원투수라 할 수 있다. 우리 경제의 성장을 이끌어 왔던 철강, 조선 등은 그 한계를 맞이한 반면 바이오 산업은 앞으로의 성장 가능성이 무궁무진하다.

동구바이오제약은 2012년 바이오 산업을 새로운 성장동력으로 삼기 위해 펩타이드 관련 기술을 보유한 노바셀테크놀로지를 인수했다. 노바셀테크놀로지는 표적 항암제 및 바이오 소재 분야에 특화된 기술은 물론 바이오 신약 파이프라인을 보유하고 있는 바이오 핵심 기술 보유 회사다.

동구바이오제약이 자체 개발한 지방유래 줄기세포$_{SVF}$ 추출 키트 SmartX®의 세계 시장 도전도 큰 주목을 받고 있다. 기존에는 SVF세포를 얻기 위해 고가의 자동화 방식 추출장비를 사용했다. 가격도 비싸고 방식도 어려울 수밖에 없었다. 반면 SmartX®는 간단한 키트이기 때문에 가격이 저렴하면서도 의료인이 안전하게 사용할 수 있다. 추출 과정에 발생할 수 있는 세포 손상이나 다양한 오염 가능성을 기존 방식보다 획기적으로 줄였고 살아있는 유핵 세포를 1.5배 더 많이 추출할 수 있기 때문에 배양을 하지 않아도 높은 치료 효과를 기대할 수 있다.

SmartX®로 추출한 줄기세포를 활용할 수 있는 분야는 무궁

cGMP 수준의 동구바이오제약 향남 공장 생산 시설

무진하다. 동구바이오제약은 먼저 1위를 달리고 있는 피부과나, 미용/성형분야에 줄기세포를 접목해 시장을 넓혀갈 계획이다. 2차로는 큰 시장을 가진 통증 치료 분야에 활용하고 3차로 파킨슨병과 같은 난치성 질환에도 도전할 계획이다.

SmartX®는 미국 FDA 등록은 물론 국내와 일본, 중국 특허 등록을 완료했으며, 지방 분리용 기구 의료기기 중 처음으로 CE_{IIa}유럽 인증도 획득했다. 이러한 성과를 바탕으로 최근 일본과 중국으로의 수출 계약을 체결했다. 앞으로 중진국뿐 아니라 세계 유수의 기업들이 경쟁하는 선진국 시장으로 진출할 예정이다.

이 밖에 피부과 처방 1위 제약사의 기술 경쟁력을 바탕으로 피부장벽 보호와 피부세포 복원에 특화된 기능성 화장품을 개발해 코스메슈티컬 사업으로도 진출할 예정이다.

의료 한류를 위해

동구바이오제약에게도 위기는 있었다. 1990년대 초까지만 해도 30위권의 중견 제약 업체로 한미약품, 삼진제약 등과 어깨를 나란히 했었다. 하지만 창업자인 조동섭 선대 회장이 1997년 타계하고 IMF까지 겹치면서 회사 경영이 어려워진 것이다.

조용준 사장은 2006년 취임하면서 새로운 도약을 위해 전폭적인 내부 개혁을 시도했다.

"저는 예전부터 동구바이오제약이 잠재력이 큰 회사라는 확신을 하고 있었습니다. 튼튼한 제조 기반을 가진 회사이기 때문에 언제든지 다시 성장할 수 있을 것이라는 가능성을 보았습니다. 저는 제조기반에 비해 영업력이 많이 분산되어 있다고 판단했습니다. 제가 대표 이사로 취임한 뒤 내부적으로는 개발과 영업, 마케팅에 집중하고 외부적으로는 과거부터 강점

성공적 IPO 달성을 다짐하는 2016년 시무식

을 가진 피부과와 비뇨기과에 집중하는 '선택과 집중' 전략을 펼쳤습니다. 그 결과 피부과 처방 1위라는 위상을 얻고 미용, 성형 등의 인접분야로도 진출할 수 있게 되는 '기회의 창'도 열리게 되었습니다."

현재는 내실경영에 집중하며 지속경영가능성을 확보하고 미래의 성장 동력에 투자하고 있다.

동구바이오제약은 해외 시장 개척을 중요한 미래 성장 동력으로 보고 있다. 신흥국들이 점차 성장하며 국민소득이 1만 달러에 가까워질수록 의료, 의약품 수요가 늘어날 수 밖에 없기 때문이다. 동구바이오제약은 안전하고 빠른 제네릭 개발/생산 능력을 바탕으로 빠르게 늘어나는 신흥국 시장을 확보하기 위해 노력하고 있다.

작년부터는 조용준 사장이 해외진출을 위해 직접 발로 뛰고 있다. 앉아서 보고받는 것보다 직접 경험하고 확인하는 것이 의사 결정도 빠르고 더 확실하다고 느꼈기 때문이다. 남미의 페루, 중동의 사우디, 동남아의 인도네시아 등 월 1회 이상 현지로 나가 시장 상황을 살펴보고 현지 업체와 사업 타당성 여부를 현장에서 직접 확인하고 있다.

사랑을 전하는 기업

동구바이오제약은 기본적으로 사람을 살리기 위해 존재하는 곳이다. 그렇기 때문에 설립 초부터 지금까지 의무감을 가지고 사회 공헌 사업에 많은 참여를 하고 있다. 저개발국가나 국가 재난을 당한 곳에 신속히 의약품/의료 지원을 하는 것은 물론 최근에는 아프리카 케냐의 가리사 지역에 의료센터를 건립하기도 했다.

직접적인 봉사활동 외에도 동구바이오제약은 수익성이 낮아 제약사들이 기피하는 난치성 질환 연구에도 적극적이다.

아프리카 케냐의 가리사 의료센터 건립 현판 앞의 이경옥 회장

호르몬 조절 장애 치료제인 카버락티정이나 메니에르병 치료
제인 메네스정 같은 난치성 질환 치료제를 출시해 더 많은 환
자들에게 치료의 기회를 제공하고 있다. 수익성은 낮다. 그러
나 누군가는 꼭 해야 하는 일이다. 그렇기 때문에 동구바이오
제약은 난치성질환을 연구하고 있다.

동구바이오제약의 중요 경영철학 중 하나가 '사랑을 실천하
는 회사'다. 직원들이 모두 자신의 업무 하나 하나가 소중한 생
명을 살리는 것이라는 사명감을 가질 수 있도록 자발적 봉사
활동, 자체 기부 등을 지원하고 있다.

동구바이오만의 조직문화, '태도 경영'

동구바이오제약의 성장 뒤에는 성숙된 기업문화가 있다. 조용준 사장은 회사를 성장시키고 성과를 결정짓는 것은 사람이라고 보고 적극적인 기업문화 조성에 노력해왔다. 그 중심에는 '태도 경영'이 있다.

'태도 경영'이란 업무에 대한 가치 판단을 마지막 수순인 결과만으로 결정하지 않고 첫 수순인 직원의 태도와 함께 판단하는 것을 말한다. 동구바이오제약은 성과뿐 아니라 직원들이 스스로 노력하고 문제를 해결해나가는 과정에도 큰 의미를 부여한다. 일을 대하는 진지하고 적극적인 태도에서 이미 성과가 결정될 수 있기 때문이다. 이러한 태도 경영은 업무뿐만 아니라 조직 문화에도 자연스럽게 뿌리내려 동구바이오제약의 핵심 문화로 자리잡았다.

사측은 직원들에게 스스로 도전하는 태도를 길러주기 위해 과감한 성과급과 인센티브 정책을 펼치고 있다. 자신의 업무를 책임지고 수행해 성과를 냈다면 크게는 임금부터 작게는 회식까지 그에 맞는 보상을 주도록 했다. 직원들이 스스로 일하는 태도를 가질 수 있게 만든 것이다.

최종적으로 동구바이오제약은 입사하고 싶은 회사, 그리고

2015년을 마무리하고 2016년 목표달성을 다짐하는 워크숍

퇴사하기 싫은 회사가 되는 것을 목표로 한다. 회사란 단순한 일터가 아닌 자신과 가족이 '삶의 가치'를 발견하고, 만족할 수 있는 '경제 터전'이어야 하기 때문이다.

100년 기업으로의 도약

동구바이오제약은 조금 있으면 50주년을 맞게 되지만 벌써부터 새로운 50년을 준비하고 있다. 취약점은 보완하고 불합리한 경영요소를 제거해 지속 경영의 가능성을 높여가기 위해 노력하고 있다.

조용준 대표는 "앞으로 천편일률적인 제네릭 제약사 가운데에서도 특화된 치료영역 및 차별화된 제품으로 압도적인 지위를 확보한 후 바이오 영역에서도 선도적인 지위를 확보하여 명실상부한 글로벌 토탈 헬스케어 리더로 거듭날 것"이라고 자신했다.

조의제 회장

B^n 비엔그룹 · 대선주조

BN그룹·대선주조

조의제 회장

학력

1970 마산고등학교 졸업
1974 연세대학교 경영학과 졸업
1991 뉴욕대 재무관리(Diploma)

경력

1977~2011 삼성그룹(그룹 비서실, 미주 금융 총괄)
2002~2008 동부그룹(지주사 금융부문 부사장)
2011~2012 비엔그룹 총괄 부회장
2013~現 비엔그룹 회장장

상훈

1991 재무부 장관 표창
2015 부산광역시장 표창
부산시교육감 표창

비엔그룹 현황(계열사 설립연도)

1930 ㈜대선주조
1978 ㈜비아이피
1989 ㈜비엔스틸라
1992 ㈜코스모
1998 BN USA INC.
㈜에스앤비
1999 부일방화판재 유한공사 중국
2002 ㈜비스코
2006 ㈜바이펙스
2007 ㈜비엔가구
㈜아이스코
2008 ㈜비엔철강
2009 ㈜비케이 인베스트먼트
2011 ㈜비엔케미칼
㈜바움크리에이티브

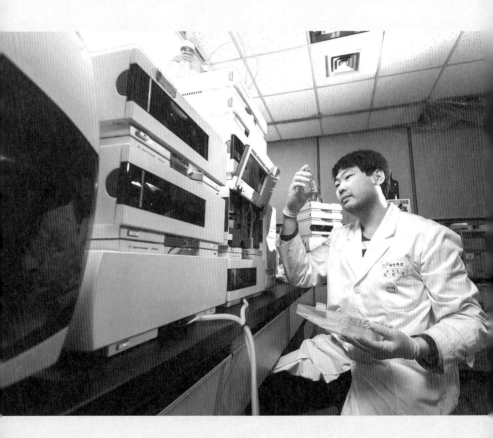

부산갈매기 소주는 우리가 책임진다

어느 지역이나 지역별로 인기 있는 향토 소주가 있지만 부산 사람들의 '시원ci' 소주 사랑은 각별하다. 타 지역 사람이 부산여행 중 시원소주 대신 다른 소주를 주문했다간 "그런 술 없다"며 핀잔을 듣기 십상이다.

시원소주로 잘 알려진 대선주조는 2016년으로 창사 86주년을 맞는 향토기업이다. '부산에서 가장 오래된 향토기업'(2012년 부산시 발표)으로 선정되기도 한 대선주조는 부산에서 나고 자란 기업 중 제일 큰 어른이라 할 수 있다.

부산 최고最古 소주제조 향토기업

대선양조로 시작한 대선주조는 부산 유일의 소주 제조 향토기업이다. 현재 순한시원(16.9도), 시원블루 자몽(14도), 시원블루 라임(14도), 시원블루(17.5도), 예(16.7도), 시원(19도), 시원프리미엄(21도) 등 7가지 소주와 다양한 용량의 과일 담금주인 담금시원(30도)을 생산하고 있다.

대선주조가 걸어온 지난 86년간 세월 속에는 우리의 근·현대사는 물론 서민들의 애환까지 함께 스며있다.

대선주조는 1930년 7월 25일 부산 범일동에서 출발했다. 당

대선주조가 생산하고 있는 소주
시원블루(17.5도),
순한시원(16.9도),
시원(19도) (왼쪽부터)

시 사케를 제조한 '대일본_{大日本}양조'에 대응하여 대조선의 술을 만들자는 뜻을 담아 클 대_大자에 조선_{朝鮮}의 선자를 써 '대선_{大鮮} 양조'라는 상호로 우리 고유의 증류식 소주와 주정을 생산했다. 자본금 100만 원과 종업원 수 60여 명으로 시작했고 이는 당시 주류업계에서 가장 큰 규모였다. 소주 생산량 역시 연간 3만 섬(540만 리터)으로 전국 주정공장 중 최대를 자랑했으며 대선양조의 소주는 일본에까지 수출되며 명성을 날렸다.

'부산에서 가장 오래된 소주'(2012년 부산시 발표)로 선정된 '다이야 소주_{DAIYA SHOCHU}'는 1945년 해방을 전후해 대선주조가 판매한 제품이다. 도자기에 담아 상표에 한글, 한자, 영문을 동시에 기재하는 등 고급스런 이미지를 강조했다. 대선주조는 이후 소주 외에도 청주 위스키 맥주 등 거의 모든 주종을 생산하는 주류종합메이커로 발돋움했으며 1950년대 들어서는 계열사만 해도 10여 곳에 이르렀다.

쌀 등 식량이 부족했던 1960년대에 정부는 양곡관리법을 만들어 쌀로 소주를 빚지 못하게 막았다. 증류식 소주를 더는 만들 수 없게 되자 희석식 소주가 등장했고 대선주조도 25도의 희석식 소주 '대선_{大鮮}'을 내놓아 주류업계의 새로운 흐름을 선도했다.

1970년대 들어서는 소주 업체가 전국적으로 500여 개에 달할 정도로 난립했다. 정부는 주류의 품질저하와 과다경쟁을 방지하기 위해 지역별 1개 업체로 정리하는 '1도_道1사_社' 정책을 펼쳤다. 이로 인해 1974년 소주회사는 전국 10개로 줄었으며, 부산에는 대선주조만 남았다. 이러한 가운데서도 같은 해 대선주조는 본사 사옥과 공장을 부산 동래구 사직동으로 이전하며 시설과 기술개발에 과감히 투자하는 등 성장기반을 다져갔다.

1982년 대선주조는 당시 암울한 독재시대 상황에서 시민들의 위로가 되겠다는 뜻을 담아 부산 사투리 '썬-하다(시원하

부산 기장에 위치한 대선주조 생산공장의 숙성탱크

다)'를 연상시키는 '선鮮' 소주(25도)를 출시했다. 이듬해부터는 상표에 부산을 상징하는 갈매기를 그려 넣어 부산소주로 확고히 자리매김하기 시작했다. 돌려 따는 뚜껑인 스크루캡screw cap을 전국 최초로 소주에 도입하고 녹슬지 않는 위생적인 용기로 바꾸기도 했다. 대선주조는 또 금정산에서 양질의 지하수를 찾아내 국세청으로부터 소주 제조용으로 최적의 판정을 받으며 품질 경쟁에서도 앞서나갔다.

대선주조는 선 소주를 시리즈로 꾸준히 내놓으며 1990년대에도 소비자 입맛 잡기에 적극 나섰다. 1990년 스페셜 선,

1993년 선타임, 선골드, 1994년 뉴관광용 선, 1995년 수출용 선골드 등을 출시했다. 1996년에는 전국 최초로 알코올 도수 23도 소주 '시원$_{CI}$'을 새롭게 선보였다. 주류업계 최초로 아스파라긴을 첨가하고 산뜻한 디자인을 더했을 뿐만 아니라 가격도 시민들의 주머니 사정을 고려하여 낮추는 등 다방면에서 기존 제품과 차별화를 두었다. 그 결과 시원은 부산지역 소주 시장에서 90% 이상을 점유했고 대선주조는 창사 이래 최고의 전성기를 구가했다. '부산하면 시원이지'라는 말이 생길 정도로 성공을 거두며 국내 전체 소주시장을 저도주 중심으로 재편하는 큰 반향을 일으켰다.

위기 넘어 새발 내딛어

하지만 대선주조의 오랜 역사가 평탄하지만은 않았다. 1990년대 후반 무리한 사업다각화와 경쟁사인 무학의 적대적 인수합병$_{M\&A}$ 시도 등으로 힘든 시기를 겪었다. 결국 대선주조는 2004년 6월 신준호 푸르밀 회장(당시 롯데햄·우유)에 600억 원에 인수됐으나 2007년 돌연 사모펀드 코너스톤에 매각됐다. 이 과정에서 신 회장이 무려 3,000억 원에 달하는 차익을 챙겨 '먹튀' 논란에 휩싸였고 대선주조에 대한 시장 이미지도 안 좋아졌다. 점유율 역시 급격히 하락했다.

애초에 기업경영보다는 이익이 목적이었던 사모펀드는 2011년 대선주조를 또 다시 매물로 내놓았다. 이때 시민·사회단체를 중심으로 "부산소주가 타 지역에 팔리면 안된다"는 여론이 들끓었고, 부산 향토기업 BN그룹(당시 조성제 회장·현 명예회장 겸 부산상공회의소 회장)이 대선주조를 인수하며 지역 유일의 소주 회사로 지켜냈다. BN그룹은 1978년 부일산업으로 출발하여 조선기자재 분야에서 글로벌 시장 점유율 1위 제품을 4개나 보유하고 있는 부산 대표 히든챔피언이다. BN그룹 산하에는 현재 BIP, BN스틸라, BN케미칼 등 15개의 기업이 소속돼있다.

당시 BN그룹 총괄 부회장으로 인수 과정을 모두 지켜봐온 조의제 회장이 2013년 그룹 회장으로 임명되며 대선주조 경영의 바통을 이어받아 부산소주 살리기에 집중하고 있다. 삼성그룹 비서실과 미주 금융 총괄 책임자 등 요직을 두루 거치고 동부그룹 지주사 금융부문 부사장까지 지낸 비즈니스맨 출신 경영자인 조의제 회장은 수년간 홍역을 치른 대선주조 정상화를 위해 다방면으로 역량을 발휘하고 있다.

대선주조의 부산소주가 만들어지는 생산공장

최고 품질에 대한 뚝심

BN그룹 조의제 회장은 품질을 대선주조 경영의 최우선으로 삼고 다양한 신제품을 선보이며 시장 점유율을 꾸준히 높여가고 있다.

대선주조는 그룹의 품질경영 철학을 바탕으로 2014년 '시원블루' 소주를 출시하여 부산 소주시장에 새로운 출사표를 던졌다. 알코올 도수 17.5도의 중저도주인 '시원블루'는 국내 최초로 원적외선 숙성공법을 도입하여 깔끔하고 부드러운 목넘김을 특징으로 소비자들의 호평을 얻었다. 시원블루는 20%대

비엔그룹·대선주조는 부산불꽃축제 첫 회부터 해마다 운영비를 도와 지역을 넘어 아시아 대표 축제로 자리매김하는 데 지원했다.

로 떨어졌던 부산시장 점유율을 30%대까지 끌어올리며 대선주조의 주력 상품으로 떠올랐다. '2014 부산 10대 히트상품'에 이름을 올렸으며, '2015 대한민국 주류대상'에서는 대상을 수상했다. 또 세계 3대 국제주류품평회 IWSC와 몽드셀렉션에서 각각 동상과 은상을 받는 등 맛과 품질을 해외에서도 인정받고 있다.

시원블루의 판매호조로 4년 만에 흑자를 기록한 대선주조는 2015년 6월 '시원블루 자몽(14도)', 9월 '시원블루 라임(14도)'을 출시하여 부산 주류시장에 새로운 바람을 일으켰다. 자

비엔그룹·대선주조 산하 기술연구소에서는 주류 및 식음료 분야의 우수한 석·박사 연구진들이 최고 품질의 소주를 연구개발하고 있다.

몽, 레몬 천연과즙을 타사보다 2배 이상 많이 넣고 벌꿀로 깔끔한 단맛을 더한 시원블루 자몽은 부산·경남 시장에서 완판 행진을 이어가며 전국 매장까지 진출하였다. 시원블루 라임도 천연과즙(라임, 레몬)을 타사보다 3배 이상 진하게 넣어 시트러스 과일 특유의 상큼함을 잘 살렸다는 호평을 얻고 있다.

이에 힘입어 대선주조는 지난해 말 '순한시원(16.9도)'을 내놓아 저도소주 시장 공략에 나섰다. 천연암반수 100%에 국내 최초로 마테차를 넣었고 토마틴과 벌꿀 등 고급 재료를 그대로 사용해 좋은 품질로 승부한다는 대선주조의 의지를 담았다. 순한시원은 소주 특유의 쌉쌀한 맛을 줄여서 만든 부드러운 목넘김으로 소비자들의 관심을 끌고 있다. 시원이라는 패밀리 네임을 살리는 동시에 20~30대 젊은층의 취향에 맞추기 위해 제품 로고를 국문으로 새롭게 디자인하여 저도수임을 강조하는 마케팅을 펼치고 있다. '2016 대한민국 주류대상'의 17도 미만 소주부문에서 대상을 차지하고 국제주류 품평회인 '2016 몽드셀렉션Monde Selection' 에서 은상을 받는 등 국내외 전문가들로부터 맛과 품질을 인정받았다.

모기업 BN그룹 지원으로 부산에게 받은 사랑, 다시 부산으로

대선주조의 사회환원 활동은 모기업 BN그룹의 적극적인 도움으로 진행되고 있다. 2007년 '먹튀' 논란으로 20%대로 떨어진 부산시장 점유율 회복에 어려움을 겪으며 매출 하락으로 인한 지역 환원 활동이 부진해 지는 것을 방지하기 위해 그룹이 지원에 나선 것이다.

BN그룹은 장학사업을 통해 지역 인재들을 꾸준히 후원하고 있다. 2007년부터 해마다 한국과학기술원KAIST 부설 과학영재학교에 장학금을 후원해 지금까지 1억 원 이상의 금액을 전달했다. 또한 장학생들을 직접 초청해 후원과 격려를 아끼지 않는 등 과학 인재 육성을 적극 돕고 있다.

BN그룹은 지역 내 대표 대학인 부산대학교에도 장학금과 함께 대학 발전기금으로 지금까지 4억여 원의 금액을 전달했으며, 특히 부산에 그룹의 여러 계열사를 포함하여 조선해양 분야 중소기업이 집중되어 있는 만큼 조선해양 산업을 이끌어갈 전문인재의 육성을 위하여 부산대학교 조선해양공학과에 장학금과 함께 연구비를 후원하고 있다. 이 밖에도 동국대학교 경주캠퍼스의 외국인 학인 스님과 유학생들의 학비도 지원하고 있으며, 국립부산과학관에 선박관을 기증하는 등 과학 분야의 교육과 대중화에도 힘을 보태고 있다.

BN그룹은 지역의 장애 이웃을 돕는 데도 힘써왔다. 2001년부터 해마다 부산장애인총연합회를 후원해왔으며, 부산지체장애인총연합회에서 진행하는 장애인합동결혼식도 꾸준히 지원하고 있다. 이뿐만 아니라 장애인정보화교육센터에 컴퓨터 40대를 기증해 장애 이웃도 정보화 시대에 발맞춰 IT교육을 받을 수 있도록 적극 도왔다. 또한 매년 UN전몰용사를 추모하는 헌화제도 후원하고 직접 참석하며 전몰장병의 희생정신과 위훈을 기리는 데도 정성을 쏟고 있다. 고故 최동원 야구선수

동상 건립 기금을 쾌척해 부산 팬들의 마음을 달래기도 했다.

BN그룹은 수도권에 비해서 문화를 향유할 수 있는 기회가 적고 이에 대한 인식도 미흡한 부산지역 문화계를 위해서 2008년부터 매년 가을에 기업사랑음악회를 개최해 지역 예술인들과 시민들 간의 소통의 장을 마련하고 있다. 기업사랑음악회는 BN그룹이 문화도시 부산을 지향하며 선보이는 오케스트라 연주회다. 좌석 90%이상을 시민들에게 무료로 제공하여 부산 지역의 대표적인 문화메세나 행사로 자리 잡았다.

또한 11년 연속 부산불꽃축제의 메인스폰서 역할도 해오고 있다. 대선주조가 맡아서 해오던 운영금 후원이 회사 형편상 힘들어지자 BN그룹에서 지원을 맡아 부산불꽃축제가 지역을 넘어서 아시아와 세계인이 함께 즐기는 대한민국 대표 축제로 자리매김하는 데에도 크게 기여했다. 2015년에는 해운대 누리마루에 불꽃축제 관람행사 '비엔그룹과 함께하는 2015 부산불꽃축제 Bright Night'를 개최해 평소에 지역 축제를 즐기기 힘든 지역의 독거노인과 이들을 돌보는 사회복지사, 일반 시민들과 다함께 불꽃쇼를 즐기는 뜻 깊은 시간을 마련했다.

부산의 대표적인 명소 자갈치 시장과도 인연이 남다르다. 자갈치축제를 적극 후원하며 BN그룹 전 임직원이 자갈치시장

홍보에 직접 나서 부산 대표 명소에 대한 자부심을 주변에 전파하고 있다.

시원공익재단 통해 지역 사각지대 지원

BN그룹은 대선주조와 함께 시원공익재단을 통해서도 지역의 소외된 이웃들에게 삶의 희망을 전하고 있다. 시원공익재단은 대선주조가 2005년 40억 원을 전액 출자해 설립한 부산 최초의 민간 공익재단이다. 2011년 BN그룹이 대선주조를 인수한 이후에는 설립 초기부터 진행해 온 공익사업을 꾸준히 이어갈 수 있도록 그룹에서 운영비를 적극 지원하고 있다.

부산 동구에 위치한 시원공익재단은 1층 무료급식소, 2층 사무국, 3층 어깨동무 아동지역센터, 4층 아동도서관으로 구성되어 있으며 다양한 사회공헌 프로그램을 운영하고 있다. 1층 급식소는 아동지역센터를 찾는 어린이뿐 아니라 부산시 동구 일대의 소년소녀가장, 한부모가정 및 장애인부모 자녀 등에게 1일 1회 연중무휴로 도시락을 배달해주고 있다. 식단부터 배달까지 재단이 총괄하고 있으며 매일 90인 분의 식사를 만들어 제공하고 있다. 3층 어깨동무 아동지역센터는 초록우산 어린이재단에서 운영하는 무료공부방으로 어려운 가정의

대선주조가 설립한 시원공익재단은 저소득층 아동을 위하여 무료급식사업과 무료공부방 및 영어캠프를 운영하고 있다.

어린이들에게 다양한 교육프로그램을 제공하고 있다. 재단은 3층 공간 전체와 식사를 무상으로 제공하고, 방학 때마다 열리는 무료영어캠프의 진행비 전액을 지원하고 있다.

재단은 지역의 예비 사회복지사들도 후원하고 있다. 2007년부터 부산·울산·경남 지역 대학교의 사회복지학 전공 우수 대학생에게 해마다 '시원장학금'을 전달하고 있으며 2015년까지 모두 1,430명에게 7억 2,000여만 원을 전달했다. 이뿐만 아니라 2006년부터 매년 부산·울산·경남의 사회복지사들에게 '시원사회복지사상'을 수여해 소외계층에게 보다 질 높은 사회복지 서비스가 제공되도록 사회복지사들을 격려하고 있다. 2015년까지 422명의 사회복지사에게 총 5억 8,000여만 원 상당의 부상을 전달하는 등 지역 사회복지 분야의 든든한 지원군 역할을 자임하고 있다.

조인국 사장

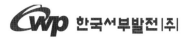

한국서부발전 | 주

한국서부발전

조인국 사장

학력
1973 경북사대부고 졸업
1980 한양대 경제학과 졸업
2006 중앙공무원교육원 고위정책과정 수료

경력
1979 한국전력공사 입사
2007~2008 한국전력공사 대구사업본부장
2008~2009 한국전력공사 비서실장
2009~2011 한국전력공사 KEPCO Academy 원장
2011~2012 한국전력공사 기획본부, 사업총괄본부 본부장
2012~2013 한국전력공사 국내부문 부사장
2013~現 한국서부발전 사장

상훈
2013 은탑산업훈장(전력수급 안정 유공)

한국서부발전의 끊임없는 경영혁신 DNA

한국서부발전은 2001년 한국전력으로부터 분사한 이후 지속적인 성장을 이어가고 있다. 처음 설립되었을 당시만 해도 자산 3조 원, 매출 1조 5,000억 원이 채 되지 않았고 설비용량은 600만kW에 불과했지만 15년이 지난 지금 자산은 9조 원, 매출은 4조 원에 이르고 설비는 1,000만kW를 목전에 두고 있다.

이러한 성장의 배경에는 끊임없는 경영혁신으로 발전 산업을 선도해 온 한국서부발전의 DNA가 자리 잡고 있다. 전력그룹사 최초로 6시그마 경영혁신기법을 2003년도에 도입하였고 2007년 공공기관 혁신평가 최고 등급인 6단계를 달성, 지금까지 1,200여 개가 넘는 프로젝트를 추진하여 약 1조 8,600억 원의 재무성과를 달성했으며 '일상에서부터 혁신'이라는 조직문화 정착으로 제안활동 누적 건수 12만여 건, 약 1조 2,000억 원의 재무성과를 창출했다.

지속적인 변화와 혁신을 통해 내실을 다져온 한국서부발전은 안정적인 발전설비 운영으로 국가 전력수급 안정에 기여해 왔고 대규모 발전소 건설을 완벽하게 수행하는 등 수많은 성과를 거두어 왔다. 그러나 최근 부채감축 및 정부의 강도 높은 공공기관 정상화 정책과 함께 국내외 경기회복 부진으로 인한

한국서부발전 태안 본사 전경

전력수요 증가세의 둔화, 분산전원 가속화 등의 위기에 직면
하고 있다.

한국서부발전은 최고 경영자를 비롯하여 말단 직원까지 이
러한 위기상황에 대한 인식을 공유하고 이를 극복하기 위해
2015년 비상경영을 선포하고, 자원과 역량을 결집해 나갔다.
먼저 재무건전성을 강화하기 위해 사업조정, 자산매각, 경영
효율화 등을 추진했다. 자산 매각 시에도 헐값 매각을 원천 차
단하기 위해 자산매각추진위원회를 신설하는 등 사업별 여건
에 맞는 맞춤형 전략을 수립하여 평택3복합 건설에 민간자본

을 유치하고 네바다 태양광 사업권은 제값을 받으면서 조기에 매각했다.

예산절감을 위해서도 마른 수건을 다시 짠다는 심정으로 절감 가능한 예산항목을 발굴하고 투자비의 초긴축 운영을 통해 2015년도 예산 3,114억 원을 절감했다. 부채감축 노력 외에도 고장 정지율 및 비계획 손실률 최소화 등 설비신뢰도 향상을 통해 매출액을 제고시켰고 저유가를 활용한 평택기력의 전략적 운용으로 영업이익 353억 원, 발전부산물의 신규수요 창출로 230억 원의 수익을 창출했다.

이러한 전사적 노력을 통해 작년 한 해 동안 부채 4,409억 원을 감축하고 애초 전망을 초과하여 약 3,000억 원의 당기순이익을 달성했다.

한국서부발전은 이 밖에도 지속가능 경영등급KoBEX SM 3년 연속 AAA 달성으로 대한민국 최고의 지속가능 경영수준을 자랑하고 있으며 2013년 '대한민국 사랑받는 기업 정부포상' 공기업부문 최우수상, '공공기관 동반성장 우수기관' 부문 대통령 표창, 2014년 '대한민국 좋은 기업상'을 받으면서 신뢰와 협력의 국민 에너지 공기업으로서 위치를 공고하게 자리매김하고 있다.

발전설비의 스마트한 노익장

한국서부발전은 30년 이상 운전하고 있는 평택화력, 1990년 대 초반 건설된 평택1복합과 서인천복합 등 노후설비를 다수 운영하면서도 뛰어난 발전소 운영능력을 자랑하고 있다. 특히 무고장 운전달성을 위해 한국서부발전은 IT를 융합한 모바일 기반 스마트 설비진단 시스템을 최초로 개발해 운용하고 있는 데 담당자가 현장에서 설비점검 중 문제를 발견하면 곧바로 모바일 전용 프로그램에 등록하고 관련자 전체가 공유하여 문제를 해결한다. 추가로 전문가의 조언이 필요한 경우 즉시 발전기술전문센터와 화상회의를 통해 전문가의 진단과 개선방안을 마련하여 즉각적인 조치를 취하고 있다.

그 결과 발전설비 운영능력을 종합적으로 평가할 수 있는 고장 정지율이 2015년 기준 0.138% 수준으로 북미전력신뢰도기구인 NERC의 4.68%와 국내 발전소 평균보다도 매우 낮은 세계 최고수준을 유지하고 있다. 또한 발전소 운영 중 불가피하게 발생하는 대기오염 물질의 감축을 위해서도 세계 최고수준의 환경설비를 갖추고 있다. 특히 국내 최초로 유기성 고형연료 혼소설비를 설치하여 매년 10만 톤의 온실가스를 감축하고 있고, 전력 및 발전부산물에 대한 환경부의 탄소성적

한국서부발전 서인천화력 직원들이 열공급설비 점검을 위해 고소작업을 벌이고 있다.

표지 인증을 발전회사 최초로 획득했다. 발전소에서 배출되는 석탄재와 탈황석고를 전량 재활용하여 연간 약 230억 원의 판매수익을 창출하는 등 친환경 자원 순환형 발전소를 운영하고 있다.

해외수익과 일자리 창출의 두 마리 토끼

한국서부발전은 해외사업에서도 이러한 세계 최고 수준의 발전소 운영 노하우를 바탕으로 발전소 운전 및 정비기술을 특화, 자체 기술을 개발하고 이를 수출 상품화하여 해외 O&M

사업에 전략적으로 진출하고 있다. 이를 통해 투자비 부담 없는 해외수익을 창출하고 있으며 중소기업과의 해외 동반진출로 일자리 창출에도 기여하고 있다.

한국서부발전은 사우디아라비아, 나이지리아, 인도네시아, 라오스, 미얀마 등에서 사업을 추진 중에 있으며 O&M 사업으로 운영 중인 발전설비 규모가 2,824㎿, 건설 중인 발전설비는 798㎿에 달한다. 이는 한국서부발전이 국내에서 운영 중인 발전설비 용량의 39% 수준이다.

한전의 사업개발 능력과 한국서부발전의 O&M 기술력을 결합하여 사우디아라비아 라빅 발전소, 나이지리아 엑빈 발전소, 인니 숨셀5 발전소 O&M 사업을 수행하여 2015년 약 200억 원의 매출을 달성하였으며 라오스 남릭1 수력발전, 카자흐스탄 석탄발전사업의 O&M 사업도 수주할 예정이다.

아울러 공기업으로서 국정과제 및 사회적 책임의 이행에도 최선을 다하고 있다. 2015년 임금피크제에 대한 정부 권고안이 나온 이후 공공기관 최초로 노사합의를 거쳐 조기에 도입, 연 46명의 일자리를 창출했으며 향후 5년간 232명의 일자리를 추가로 창출할 계획이다. 태안 IGCC, 태안 9, 10호기 등 대규모 건설 사업을 통해 6년간 6만 개의 건설 일자리를 창출하는 육육六育 프로젝트도 추진하고 있다. 지난 4년간 건설 일자리 6만 3,000여 개를 창출하여 조기달성을 눈앞에 두고 있다. 한국서부발전은 이러한 성과를 인정받아 공공기관으로는 유일하게 고용노동부에서 주관하는 '2015년도 일자리 창출' 대통령상을 받았다.

함께 끌어올리는 기업 성장 그래프

중소기업과의 동반성장 역시 한국서부발전이 자랑하는 주요성과다. 한국서부발전은 2011년 중소기업 육성전략 'WP-TOPS'Win-win Partner, Technology Innovation, Open & Fair Trade, Powerful Company, Shared Growth를 확립한 이래 협력 회사와 다수의 동반성장 성공사례를 만들어 냈다. 규모가 영세한 중소기업도 기술만 뒷받침된다면 함께 성장하도록 만들어 강소기업으로 키우겠다는 가치를 담았다. 이후 공기업 최초로 사회적 책임 추구형 성과공유제, 에너지절감 그린크레딧 사업, 산업혁신운동 등 맞춤형 협력모델을 도입하고 성과를 확산시켜 나가고 있다.

성과공유제는 협력회사와 동반성장 성과를 기부형태로 공유해 사회적 책임을 함께하는 모델로 한국서부발전은 협력 중소기업 대상으로 산업재산권 기술이전이나 연구개발을 지원한 후 성과공유로 발생한 기술료를 사회복지단체에 기부하도록 하고 있다. 그리고 기부한 만큼 그에 상응하는 금액을 협력기업에 추가로 지원한다. 중소기업 입장에서는 추가 비용부담 없이 기술이전과 함께 사회공헌 참여 기회까지 얻게 되는 셈이다. 지금까지 5억 4,000만 원을 태안 장애인복지관 등 45개 사회단체에 기부했다.

사회적 책임형 성과공유제는 한국서부발전만의 특화된 고유 동반성장 프로그램으로 2012년 기획재정부 주관 공공기관 우수사례, 대·중소기업협력재단 주관 '동반성장주간' 공공기관 대표사례, 2014년 대한민국 8대 성과공유 대표 모델로 선정된 바 있다.

이보다 앞선 2010년에는 공기업 최초로 21개 협력회사와 저탄소 녹색경영 그린파트너십 협약을 맺고 중소기업이 가동 중인 에너지 설비를 진단, 노후화되거나 효율이 낮은 설비는 최신 설비로 교체하여 에너지를 절감하도록 지원했다. 협력회사는 에너지 효율 증대로 생산성 향상과 매출 증대 효과를 거뒀고 대기환경 규제 대응력을 키울 수 있었다. 한국서부발전은 그 대가로 온실가스 배출권을 확보했다. 지금은 13개 중소기업과 그린크레딧 성과공유 계약을 체결, 현재까지 2억 원의 비

설비신뢰도 향상을 위해 상시 점검중인 한국서부발전 직원들

용절감과 함께 온실가스 1,225tCO$_2$를 절감했다.

　무엇보다 한국서부발전은 동반성장 협력 대상 중소기업의 요구에 부응한 맞춤형 지원 프로그램 개발에 노력하고 있다. 해외진출에 어려움을 겪고 있는 협력 중소기업의 애로사항을 해결하기 위해 공공기관 최초로 이란 현지에 문을 연 수출지원 센터도 이 같은 노력의 결과물이다.

　이란의 경제제재가 해제되기 이전인 2015년 7월, 이란의 최대 전력그룹인 MAPNA를 비롯한 전력기업 바이어를 초청하여 협력 중소기업을 대상으로 수출상담회를 개최하였고, 2015

년 8월에는 직접 협력기업들과 이란을 방문해 국내 발전설비의 우수성을 알리고 협력기업들의 벤더등록을 추진했다. 2015년 10월 이란 현지에 수출 지원센터(파워페르시아 법인 설립)를 개소함으로써 협력기업의 수출 활성화 및 중동시장 거점을 마련했다. 이러한 지원 속에 5개사가 MAPNA에 벤더등록을 마쳤고 수출 650만 불을 달성했다.

독자적 핵심기술이 미래 성장 동력

한국서부발전은 미래 성장 동력 확보 및 발전 산업 분야 기술선도를 위해 R&D 투자확대 및 핵심기술 개발에 역량을 집중하고 있다. CEO 경영방침에 따라 발전설비 성능 및 연소기술, 가스터빈 국산화 기술, IGCC 운영 및 연계기술, 신재생에너지 기술, 발전부산물 자원화 기술 등 5대 분야별 핵심기술 개발을 위한 중장기 로드맵을 수립하였고, 이에 따라 2022년까지 확보해야 할 세부기술 56개에 대한 목표를 수립, 단계적인 기술개발을 추진 중이다.

또한 고도의 혁신기술을 선점하기 위해 3대 분야 12개 실천과제를 집중적으로 추진하자는 취지에서 'HIT Highly Innovation Technology 123 R&D' 전략을 수립해 시행하고 있다. 56개 핵심기

IGCC 건설현장에서 조인국 사장을 비롯한 한국서부발전 임직원들과 Shell사, 두산중공업 등 협력회사 임직원들이 IGCC 가스화기 최초점화 성공을 축하하고 있는 모습(2015.10.20.)

술 확보를 위해 2013년부터 2022년까지 1조 7,000억여 원을 투자할 예정이며 타 발전회사와 차별화하여 한국형 가스터빈 개발과 한국형 석탄 가스화 복합발전ᵢ𝐆𝐂𝐂 기술개발을 주도하고 있다. 두 기술은 국내 가스터빈과 IGCC 기술자립을 위해 정부 R&D 사업으로 추진하고 있으며 한국서부발전은 국내 최초 고효율 대용량 가스터빈 개발품을 2019년 이후 실증단지에 구축할 계획이다. 또한 전량 해외제작에 의존하는 가스터빈 부품 국산화를 추진 중이고 2016년 국산화율 85%, 국산화 품목

수 3,000가지 이상을 달성해 해외 기술 종속에서 벗어나고자 노력하고 있다.

특히 한국서부발전은 태안화력발전소에 국내 최초이자 세계 일곱 번째로 IGCC(300㎿) 발전소를 건설 중이다. IGCC 원천기술은 쉘, GE 등 선진국 특정 업체만이 보유하고 있는 고난도의 기술로 한국서부발전은 발전소 준공 후 실증운전을 통해 설비 최적화 및 설계 개선사항을 도출하여 2016년 말까지 한국형 IGCC 표준모델 개발을 완료할 계획이다.

한국형 IGCC 실증플랜트 기술개발은 CO_2 대응 청정석탄 활용기술을 확보하기 위해 정부 지원으로 추진되는 신재생에너지 기술개발사업으로 한국서부발전이 주관하고 국내 중공업사, 연구기관, 대학 등이 참여하는 국내 최대 규모의 국가 연구 사업이다. IGCC 기술은 석탄 화력 오염물질의 주범인 황산화물, 질소산화물 및 먼지를 천연가스 수준으로 크게 줄일 수 있으며 CO_2 포집설비와 연계 시 기존 석탄 화력에 비해 저비용으로 CO_2를 포집할 수 있다. 이 때문에 최근 각국 정부는 IGCC 투자에 관심이 많다. 한국서부발전 관계자는 "IGCC 기술은 발전시스템 적용뿐 아니라 합성가스를 이용한 대체천연가스SNG, 석탄액화CTL, 수소 생산이 가능하며 여러 가지 화학 원료를 생산하는 기술로 확대할 수 있어 전기생산과 다양한 원료를 동시에 생산하는 병산Polygeneration 시스템을 구축할 경우 비용절감과 에너지 전환효율을 향상시킬 수 있다"며 "향후 IGCC 설계·제작·운영기술이 확보되면 세계 에너지 시장에 고부가가치 플랜트 수출이 가능할 것으로 기대된다"고 말했다.

국민행복을 창조하는 한국서부발전의 비전

한국서부발전은 '국민행복을 창조하는 에너지 기업'을 지향한다. '비전 2025' 달성을 통해 공기업으로서 기본책무를 다하고 나아가 국민행복을 창조하는 대한민국 대표 에너지 기업이 되는 것을 목표로 하고 있다.

이를 위해 급격한 경영환경의 변화가 있을 때마다 여러 가지 도전과 어려움을 극복하여 변화를 도약의 기회로 삼고 있다. 특히 지난해부터 시작된 태안 본사시대를 맞이하여 '제2의 창업'의 마음가짐으로 매일매일 새로워지기 위해 노력하고 있다.

'도전과 창조, 글로벌 서부'라는 한국서부발전의 신념과 함께 모든 서부인의 실천 의지를 담아 'Think New, Act Now!'라는 경영방침을 확산함으로써 장기 비전의 초석을 단단히 다지

한국서부발전 태안 본사 회의실에서 '2016년도 전사 안전경영 실천다짐대회'가 개최되었다.(2016.2.3.)

고 있다. '무지개를 보고 싶은 자는 비를 즐겨야 한다'는 말처럼 늘 새롭게 생각하고 변화를 두려워하지 않으며 바로 행동할 수 있는 실천 의지를 갖기 위해 전 임직원이 매진 중이다.

지난해 한국서부발전은 최고 수준의 설비신뢰도 달성으로 안정적 전력공급에 기여하는 한편 노사 간 이해와 양보로 임금피크제를 선도적으로 도입하는 등 발전공기업으로서 책임을 다하고 있다. 수익성을 제고하기 위한 각고의 노력을 통해 애초 전망을 초과하여 3,000억 원에 달하는 당기순이익을 달성하는 등 재무성과도 높였다. 이러한 성과를 초석 삼아 장기비전 달성을 위해 최선을 다하고 있다.

기업문화에 대한 생각

한국서부발전은 혁신을 위한 품격 있는 신기업 문화를 구축하고 확산에 힘쓰고 있다. 높은 목표와 엄격한 기준을 갖고 솔선수범하는 간부, 선배 직원들의 리더십을 뼈대로 하여 미래와 지역의 동반성장을 담보할 품격 있는 새로운 기업문화야말로 강한 조직으로 거듭나는 진정한 서부의 미래를 만드는 원동력이라는 지론이다.

조인국 사장은 취임 후 3년 동안 지속해서 추진한 'Young & Dynamic' 기업문화를 통해 한국서부발전의 미래성장을 위한 기반을 다져나가고 있으며 앞으로도 변화를 선도하고 혁신을 지향하는 자유롭고 생산적인 기업문화를 더욱 확산시키고 있다.

세 가지 사랑의 사회공헌

한국서부발전은 국민 공기업으로서 지역의 소외된 이웃에게 정다운 이웃이 되어 행복에너지를 함께 나누며 더불어 살아가는 따뜻한 세상을 만들기 위해 최선을 다하고 있다.

2004년 창단해 12년째 운영 중인 한국서부발전 사회봉사단은 '행복에너지, 정다운 이웃'이라는 슬로건 아래 꼭 필요한 사

민족 고유 명절인 설을 맞아 한국서부발전 경영진과 직원들이 태안의 서부시장을 방문하여 전통시장 활성화 행사를 펼쳤다.

람에게 꼭 맞춘 봉사활동으로 지역사회와 공존공영을 지속해 오고 있다. '인간, 기술, 환경의 조화로 최고의 에너지를 창출하여 사회에 공헌한다'는 기업이념에 따라 인간사랑(사회복지, 재난구호), 자연사랑(환경보전), 문화사랑(문화예술, 학술교육, 체육진흥)의 3개 분야를 중심으로 사회공헌활동을 체계적으로 펼치고 있다. 사장이 단장을 맡고 있고 본사와 사업소 등 5개 센터로 구성된 2,000여 명의 임직원이 자발적인 봉사활동을 전개하고 있다.

봉사활동 비용은 '사랑나눔이 기금'과 모금된 금액만큼 1:1

로 회사기부금을 출연하는 매칭그랜트를 통해 조성한다. 사랑 나눔이 기금이란 한국서부발전 임직원들이 어려운 이웃들을 돕고자 모금한 기금으로 매월 급여에서 1,000원 미만 자투리를 공제하여 조성하는 '사랑의 급여 우수리'와 임직원들이 스스로 가입한 희망 계좌 수에 따라 매월 급여에서 1계좌당 1,000원을 공제하여 조성하는 '사회봉사활동 기금'으로 구성된다. 재활용품 수집, 판매 등의 이벤트성 모금행사를 통해 조성되는 기금도 포함된다.

2011년부터는 전력회사 최초로 대학생 사회봉사단을 구성하여 '희망발전소 한국서부발전 대학생 사회봉사단'이라는 이름으로 민간봉사단체와 협업을 통해 지역밀착형 봉사활동을 펼치고 있다. 2015년에는 서울대 글로벌 봉사단, 태안지역 아동센터, 태안교육지원청 등 다양한 분야의 이해관계자들과 본사 이전지역인 태안의 교육, 경제, 복지 분야 활성화를 위해 상호 협력 활동을 전개하였다.

2011년부터는 서부 꿈나무 디딤씨앗 통장 후원 프로그램을 운영하고 있다. 디딤씨앗 통장 후원 사업은 발전소 주변 지역 18세 미만 아동 및 청소년 400명(지자체 추천을 통한 사업소별 대상 선정)을 건전한 사회인으로 육성하기 위해 한국서부발전이 지정 아동 계좌로 매월 1만 원씩 매년 총 4,800만 원을 후원하는 사업이다. 정부가 동일 금액을 매칭 적립하여 아동의 미래 자산 형성을 돕는다.

발전소 주변 지역 취약계층 아동 및 초중고 학생들을 대상으로 한 맞춤형 교육지원 사업으로 '사랑의 울타리 위피스쿨' 프로그램도 운영 중이다. 매년 전기 에너지 캠프를 개최해서 에너지 변천과 발전소 이해, 클린 발전소 설명, 자가발전 손전등 만들기 등 다양한 프로그램을 진행하고 있다.

도전과 창조, 글로벌 서부

지금의 전력산업계는 기후변화 협약 발효에 따른 환경규제 강화와 연료 가격 변동성 확대 등 급격한 경영환경 변화로 불확실성이 커지고 있다. 이러한 상황을 반영하여 한국서부발전은 전력의 안정적 공급과 더불어 변화하는 미래 환경을 주도하고 창조능력을 발휘하여 글로벌 에너지 기업으로 도약하기 위해 '도전과 창조, 글로벌 서부'를 슬로건으로 하고 상생협력 강화, 환경친화 경영, 창의인재 양성, 핵심임무 충실 등을 경영 방침으로 정했다.

발전분야를 한전으로부터 분리·독립시킨 목적은 발전 부문

지난 연말 정부3.0 이행과 공공부문 생산성 향상을 위해 BP경진대회를 개최하고 우수사례에 대한 포상을 시행했다.

에 경쟁을 도입하여 전력생산 원가는 낮추고 품질은 높여 국민 편익 증진에 기여하기 위함이다. 공공기관 기능조정 역시 공공부문의 생산성 향상을 통한 국민 삶의 질을 제고하기 위한 것이다.

한국서부발전은 국가기간산업인 전력산업 분야에서 발전회사 간 건전한 경쟁과 협력을 통해 국가경제의 성장과 국민경제 효용을 극대화할 수 있는 방향으로 노력할 계획이다.

Pretoria

Cape Town

조임래 회장

코스메카코리아

조임래 회장

학력
1976   성균관대학교 화학과 졸업(이학사)

경력
1978~1990   ㈜피어리스 기초연구실장
1990~1992   ㈜오현두루라 공장장
1992~1993   ㈜한국콜마 초대 연구소장(이사)
1993~1998   ㈜태웅화장품 공장장(상무이사)
1999   ㈜코스메카코리아 법인설립
2000~現   ㈜코스메카코리아 대표이사 회장

상훈
2005   일류벤처기업 선정(충청북도 우수벤처기업 선정)
2008   대한화장품협회 화장품 품질향상 모범상
         충청북도 품질경영 우수기업 지정
2009   대전식약청 화장품 자율점검평가 우수기업
         제3회 대한민국 보건산업 대상 화장품 부문 대상
2010   제7회 충청북도 중소기업대상 특별상
         모범중소기업인 MEMBERSHIP 회원 선정
2012   주간코스메틱 대한민국 베스트 화장품 특별상
         2012 Boots Best Innovation Awards
2013   제40회 상공의날 대통령 표창
         2013 Boots Best Innovation Awards
2014   ㈜아모레퍼시픽 2014 SCM 우수 협력사 우수상
2015   머니투데이 대한민국 우수기업대상 K-뷰티 부문대상
         한국경제 2015 올해의 CEO 대상
2016   중앙일보 한국을 빛낸 창조경영 R&D 부문
         한국무역협회 이달의 무역인

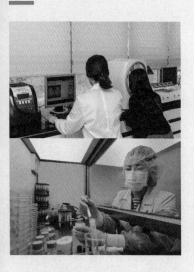

K뷰티 열풍 일등공신

코스메카코리아는 화장품COSMETIC의 메카MECCA가 되겠다는 목표를 바탕으로 설립된 화장품 연구개발 및 제조 전문기업이다. 트렌드에 부합한 제품 개발과 R&D 집중 투자로 최상의 품질과 효율적인 생산 시스템을 갖춰 국내 3대 화장품 ODM 기업으로 자리매김하였다.

코스메카코리아는 OEM 및 ODM보다 한발 진보해 다양한 글로벌 스탠더드에 부합하는 서비스를 제공하는 OGMOriginal Global Standard Manufacture 시스템을 국내 최초로 구축하였다. OGM이란 다양한 글로벌 스탠더드에 부합하는 제품을 대상으로 하는 코스메카코리아만의 총체화된 글로벌 서비스를 이야기한다. 판매국가의 유통구조 분석부터 상품 기획, 제품 개발, 법적 규제검토, 생산, 품질관리 및 출하에 이르기까지 전 과정에 대한 토털 서비스를 제공하는 것이다.

2014년 5월에는 중국 소주에 코스메카화장품(소주)유한공사를 개소하여 중국 시장 공략을 본격화했으며 중국을 거점으로 한 글로벌 화장품 시장 공략에 박차를 가하고 있다. 2015년 3월에는 홍콩 증시 시가총액 1위 유통 전문기업인 리앤펑Li&Fung의 LF 뷰티와 MOU를 체결하였으며 이후로도 세계 유수의 글로벌 고객사들과 함께 제품 개발을 진행 중이다.

일등 품질로 폭풍 성장

코스메카코리아는 연평균 매출 증가율이 23%에 달한다. 최근 K뷰티 열풍으로 그 성장성을 재조명받고 있는 화장품 업계에서도 가장 눈에 띄는 유망기업이다. 2016년 정부가 화장품을 유망 수출산업 분야로 지정하고 지원을 크게 확대한 만큼 코스메카코리아의 수출 또한 가파르게 급증할 것으로 전망된다.

코스메카코리아는 끊임없는 변화와 혁신을 바탕으로 3가지 경쟁력을 확보했다. 첫째는 우수한 연구진과 R&D 집중 투자로 일구어낸 세계적인 연구개발 능력이다. 판교에 위치한 CIR센터는 최첨단 시설 및 인프라를 바탕으로 혁신 제품의 메카로 도약하고 있다. 코스메카코리아 연구진은 Journal of Investigative Dermatology, Planta medica, Scientists Korea 등 국내 및 국제 저널에 다양한 논문을 게재하며 활발한 학술 활동을 지속하고 있다. 그뿐만 아니라, IFSCC 등 세계적인 학술 대회에 참가하여 연구개발 능력을 세계의 무대에 알리고 있다.

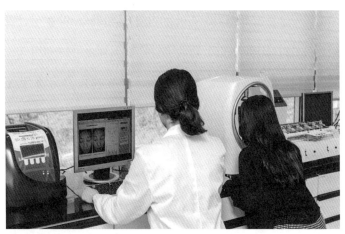

R&D 집중 투자로 혁신 제형 개발에 매진하고 있는 판교 CIR센터

둘째는 빠른 시장 흐름과 고객 니즈에 맞춘 히트제품 개발 능력이다. 코스메카코리아의 시장 선도 능력은 감각이 아닌 과학에서 나온다. 마케팅에서는 객관적인 리서치와 시장 데이터를 기반으로 소비자 니즈를 정확히 목표화하고 있으며 기술연구원에서는 가격별, 기능별 모듈 처방을 기반으로 고객사에 최적화된 혁신 제형을 개발한다. 최근에는 단순 메가 상품 개발을 넘어 제형의 경계를 허무는 새로운 장르 개척을 위해 노력하고 있으며, 글로벌 리딩 제품을 통한 매출 창출에 매진하고 있다.

마지막으로 코스메카코리아는 기획 및 마케팅, 맞춤 생산에 이르기까지 전 과정에서 고객사 만족을 극대화하는 서비스를 제공한다. 생산책임제를 통한 품질보증과 제품 특징에 맞는 유연한 생산라인 등이 대표적이다. 코스메카코리아만의 전사적 자원관리ERP 시스템으로 고객 주문을 체계적으로 관리하고 있으며 고객사별 마케터와 SCM 담당자를 배정해 최상의 고객서비스를 제공한다.

'안녕하세요' 대신 '혁신합시다'

코스메카코리아를 가장 잘 표현하는 단어는 기업의 핵심 정신인 '혁신'이다. 조임래 회장을 비롯한 모든 직원이 '안녕하세요' 라는 인사말 대신 '혁신합시다'라는 말을 사용한다. 혁신은 말 그대로 가죽을 벗겨내는 것이다. 조임래 회장은 대표가 먼저 혁신의 고통을 감수하지 않으면 기업의 미래가 없다는 생각으로 솔선수범하여 대대적인 혁신과 변화를 추진해왔다.

혁신 정신을 정립하기 위해 전사적인 컨설팅 교육을 받았는데 조임래 회장 역시 직접 현장에서 직원들과 똑같은 교육을 받고 현장에 이를 적용해왔다. 처음 컨설팅을 진행할 당시 많은 직원이 회사를 그만두는 등 부작용도 있었다. 조임래 회장은 자율적인 시스템이 적용되지 않았기 때문이라고 판단하고 직원 스스로 자율적으로 시스템 적용에 나설 수 있는 현실화된 시스템 정착에 노력해 왔다.

코스메카코리아는 2008년에서 2011년 사이 매출이 3배 성장하면서 주문량이 급증하자 이에 대응하기 위해 신공장을 증축했고 신규인력을 대거 채용하였다. 하지만 이 과정에서 품질관리의 취약점이 드러나고 불량률이 높아지는 등의 부작용이 생기기 시작했다.

이에 조임래 회장은 '품질개선 혁신 활동'을 즉시 실천했다. 매주 목요일 작업 전 안전사고 예방법과 품질에 대해 생각하는 주간 교육을 실시했으며 공정 불량과 개선 요청사항 등을 토의하는 반장 회의도 주 3회 실시했다. 또한 까다로운 품질이 요구되는 수출용 제품 라인의 경우 숙련 작업자로 구성된 '명품 전용 라인'을 운영하였다. 명품 라인은 타 작업자가 참고할 수 있는 모범 예시 라인으로 인식되기 시작해 타 라인의 클레임까지 감소시키는 효과를 냈다.

생산제품의 표준 견본 및 포장 작업 표준서도 배치하였다. 생산 제품의 품질 기준이 되는 표준 견본함과 생산 중 발생되는 불량 제품을 별도로 구분하는 공정 불량함을 지속적으로

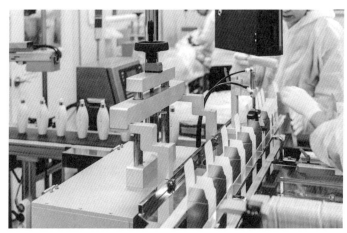

원가 경쟁력과 납기 대응률을 높이는 코스메카코리아만의 독자적 CPS (Cosmecca Production System) 생산 시스템

운영하며 불량 원인을 분석하는데 주력하였으며 그 결과로 눈에 띄게 향상된 품질 상향화를 이룩하였다.

조임래 회장은 고도화된 생산 시스템이 정착되어야만 고객들의 납기 일정 단축에 대한 요구를 충족시킬 수 있으며 신속성과 정확성이 저하되는 수작업은 전산화가 필요하다고 판단했다. 이를 위해 실시간으로 생산현황 관리가 가능한 포장 POP_Point of Production System와 불량 발생 원인을 분석하고 최적의 제조 조건을 확립시키는 제조 POP를 운영하여 차별화된 제조, 포장 시스템을 확립하였다.

또한 손으로 용기를 잡는 수동 작업을 자동화하여 공수를 절감하고 생산성을 향상시키는 충전설비 오토메이션도 진행하였다. 라인에 이동 실린더 장비를 추가하여 충전 사이클 타임을 단축하고 원료칭량 작업 시 이동 시간을 단축하기 위해 이동식 칭량 대차를 제작하는 등 다양한 아이디어를 생산 환경에 접목했다.

코스메카코리아는 의식혁신의 일환으로 내부 개선 활동인 '즉 실천'을 시행하고 있다. 자체적으로 개선 과제를 선정하고 즉시 개선하는 활동이다. 제조팀, 생산팀, 품질팀, SCM팀에 걸쳐 운영되고 있으며 이를 통해 조임래 회장은 직원들의 혁신마인드 및 자율성을 고취하고 있다. 또한 품질경영대회 수상을 목표로 생산성, 품질 향상을 위한 분임조 활동도 도입했다.

이 같은 혁신의 결과 코스메카코리아는 그 실력을 다방면으로 인정받고 있다. 코스메카코리아는 국내 최초로 3중 기능성 BB크림을 개발하며, 국내외 BB크림 열풍을 선도했다. 조임래 회장은 BB크림을 통해 한국 화장품의 산업력을 제고한 노고를 인정받아 2013년 제40회 상공의 날 대통령상을 표창받기도 하였다.

글로벌 화장품 시장을 선도하는 메가 히트 상품 개발의 메카로 도약하는 기술연구원

뷰티 전문 방송 프로그램 '겟잇뷰티'에서 우수 제품을 가리는 블라인드 테스트를 실시한 결과 비비 크림, 클렌징밤, 바디밤, 아이스틱 등 다양한 분야에서 코스메카코리아의 제품이 상위에 랭크되기도 하였다. 화장품 리뷰 어플 '글로우픽'에서 꼽은 '소비자가 뽑은 최고의 BB크림'에서는 코스메카코리아가 생산한 제품이 1위부터 4위까지를 석권하였다.

코스메카코리아는 2016년을 맞아 새로운 히트 제품으로 신화를 준비하고 있다. 스킨케어와 메이크업을 융합한 신개념 안색 크림과 탈모 샴푸, 달팽이 크림 등이 매출 견인차 역할을 하고 있다. 기술연구원은 Melting Product, Water Balm, Glow swirl-line foundation, Hybrid-Particle, Bloom Powder 등의 원천 기술을 주력으로 다양한 시장 주도형 제품을 선보이고 있다.

화장품을 둘러싼 유통 환경의 변화도 코스메카코리아의 성장세에 호재로 작용하고 있다. 최근 제약, 식품, 전자부품 업체 등이 화장품 시장에 진출하고 있다. 이들 기업이 모두 코스메카코리아의 잠재 고객사인 셈이다.

K뷰티 선도하는 글로벌 리딩 컴퍼니

코스메카코리아는 2014년 5월 코스메카화장품(소주)유한공사를 개소하며 중국 시장 공략 본격화를 선언하였다. 개소 이후 ISO 9001, ISO 14001, ISO 22716 등을 획득하며 국제 품질 기준에 적합한 품질의 우수성을 인정받았다.

2015년 3월, LF-Beauty와 MOU를 체결할 당시, 제라드 레이먼드Gerard Raymond LF Beauty 회장은 "스킨케어에 대한 혁신적인 기준을 정립해 온 한국 화장품의 품질력과 생산력을 글로벌 고객에게 제공하고 싶었기에 한국 최고 수준의 화장품 제조사와 파트너를 맺었다"며 체결 이유를 설명했다.

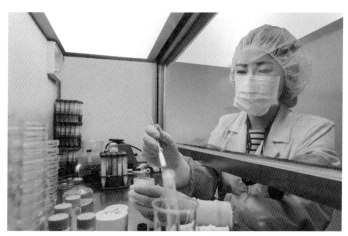

우수 화장품 제조 및 품질관리 기준을 뜻하는 GMP를 획득한 검증받은 품질력

글로벌 공략을 선언한 이후 코스메카코리아는 연구개발 투자를 한층 강화하여 중국, 미국 등 다국적 소비자의 만족을 극대화하는 신제형을 다수 개발하고 있다. 고객 니즈는 물론 소비자의 마음까지 한발 앞서 꿰뚫어 보기에 코스메카코리아의 혁신적인 제형과 콘셉트는 오늘도 다양한 유통채널에서 소비자들의 사랑을 받고 있다.

2025년 매출 1조원 기업으로 도약

코스메카코리아의 2015년 매출은 1,010억 원(내부거래

포함)으로 전년 대비 30% 가량 신장했다. 올해 매출 목표는 1,400억 원으로 늘어나는 중국 현지 및 글로벌 브랜드의 개발 수요를 볼 때 무난한 달성이 예측된다.

코스메카코리아의 국가별 수출 현황을 살펴보면 단연 중국과 미국이 큰 점유율을 차지하고 있다. 코스메카코리아와 제품 개발을 진행하고 있는 고객사 대부분이 중국과 미국에 기반을 둔 대형 글로벌 업체이기 때문이다. 코스메카코리아는 2016년 미주권과 유럽 및 일본의 수출 점유율을 더욱 확대하기 위해 공격적인 영업을 개시했다.

이를 위해 연구소는 글로벌 업체가 요구하는 처방 기준을 준수 및 설계하는 데 주력하며, 마케팅에서는 해외 박람회 참여를 확대하여 신규 시장과 고객사를 발굴할 계획이다. 최근에는 패션, 제약, 엔터테인먼트 등 다양한 업종의 기업들이 화장품 사업에 속속 진출하고 있는 만큼 타 산업의 장점과 화장품을 결합해 시너지를 낼 수 있는 다양한 융합 상품 개발에도 주력하고 있다.

조임래 회장은 코스메카코리아를 2025년 1조 원 매출 기업으로 도약시키기 위해 전사적으로 장기적인 액션플랜을 시행하고 있다. R&D혁신, QCDS경쟁력은 글로벌 Best OGM

Company로 거듭나기 위해 조임래 회장이 최우선적으로 강조하고 있는 핵심역량이다.

특히 늘어나는 해외 고객사 수요에 대응하기 위해 코스메카코리아는 Global One-Stop Service를 안정화하여 세계 1등 품질과 선도제품을 출시해 나갈 방침이다. 또한 한국 화장품의 이미지 제고와 더불어 국가 산업 경쟁력이 높아질 수 있도록 대한민국 대표 글로벌 연구개발 및 제조생산 전문업체로 성장한다는 계획이다.

38년 화장품 한우물

조임래 회장은 38년간 화장품 업계에 종사하며 산업 경쟁력 제고를 위해 힘써 온 화장품 산업 부흥의 산 증인이다. 1978년 피어리스에 입사한 조임래 회장은 13년간 근무하며 연구실장을 역임하였으며 오현두루라, 한국콜마 등에서 일했다. 그 후 태웅화장품에 입사하였으나 IMF 외환위기를 겪으며 회사는 부도를 맞게 된다.

당시 임원이던 조임래 회장은 많은 채무를 안고 회사를 떠날 상황을 맞게 되었으나 하루아침에 실직자가 된 부하 직원들을 두고 볼 수는 없었다. 결국 책임감으로 팔을 걷어붙이고

본사 및 공장 전경. 환경 영향을 최소화하고 보건 안전을 준수하는 클린 사업장

나서 회사를 창립하였고 이것이 코스메카코리아의 탄생이다.

　기업 창업 후에도 조임래 회장은 직접 일거리를 찾아다녀야 하는 어려운 상황에 직면하였으나 코스메카코리아의 기술력이라면 승산이 있다고 믿었다. 부하 직원들 또한 회사가 보유한 기술에 대한 자부심이 남달랐으며 조임래 회장의 리더십 하에서라면 성장 가능성이 있음을 의심치 않았다. 이 같은 자부심이 있었기에 오늘날 코스메카코리아는 세계 화장품 트렌드를 선도하는 K-뷰티의 주역인 대한민국 대표 화장품 연구개발 및 제조생산 전문 기업으로 발돋움했다.

지역사회와 상생하는 착한 기업

코스메카코리아는 지역사회 발전을 돕고 윤리적 기업으로서 책임을 다하기 위해 다양한 사회 공헌 활동도 지속하고 있다. 전 임직원이 기증한 물품과 코스메카코리아가 생산한 화장품을 모아 아름다운 가게에 기증하고 재판매된 수익금으로 소외된 이웃도 돕고 있다. 장애인의 삶의 질을 향상시키기 위한 '새생명 장애인의 집 봉사', 지역 어르신들과 온정을 나누는 '지역 양로원 봉사' 및 '노인대학 소품 지원', 차상위 계층 아이들의 바른 성장을 도모하는 '새미실 지역아동센터 지원', 지역 청년층 일자리 창출 프로그램 '희망이음프로젝트' 등을 통해 나눔을 실천하고 있다.

코스메카코리아의 대표적인 봉사활동은 아름다운 토요일이다. 전 임직원이 기증한 물품과 코스메카코리아가 생산한 우수한 품질의 화장품을 모아 아름다운 가게에 기증하고, 재판매 된 수익금으로 소외된 이웃을 돕는 코스메카코리아만의 나눔 문화 활동이다.

조임래 회장은 충북 음성군 지역 내의 노인복지 대학과 장애인 봉사 시설에 화장품 등 각종 물품을 정기적으로 지원하고 있으며 회사의 봉사활동에 빠짐없이 참여하여 직원들의 귀

감이 되고 있다. 또한 지역 청년과 아동들의 성장과 꿈을 지원하기 위해 정기적인 기업 탐방 기회를 제공하고 있어 지역사회에서 덕망 있는 기업인으로 인정받고 있다.

최윤길 회장

성주음향

최윤길 회장

학력
1970 강원도 평창종합고등학교 졸업
1995 성균관대학교 경영대학원 수료

경력
1988 세일전자(성주음향 전신) 창업
1988~現 ㈜성주음향 대표이사
1996 중국 천진성주음향 유한공사 설립
1997 ㈜성주음향으로 상호 변경
2001 기업부설 기술연구소 설립(과학기술처)
벤처기업 선정
2003 유럽지사 설립(헝가리 2003년, 슬로바키아 2006년)
2010 ㈜광원텍 인수
2013~現 포천상공회의소 회장
2015~現 베트남 법인 설립($350만 불)

상훈
2005 무역의날 일천만불 수출의탑 수상
2007 무역의날 삼천만불 수출의탑 및 대통령상 수상
2010 무역의날 칠천만불 수출의탑 및 국무총리상 수상

◉ SUNGJU

Slim Size, Power Bank, LED Flash Light

당신의 라이프 스타일에
음악을 더하다

Portable Bluetooth Speaker
SJ-3000CF

SJS

37년간 스피커 한우물 판 강소기업

 기업이 성장하면서 여러 분야로 다각화할 수도 있지만 오로지 한 제품에만 집중해 국내외 시장의 강자가 되는 것, 바로 강소기업이 가야 할 길이다. 스피커 산업에서 37년 동안 한 우물을 파 온 최윤길 성주음향 회장의 생각이 바로 그렇다.

 강원도 평창 출신인 최 회장은 평창종합고등학교 졸업 후 부천에 있는 스피커 기업 북두에 입사해 처음 스피커와 인연을 맺었다. 그 인연이 이어져 지금까지 한평생 스피커만 바라보며 살아왔다.

 최윤길 회장도 여느 중소 기업인처럼 사업하는 과정에서 수많은 어려움을 겪었다. 1997년 본사를 구리에서 포천으로 이전하고 번듯한 공장을 지었지만 5년 만에 화재로 전소돼 눈물을 흘리기도 했다. 2002년 8월 발생한 불로 공장은 기둥 하나 남지 않고 폭삭 내려앉았다. 하지만 긍정적인 사고는 어려움을 행운으로 만들었다. 최윤길 회장은 "이왕 다시 짓는 거 완벽한 시설을 갖추자"고 다짐했다.

 외환위기 당시 환차익이 발생해 사내에 유보해뒀는데 이 돈으로 현대식 공장을 지은 덕분에 삼성의 까다로운 공장심사에 합격했고 품질도 한 단계 업그레이드시킬 수 있었다.

생산라인의 스피커 프레임과 소리 울림을 유지하는 진동판, 스피커를 고정하는 코일 부품들

스피커 하나로 전 세계 호령

성주음향은 1988년 음향기기 전문회사로서 축적해 온 노하우와 품질관리 시스템을 바탕으로 성장한 토종 제조 기업이다. 수원 스피커 개발센터를 거점으로 포천사업장, 중국 천진공장, 동관공장, 태국공장 등을 운영하고 있으며, 동남아시장을 겨냥해 베트남에 대지 7,500평 규모 사업장을 신설했다. 유럽에서는 슬로바키아 판매 법인을 운영하고 있으며 오대양 육대주 전역에 걸쳐 스피커를 판매하고 있다.

지속적인 연구개발 투자와 생산 환경 혁신으로 신제품 개발을 지속하며 국내외 시장을 선도하고 있다.

최 회장은 첫 직장인 북두에서 12년간 일한 뒤 1988년 성주음향을 창업했다. 경기도 구리시의 어두컴컴하고 습기 찬 반지하 셋방이 첫 거점이었다. 당시 36세였던 최 회장은 아내와 함께 작은 트럭에서 짐을 나르며 희망을 꿈꿨다.

전세에서 사글세로 이사한 뒤 마련한 종잣돈 수백만 원이 창업자금이었다. 약 70평짜리 월세 공장을 얻어 유선전화에 들어가는 소형 스피커를 만들기 시작했다. 최 회장의 부인은 창업 이후 12년 동안 공장에 출근해 직원들을 위해 밥을 짓고 국을 끓였다.

과감한 인수합병으로 성장 발판 마련

최윤길 회장은 시장을 빨리 확보하기 위해선 기업 인수가 중요하다고 판단해 여섯 차례나 기업을 인수했다. 자동차 스피커 시장에 진출하기 위해 신광전자를 비롯해 자신이 일했던 북두의 자동차 스피커사업부, 삼성전기에서 분사된 스피커 업체도 사들였다. 이를 통해 시계용 스피커에서 카오디오, TV, PC 등 다양한 용도의 스피커를 만들었다.

성주음향은 삼성전자에 스피커를 납품하면서 삼성에서 기술과 자금 등 다양한 도움을 받았다. 이는 회사가 글로벌 기업으로 도약하는 발판이 됐다. 삼성전자가 글로벌 강자로 도약하면서 성주음향의 스피커 판매도 덩달아 늘어났다. 중국 천진, 동관을 비롯해 태국, 헝가리, 슬로바키아, 멕시코 등 6곳에 공장이나 지사를 둘 수 있었던 것도 삼성의 글로벌 시장 진출과 밀접한 관련이 있다. 최윤길 회장은 "중소기업이 전자부품이나 자동차 전장용 제품을 개발할 때는 대기업과 보조를 맞추는 게 중요하다"고 강조하며, "대기업의 도움을 받아야 해외 공장 설립에 따른 위험도 줄일 수 있다"고 덧붙였다.

고객의 품질만족을 위해 생산 환경 혁신을 거듭한 결과 성주음향은 최상의 생산공정과 관리 시스템을 구축했다. 이를 바탕으로 원가 경쟁력 및 고객 납기대응력이 개선돼 고객 만족도도 높아졌다.

혁신만이 살길이다

성주음향이 생산하는 제품은 TV에 들어가는 일반 스피커를 비롯해 고음전용 스피커, 자동차용 스피커, 고음·중음·저음을 하나의 스피커에 갖춘 시스템 스피커, 홈시어터 등이며 수원 연구개발센터에서 다양한 신제품을 개발하고 있다.

최윤길 회장이 국내 직원 대부분을 연구개발 인력으로 채운

제품 '블루투스 스피커', 약 2CM 두께의 2채널 블루투스 스피커

것은 신제품과 신기술 개발에 얼마나 관심을 쏟는지 보여준다. 최 회장은 "과거 기술만 우려먹던 시절은 끝났다"며 "세계시장을 선도하는 기술을 개발해 승부를 걸어야 한다"고 말했다.

성주음향은 작고 가볍고 얇은 스피커 개발에 주력하고 있다. 전자제품이 갈수록 얇아지기 때문이다. 무조건 크기만 줄이면 되는 게 아니다. 출력이나 성능은 오히려 뛰어나야 한다. 첨단기술이 뒷받침되지 않으면 안 된다. 의료기기용 스피커와 실내공연장, 교회 등에서 쓰는 대형 스피커, 소리를 의자의 진동으로 느끼는 바이브레이터 등 새로운 스피커에도 도전장을 내밀고 있다. 의료기기용 스피커는 체중 혈압 등 여러 가지 점검 내용을 음성으로 알려주는 장치다. 최 회장은 "한국은 세계 어느 나라보다 교회가 많다"며 "교회에서 쓰는 대형 스피커 시장에도 뛰어들 생각"이라고 말했다.

성주음향은 늘어나는 개발 수요에 따라 해외 매출이 크게 확대될 것으로 기대하고 있다. 글로벌 고객사들이 100% 만족하는 세계 1등의 품질과 선도제품을 출시해 나갈 방침이다. 또한 한국 스피커 시장의 이미지 제고와 더불어 국가 산업 경쟁력이 상향될 수 있도록 대한민국 대표 연구개발 및 제조생산 전문업체로 성장하는 것을 목표하고 있다.

또한 떠오르는 동남아 시장을 겨냥하고 포스트차이나 전략에 따라 베트남 사업장을 활성화해 글로벌 경쟁력을 향상할 계획이다.

최윤길 회장의 성공은 뚝심과 과감한 투자, 긍정적인 사고 등 3가지로 요약할 수 있다. 최 회장은 사업에서 '누이 좋고 매부 좋은' 전략을 추구한다. 어느 일방만 이득을 보는 것은 오래가지 못한다는 것이다. 그는 삼성전자에서 혜택을 받은 만큼 40개 협력업체에 비슷한 혜택을 준다. 더불어 사는 경영을 실천하지 않으면 품질개선을 기대할 수 없기 때문이다. 종업원

TV용 스피커 단일제품으로 세계시장 점유율1위(약40%)를 차지하고 있다.

과의 관계도 마찬가지다. 중국 천진 공장 근로자 중 10년 근속
자에게는 1주일간 한국 여행 기회를 준다. 이를 통해 장기근속
을 유도한다.

품질혁신도 성주음향의 주요 경쟁력이다. 해외공장 증축, 잦
은 인력변동 및 신규 인력 투입에 따른 품질 불안정을 해결하기
위해 최윤길 회장은 품질개선 혁신 활동을 주도하고 있다.

매주 화요일 일과 후 안전사고 예방법과 품질에 대해 주간
교육을 실시하며 공정 불량과 개선 요청사항 등을 토의하는
반장 회의도 매주 실시하고 있다. 또한 생산 제품의 표준견본

및 포장작업표준서를 배치해 공정 불량을 방지하는 표준 견본함과 생산 중 발생되는 불량 제품을 별도로 구분 관리하여 불량원인을 파악하는 공정 불량함 등도 운영하고 있다.

더불어 의식혁신의 일환으로 3정 5S 활동을 실시하고 있다. 자체적으로 개선과제를 선정하고 즉시 개선하며 제조팀, 생산팀, 품질팀 등 모든 직원에게 혁신 마인드와 자율성을 심어주고 있다.

소리 없이 강한 기업

성주음향은 소리를 만드는 기업이지만 업계에서는 '은둔형 강자'로 통한다. 소리 없이 강하다는 뜻이다. 일상에서 접할 수 있는 거의 모든 스피커를 생산하는 이 회사는 무려 27년 동안 음향기기 한 우물만 파왔다. 삼성전자, GM, 르노삼성자동차와 파나소닉 등 글로벌 기업을 주요 거래처로 두고 있으며 수출지역도 동남아, 중국, 유럽, 미국, 브라질 등 다양하다. 2009년에는 스피커 1억 개 생산을 돌파해 누적 매출 1,000억 원을 올렸고 이듬해에는 7,000만 달러 수출탑도 받았다. 2015년 8월에는 베트남 공장이 완공되면서 '스피커 1등 기업'이라는 목표에 바짝 다가섰다.

최윤길 성주음향 회장이 수원 영통에 있는 연구개발센터에서 자사가 생산하는 다양한 스피커 사이에서 기능을 설명하고 있다.

　성주음향처럼 작지만 강한 강소기업의 공통적인 경영전략은 핵심역량에 집중하는 것이다. 대부분의 자원과 역량을 한 가지에 집중하고 국내외에서 충성도 높은 고객을 거느린다. 각자의 영역에서 활로를 개척하고, 우리 사회에 신선한 생명력을 불어넣는 것이 바로 강소기업이다. 성장이 조금 늦더라도 긴 호흡으로 멀리 가는 업체도 있고 세계가 인정하는 기술력으로 틈새시장을 개척한 회사도 있다. 높은 가치, 낮은 가격을 기치로 내세우고 소비자와 함께 가는 데서 보람을 찾는 기업도 있다. 자체 브랜드를 가지고 시장을 공략하는 대신 국내외 대기업에 부품을 납품해 안정적인 매출을 올리는 사례도 있다. 이들이 더욱 성장하고 좋은 일자리를 나누는 기업이 될 때 우리 사회가 건전하게 발전할 수 있다. 집중화 전략은 강소기업의 가장 중요한 경영전략이다. 매출 하위 제품들을 과감히 정리하고 인기가 높은 제품군에 투자하며 잘하는 것에 역량을 모으는 것이다.

세상에 없던 제품으로 시장 선도

일상에서 접할 수 있는 거의 모든 스피커를 생산하는 성주음향은 최근 혁신적인 제품을 내놓으며 '스피커 1등 기업'이라는 이미지를 각인시켰다. '테이크아웃 사운드'로서 휴대성 및 음질을 강화해 얇고 출력 높은 블루투스 스피커를 내놨고 극장, 오락실 등 의자에서 진동을 통해 소리를 느끼는 '4D 진동 스피커'도 대표적인 혁신제품이다. 또 체중, 혈압 등 여러 가지 신체 점검 내용을 음성으로 알려주는 의료기기용 스피커 분야에서도 두각을 나타내고 있다. 모두 시대를 앞서가며 세계 최초로 선보이는 혁신적인 기술이다. 성주음향 직원들은 국내외 모두 합쳐 1,500여 명이다. 이들 대부분은 중국 · 베트남 · 태국 등의 생산거점에서 근무하고 있고 한국에서는 연구개발과 마

새롭게 출시된 파워뱅크
블루투스 SJ-3000CF

케팅에 주력하고 있다.

　최윤길 회장은 "스피커 분야에서 가장 앞선 탓에 고생도 많았지만 혁신적인 기술로 글로벌 기업들마저 반하게 만들었다"며 "제품 단가가 많이 떨어져 어려운 시간을 보냈지만 미래에 대한 큰 그림을 그리고 지속적으로 롱런하는 기업으로 성장할 것"이라고 밝혔다.

　성주음향이 혁신 제품을 개발할 수 있었던 비결은 단연 기술력이다. TV 스피커 세계 시장 점유율 1위(약 40%)인 성주음향은 최신 TV에 들어가는 스피커를 두루 공급한다. 두께 얇은 슬림 TV에도 성주음향 스피커가 장착되고 있다. 점점 더 얇아지는 TV 시장 변화에 맞춰 더 얇은 스피커를 내놨다. TV와 자동차, PC, 노트북 등 다양한 첨단 제품에 스피커 부품을 공급한 노하우가 집결된 셈이다. 최윤길 회장은 "스피커 부품을 비롯해 내로라하는 외국 유명 오디오 업체들에 완제품 형태로도 연간 수천만 대 공급해 온 만큼 기술력은 문제없다"며 "블루투스 스피커를 시작으로 기업 간 거래B2B에 의존했던 전략에서 탈피해 다양한 제품을 일반 소비자에게 직접 파는 B2C 시장에도 과감히 도전할 것"이라고 말했다.

사회공헌도 과감하게

최윤길 회장은 기업의 사회적 책임을 이해하고 의무를 이행하기 위해서는 최고 경영인의 주도적인 사회공헌 활동이 선행되어야 한다고 생각했다. 직원들에게는 개인과 사회의 역할을 이해하고 자율성과 이타심을 갖고 사회에 기여할 수 있도록 다양한 봉사활동을 주문했다.

최윤길 회장은 매년 고향인 강원도 평창 지역에 거주하는

평창군 명예군수인 최윤길 성주음향 회장이 평창군을 방문하여 어르신들께 선물을 전달하고 있다.

독거노인과 아동센터 등에 각종 물품을 정기적으로 지원하고 있으며 지역 봉사활동에 빠짐없이 참여해 지역사회에서 덕망 있는 기업인으로 인정받고 있다. 최 회장의 솔선수범 하에 성주음향은 윤리적 기업으로서의 책임을 다하기 위해 다양한 사회공헌 활동을 지속하고 있다. 독거노인을 위해 전 직원이 도시락을 준비하고 배달하는 사회복지관 봉사활동을 시행하고 있다.

환갑을 넘긴 최윤길 회장은 포천상공회의소 회장을 맡아 이지역 업체들의 애로사항 해결도 적극적으로 나서고 있다.

최일규 대표이사

Clean & Cleaner

씨앤씨

최일규 대표이사

학력
2013 두원공과대학 최고경영자 과정 수료
2015 한국항공대학교 최고경영자 과정 수료

경력
2000 ㈜씨앤씨 대표이사
2012 파주상공회의소 상임위원
2015 파주선유산업단지 교류회 부회장
2016 중소기업 융합연합회 파주교류회 회장

상훈
2010 경기지방중소기업청장상(경기지역산업발전 및 기술경영혁신)
2013 중소기업혁신대상(품질혁신부문)
2014 경기중소기업연합회장상(지역경제활성화)
       파주시장상(지역경제발전 및 일자리 창출)

Clean & Cleaner

현명한 브랜드, 씨앤씨

씨앤씨는 2000년 6월 설립된 OEM 전문기업으로 칫솔, 치실, 치간 칫솔과 치약 등 구강 용품을 제조하여 국내외 고객사에 공급하고 있다. 국내 주요 고객사로는 유한양행, CJ라이온, 애경산업, 아모레퍼시픽 등이 있으며 해외에는 중국, 일본, 러시아, 태국, 아랍에미리트, 이란 등지에 총 30여 고객사를 두고 있다.

일용소비재FMCG·Fast-Moving Consumer Goods로서 구강 용품은 인구 증가세 둔화와 품질 수준 보편화로 인해 시장이 정체기에 있다. 기업들은 기술 혁신보다는 마케팅, 가격 경쟁에 골몰하면서 상황은 점차 악화되고 있다.

씨앤씨는 구강 용품 전문 주문자상표부착OEM 방식 제조 기업으로 출발하여 현재까지 치열한 경쟁 속에서 꾸준한 성과를 거두고 있는 강소기업이다. 그 배경에는 고객에 대한 신뢰와 끊임없는 연구개발 노력이 있다.

OEM 기업으로서 제품을 공급하다 보면 높은 기업 이윤을 얻고자 자체 브랜드를 직접 유통하고 싶은 유혹에 빠질 수밖에 없다. 이는 많은 OEM 기업이 실제로 하는 고민이다. 하지만 씨앤씨는 공정혁신과 제품개발 등 제조업 본연의 핵심역량

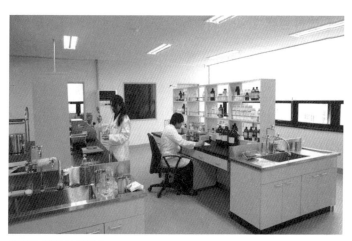
씨앤씨 기업부설연구소

에 집중함으로써 높은 품질의 제품을 양산하고 고객사가 판매
와 브랜드 관리에 주력할 수 있도록 해 상호 원원하는 신뢰관
계를 구축하고 있다.

칫솔과 치약 등 구강 용품은 품질과 가격의 균형 정도에 따
라 소비자 선택이 엇갈린다. 씨앤씨는 제조기술과 함께 소비
자 트렌드 변화에 따른 신제품 연구개발에 매진하여 시장변
화를 리드할 수 있는 고품질의 프리미엄 제품을 고객사에 소
개하여 고객사가 경쟁사보다 한발 앞서나갈 수 있도록 돕고
있다.

제조원가 경쟁력이 낮은 제품의 경우 제조공정 중 일부 공정을 해외에서 아웃소싱해 들여와서 핵심 제조공정을 자사에서 거치도록 하고 있다. 일부 공정의 아웃소싱을 통해 고객사에 공급하는 제품의 가격변동을 최소화하며 제품의 품질 수준을 유지하는 노력으로 고객사의 브랜드가 시장경쟁력을 유지하도록 하고 있다.

구강을 책임지는 첨단기술

씨앤씨의 주력제품은 칫솔로 핵심기술은 칫솔모 식모기술과 소재기술에 있다는 판단으로 해당 기술의 확보와 개발에 매진하고 있다. 2000년 설립 당시 기존의 칫솔 제조업체들이 나일론 재질의 칫솔모 제조에 주력했지만 씨앤씨는 PBT 재질로 끝부분을 미세하게 가공한 미세모 칫솔 제조에 주력하여 현재 칫솔 생산의 약 80%를 미세모 칫솔제품으로 생산하고 있다. PBT 재질 칫솔모는 미세모로 가공과 각종 소재의 블렌딩이 용이하여 기능성 소재와 미세모의 조합이 가능하다. 나노골드 미세모, 숯 미세모, 베이킹소다 미세모 칫솔 등은 미세모 가공업체와 공동개발을 통해 상품화한 제품으로 해외시장에서 좋은 반응을 얻고 있다.

미세모 칫솔 제조라인

씨앤씨는 국내외 시장에서 자사의 OEM 경쟁력을 지속하기 위해 첨단기술에 주목하고 제조할 수 방안을 끊임없이 모색하고 있다. 최근 만든 대표적 첨단 칫솔제품이 앵커리스 칫솔인데 2000년대 중반부터 제조설비 도입을 검토하여 2012년 양산체제를 구축하기에 이르렀다.

칫솔은 칫솔모를 칫솔대에 고정하기 위해 금속으로 된 얇은 편심을 사용하는데 이 얇은 편심을 앵커라고 한다. 앵커리스 칫솔은 칫솔모를 고정할 때 앵커를 사용하지 않는 칫솔 제조 방식이다. 앵커리스 칫솔이 주목받는 이유는 앵커 칫솔이 앵커를 이용해 칫솔모를 고정하여 칫솔모가 고정되는 홀의 모양이 원형으로 일정해야 하는 반면 앵커리스 칫솔은 홀의 모양에 제약이 없고 칫솔모의 단모형태도 다양하게 구사할 수 있기 때문이다.

씨앤씨는 제조설비 도입에 앞서 2006년 독일 칫솔 제조업체와 공동개발을 통해 앵커리스 식모형 칫솔의 헤드부를 위탁 제조하였고 이를 국내로 들여와 후가공을 거친 다음 완제품 생산이 이뤄지도록 했다. 이로써 현지에서 완제품을 수입하던 경쟁사에 비해 가격 경쟁력을 확보할 수 있었으며 차츰 앵커리스 칫솔 제조의 노하우를 축적할 수 있었다. 축적한 노하우를 토대로 씨앤씨는 2012년과 2015년 앵커리스 칫솔의 제조설비를 차례로 도입, 현재 앵커리스 칫솔 제조 전 공정을 자체적으로 소화하고 있다.

앵커리스 식모기술은 글로벌 다국적기업이 시장을 선점하고 있어 현재 전 세계적으로 10개 미만의 업체만이 생산하고 있다. 씨앤씨는 2012년 앵커리스 칫솔 제조설비 1호기 및 2015년 2호기를 도입해 연간 500만 개 규모 생산설비를 구축하였고 현재까지 5종의 앵커리스 신제품을 개발했다.

글로벌 기업의 앵커리스 칫솔과 씨앤씨 앵커리스 칫솔의 가장 큰 차이점은 사업 초기에 집중한 미세모 식모기술을 앵커리스 칫솔에 접목한 점이다. 현재 씨앤씨는 앵커리스로 식모되는 칫솔모의 50% 수준까지 미세모로 제조할 수 있는 양산기술을 개발하였고 100% 미세모 앵커리스 칫솔의 양산기술을 개발 중이다.

씨앤씨 앵커리스 칫솔의 OEM 제조를 성공적으로 이끌 수 있었던 요인은 다양한 신제품 개발, 불량률을 최소화하는 양산공정, 그리고 글로벌 시장 공략에 있다. R&D 역량을 경영성과에 연계할 수 있도록 이전에 보유한 기술의 노하우를 차세대 신제품에 응용하는 선순환 구조를 정착시킨 점이 원동력이다.

씨앤씨는 칫솔제품 OEM 제조를 기반으로 구강 용품 전반 ODM 제조를 목표로 하고 있다. 2004년 치실에 이어 2005년 치간칫솔 양산체제를 구축하였고 2010년에는 공장을 이전하여 치약의 생산라인을 새롭게 구축하였다.

2010년 파주시 선유산업단지 6,800㎡ 부지에 공장을 신축하여 연간 4,000만 개 규모로 칫솔 양산규모를 확대하였고 현

앵커리스 칫솔 제조라인

재 치실 제조공정 증설도 진행 중이다. 실버용 신규 구강 용품의 개발도 진행하며 2020년에는 총 20종류의 구강 용품을 ODM 방식으로 제조한다는 목표를 세우고 있다.

전성기를 향한 씨앤씨의 성장기

씨앤씨의 성장은 5년 주기로 준비기, 도약기, 확장기를 거쳐, 그리고 제2의 도약기를 맞이하고 있다.

2000년 설립 당시인 준비기에 우리나라는 IMF 위기를 극복하면서 국민소득 1만 불대로 재진입했고 국민 소득 증가와 더불어 웰빙 트렌드가 퍼지고 있었다. 하지만 소비자들 사이에서 칫솔은 웰빙과는 거리가 먼, 치약을 사용하여 치아를 세정하는 보조적인 제품이라는 인식이 강했다. 이에 씨앤씨는 칫솔도 치아를 건강하게 하는 제품이라는 이미지를 심어주고자 노력했다. 준비기에는 치아 건강을 개선할 수 있는 제품으로 미세모 칫솔의 양산체제를 구축하는데 전력했다.

미세모 칫솔은 모 끝을 미세하게 처리하여 치아와 치아 사이, 치아와 잇몸 사이 등 작은 틈새에 칫솔모가 닿을 수 있도록 한 제품으로, 잇몸이 약한 장년층을 중심으로 선호도가 높아지고 있었다. 하지만 미세모 칫솔은 제조 요건이 까다로워 일반 칫솔 대비 불량률이 20% 이상 높았다. 씨앤씨는 불량률 낮은 미세모 제조기술을 확보하는 것이 사업 초기 기업생존에 핵심이라고 판단하고 이에 맞춘 생산라인을 구성했다. 그 결과 불량률을 3% 이하로 낮출 수 있는 제조기술 노하우를 습득해 경쟁사 대비 품질과 가격에서 우위를 갖출 수 있었다.

2005년 도약기에는 미세모 칫솔의 생산 비중을 50% 이상이 되도록 설비투자를 진행했으며 미세모 칫솔 이외 구강 용품 제조확대를 위해 신제품 개발과 제조시설 확충에 관심을 기울였다. 미세모의 뒤를 이을 차세대 제품으로 앵커리스 칫솔을 선정했으나 국내 물량은 전량 수입에 의존하고 있어 제조 노하우를 습득할 수 없었다. 그뿐만 아니라 앵커리스 제조 설비는 30억 이상의 투자가 필요해 소수 글로벌 기업만이 양산하고 있었다. 일반 칫솔 제조설비보다 10배가량 비싼 가격이었다.

씨앤씨는 높은 설비가격의 장벽을 뛰어넘기 위해 우선 제조 노하우를 습득기로 하고 독일 기업과 공동개발을 진행했다. 2006년 씨앤씨는 칫솔 헤드부의 식모 형태와 식모배열을 고안하여 디자인 개발을 진행하고 헤드부의 제조는 독일 제조사에 위탁했다. 수입한 칫솔 헤드부를 자체적으로 완성할 수 있도록 부속설비를 구비했고 고객사 공급을 시작했다. FX라는 브랜드로 출시된 이 제품은 일반 칫솔 대비 프라그 제거력이 20% 향상돼 현재까지도 꾸준한 사랑을 받고 있다.

도약기에 씨앤씨는 또 구강 용품 OEM 전문기업으로 성장하기 위해 칫솔 이외 구강 제품 양산을 위한 준비를 했다. 대상 제품으로는 선진국에서 소비가 증가하며 국내 치과에서 판매가 가능한 구강 용품인 치실과 치간 칫솔을 정했다.

2010년부터 시작된 확장기에는 생산규모 확장을 위해 파주시 선유 산업단지로 공장을 이전했다. 칫솔 생산량을 연간

치약 제조라인

4,000만 개로 늘리고 새로운 구강 용품 품목으로 치약을 선정, 연간 700만 개 규모의 양산체제를 구축했다.

확장기 씨앤씨는 생산규모 확대와 더불어 R&D 역량 강화에 노력을 기울여 그동안 수입을 통해 제조하던 앵커리스 칫솔을 자체생산하기 시작했다. 2012년 앵커리스 칫솔 제조설비 1호기를 도입하여 최초 디자인부터 헤드부 제조, 완제품 공정까지 전 단계를 자체 제조했다. 이렇게 개발해 OEM 공급을 하고 있는 앵커리스 칫솔은 9motion이라는 제품이다. 9motion 앵커리스 칫솔은 앵커리스 칫솔의 9가지 장점을 강조한 제품으로 현재 프리미엄 기능성 칫솔로 구분하여 판매하고 있다.

씨앤씨는 칫솔 이외의 제품군에서도 새로운 신제품을 활발히 개발하고 있다. 세 방향으로 회전이 가능한 리필형 360도 치실과 흡연자를 위한 전용 미백 치약이 대표적인 제품으로, 해외 바이어의 호평을 받으며 해외시장 개척에 첨병 역할을 하고 있다.

씨앤씨는 또 수출 에이전트를 통하지 않고 직접 수출도 시작했다. 해외 시장에서 OEM 제조사는 인지도가 낮고 원산지에 대한 영향이 있어 국내 시장보다 가격 민감도가 더 높다. 씨앤씨는 해외영업 전담인력을 확충하여 직접 수출 대상 지역으로 가격 민감도가 높은 중동 및 아시아 지역을 공략해 2013년 연간 100만 달러 규모의 수출실적을 달성했다.

씨앤씨는 2015년부터 5년간을 두 번째 도약기로 정하고 글로벌 시장 공략에 보다 박차를 가할 계획이다. 지금껏 성과를 뛰어넘어 차세대를 이끌어갈 신제품을 개발하고 다품종소량 생산을 위한 생산혁신도 계획하고 있다. 또 전사적 자원관리를 위한 경영혁신도 전개해나갈 방침이다.

씨앤씨의 기업문화와 비전

씨앤씨의 기업 명칭은 Clean & Cleaner의 앞글자로 이루어져 있다. Clean & Cleaner는 '깨끗함'과 '더 깨끗하게'라는 의미를 담고 있는데 구강 관리를 담당하는 제품에 있어 '깨끗함'은 바로 '건강'을 의미한다. 최일규 씨앤씨 대표는 기업 명칭처럼 회사 비전을 '깨끗함으로 보다 나은 구강건강을 선도하는 기업'으로 정했다. 구강은 인체의 내부와 외부를 연결하는 기관이다. 생명유지를 위한 호흡과 음식물을 섭취하는 영양분의 통로, 그리고 의사를 전달하는 소리의 역할을 담당한다. 구강이 건강하지 못하면 그 역할을 충분히 할 수 없어 삶의 질이 떨어진다. 구강의 건강한 역할에 기여하는 씨앤씨의 비전과도 같이 최일규 대표도 기업에서 내부와 외부가 건강하게 연결될 수 있는 매개체 역할을 하고 있다.

씨앤씨는 정직, 창의, 혁신을 전사원이 지켜야 할 덕목으로 정하고 있다. 개인의 생각과 태도가 합쳐져서 기업문화를 이끌어간다는 뜻에서다.

정직은 직원들이 고객을 대하는 태도로 있는 그대로의 사실을 공유하고 해결해 나아가는 자세를 의미하기도 한다. 고객과의 관계가 정직하게 유지될 때 씨앤씨는 고객의 단순한 협

미세모 칫솔 식모공정

력사가 아니라 상생의 공동체로써 관계를 발전시킬 수 있다고
믿고 있다.

창의와 혁신은 씨앤씨 경쟁력의 원천이다. 창의적인 사고와
혁신을 지향하는 행동을 통해 기업역량은 배가될 수 있다. 창
의와 혁신은 사소한 것에서부터 평소 실천을 통해 길러진다.
일상에서의 실수를 격려하고 생각 차이에 문제의 해답이 있다
는 생각으로, 그리고 '왜'라는 질문으로 받아들이는 것이 씨앤
씨의 기업문화다.

씨앤씨의 비전을 한 문장으로 정리하면 '고객을 위한 better
first'이다. OEM 기업으로 성장하는데 전 직원이 함께 공유하

치간칫솔 제조설비

고 있는 사명 역시 '더 나은 품질'로 '더 좋은 가격'에 '더 빠른 납기'로 고객에 제공돼야 한다는 점이다.

자기 브랜드가 없는 OEM 제조업체는 브랜드 이미지가 아닌 품질, 가격, 납기 등 고객이 지각할 수 있는 실체적인 것으로 평가받는다. OEM 업체에 있어 품질, 가격, 납기는 인체 오감과도 같은 역할을 한다.

씨앤씨는 '2025년 글로벌 TOP 3 구강 용품 OEM 기업'이 되겠다는 목표를 갖고 있다. 구강 용품의 글로벌 OEM 시장은 PB 제품 확산으로 매년 5% 이상 성장을 지속하고 있다. 선진국에 이어 중국 등 신흥국 유통업체가 빠른 성장을 하고 있어 향후 PB 상품과 OEM 시장 규모는 가파른 성장을 이어갈 것으로 예상된다.

씨앤씨는 앵커리스 칫솔 노하우를 적극적으로 활용해 글로벌 OEM 시장에서 경쟁우위를 이어갈 계획이다. 또 칫솔과 균형을 이룰 수 있는 다른 OEM 제품으로 치약을 육성해 매출 비중을 2020년 30%까지 확대시킬 계획이다. 유기농 천연치약과 치아미백 기능을 강화한 신제품 치약은 2020년 구강 용품 매출 목표인 500억 원을 달성하는데 중요한 역할을 할 제품들이다.

한헌수 총장

숭실대학교

한헌수 총장

학력
1981 숭실대학교 전자공학 졸업
1983 연세대학교 대학원 전자공학 석사
2003 남가주대학교(서던 캘리포니아 대학교) 전자공학 박사

경력
2008~2013 숭실대학교 로봇연구소장
2012~2016 숭실대학교 IT대학장
2013~現 숭실대학교 총장
　　　　 숭실사이버대학교 총장
　　　　 안익태기념재단 이사장
2015~現 통일한국세움재단 이사
　　　　 한국대학봉사협의회 회장

상훈
2011 청도시과학기술상(중국 산동성 청도시)
2013 대한민국 참교육대상(㈔한국언론인연합회)
2015 한국교회 자랑스러운 지도자상(한국기독교총연합회)
　　　 한국의 영향력 있는 CEO 대상(TV조선)

통일시대 통일대학
SSU 숭실대학교
Soongsil University

21세기를 이끄는 통일시대 통일대학

한헌수 숭실대학교 총장은 2013년 취임 후 숭실 제3창학의 비전을 선포했다. 통일한국을 이루기 위한 통일시대 통일대학 숭실의 사명을 밝힌 것이다.

숭실의 사명은 숭실의 역사에 기초한다. 숭실대학교는 1897년 미국인 선교사 베어드 박사에 의해 설립됐다. 제1의 창학을 통해 기독교적 가치와 민족애를 바탕으로 새로운 근대 교육의 길을 연 것이다. 제2의 창학은 1938년 신사참배 거부 후 폐교된 숭실대학교가 서울에 재건된 1954년부터 시작된다. 종합대학으로 발전기반을 확보한 숭실대학교는 6.25 동족상잔의 비극으로 초토화된 조국의 현실 속에서 민족 치유와 고등교육 보편화의 길을 여는데 복무했다.

이제 숭실은 제3의 창학을 통해 새로운 시대를 열어가고자 한다. 바로 통일시대를 대비한 교육으로 통일시대를 이끌 지도자급 인재를 양성하는 것이다. 민족의 통일은 숭실의 사명이자 온 겨레의 소원이다. 한헌수 총장은 "통일이야 말로 세계의 중심으로 도약하기 위한 가장 큰 국가발전의 원동력이며 국제 경쟁력의 원천이기에 숭실의 교육가치와 비전은 통일을 향한다"고 강조한다.

정부 손잡고 통일 대비 교육 앞장

숭실대학교는 서울에서 대학을 재건한 지 60년이 된 2014년 '통일시대 통일대학'을 선포하고 인재상을 '통일시대 창의적 리더 육성'으로 재정립했다. 2014년 3월 국내 최초로 통일부와 MOU를 체결하며 통일 교육의 기반을 다졌다. 통일을 직접 겪을 미래세대인 대학생들에게 통일교육과 통일의식 함양이 중요하다는 인식을 같이 한 결과다.

숭실대학교의 적극적인 통일교육은 다른 대학에서 볼 수 없던 행보다. 통일교육 특성화 사업의 일환으로 2014년 1학기에 개설한 '한반도 평화와 통일'(1학점)은 신입생 1600여 명을 대상으로 한 교양필수과목이다. 전·현직 통일부, 외교부 장관 등 통일 분야 전문가들이 강사로 초빙 돼 팀티칭 방식으로 강의했다. 류길재 당시 통일부 장관이 초청돼 직접 강사로 나서기도 했다.

2014년 4월 학술·연구기관인 숭실평화통일연구원의 개원은 통일세대를 육성하는 숭실대학교의 또 다른 노력의 산물이다. 숭실대 서울재건 60주년을 맞아 출범한 숭실평화통일연구원은 기존의 통일 관련 연구들과 차별화된 연구를 지향하며 분단이 야기한 문제들을 규명하고 이를 해결하기 위한 교육과

한헌수 총장(왼쪽)이 류길재 전 통일부 장관(오른쪽)과 협약서를 들고 있다.

연구, 실천적 봉사활동을 동시에 수행한다. 앞으로 민간주도
통일교육 운동의 새로운 중심으로 자리매김하며 국내·외적으
로 독보적인 통일연구의 싱크탱크로 발전해 나갈 계획이다.

숭실평화통일연구원 산하의 기독교통일지도자훈련센터는
매년 목회자 통일 준비 포럼도 개최한다. 기독교계의 통일지
도자를 양성하겠다는 비전을 가지고 통일 준비 포럼을 비롯한
교회 중직자 통일 교육, 기독청년 통일캠프, 기독교통일지도
자학 석·박사과정 등의 사업을 계속 이어갈 예정이다.

숭실대학교가 생각하는 통일은 지리적, 사회적, 물리적 하

숭실대 118주년 개교기념예배에서 한헌수 총장이 기념사를 하고 있다.

나뉨을 넘어 전 세계 한민족 디아스포라가 하나되는 온전한 통일이다. 이를 위해 기독교적 가치관을 바탕으로 그 역할을 감당할 수 있는 이 시대의 참지도자, 선도자First Mover를 키우는 것이 숭실의 사명인 셈이다.

2015년 1학기부터 숭실대는 앞서 개설했던 '한반도 평화와 통일' 교양필수과목에 합숙캠프를 결합한 '숭실통일리더십스 쿨'을 시작했다. 신입생을 대상으로 한 이 캠프는 2014년 10월 경북 문경에 개원한 숭실통일리더십연수원에서 진행되고 있다. 통일캠프 참가 학생들은 다가올 통일시대를 준비하고 통일 이후 민족번영을 선도할 '통일시대의 창의적 리더'로서 소양을 기르게 된다. 특히 통일 리더십 인증제를 도입, 3학년까지 관련 과목 우수 이수자에게는 소정의 장학금을 지원하는 방안도 찾고 있다. 통일된 조국의 중심지가 될 경북 문경시에 세워진 숭실통일리더십연수원은 본교 학생 뿐 아니라 우리 나라 초·중·고등학생 및 국내·외 전 국민을 대상으로 연중 무휴 통일교육이 가능한 통일교육의 베이스 기지로 운영된다. 통일 시대를 이끌 창의적 지도자들을 지속적으로 육성하겠다는 야심찬 계획이다.

통일캠프는 크게 4가지의 리더십 육성에 초점을 둔다. 우선 평화의 리더 과정에서 탈북자 강연, 대화 등을 통해 민족공동체의식과 민주평화통일의식을 함양하고, 동행의 리더 과정에서는 통일시대의 리더가 갖추어야 할 소통 능력과 통합적 지도력을 배양한다. 그리고 창의의 리더 과정은 통일시대 다양한 상황을 극복하기 위한 창의적 문제해결력을 신장시키고 마지막 비전의 리더 과정에서는 통일 시대 나의 비전을 설정하고, 세계를 품는 구체적 미래를 설계한다.

이미 언급한 바와 같이 통일교육의 대상은 숭실대 재학생에만 국한되지 않는다. 꿈나무·통일 드림 캠프(초,중,고), 청소년

한헌수 총장이(뒷줄 오른쪽 네번째) 통일부 감사패를 수상한 후, 기념사진을 찍고 있다.

통일 멘토링 과정(교사), 청년통일리더십 캠프 및 대학생 통일 포럼, 통일 공동체 시민스쿨(통일 공동체 체험과정), 한민족·해외동포민족공동체 스쿨, 디아스포라 통일 캠프, 한반도 평화통일 체험과정, 크리스천 통일 비전캠프, 크리스천 통일포럼 등 많은 프로그램이 대상별 맞춤식으로 운영될 예정이다.

더불어 지난 2015년 5월 출범한 (재)통일한국세움재단은 숭실대학교의 통일 교육을 재정적으로 지원하고 남북 간의 평화적 통일에 관한 연구들을 수행하는 등 학술지원에 힘쓰고 있다. 재단이 수행하는 세부 사업으로는 △숭실평화통일연구원의 연구활동, 학술교류, 국제세미나 지원사업 △숭실통일리더십연수원의 학생 통일교육 지원사업 △국내·외 청년학생 통일연수 및 교육사업 등이 있다. 전국민을 대상으로 제1회 통일노래 및 UCC 공모전을 주최하여 통일을 염원하는 노래와 다채로운 형식의 UCC 수상작을 발표하기도 하였다.

향후 숭실대학교는 사명감으로 매진하고 있는 통일 관련 연구와 교육이 국가적 차원의 교육정책사업으로 발전·승화되길 기대하고 있다. 통일시대를 구체적으로 대비하는 새로운 시민의식 함양과 통일시대를 이끌 리더십 교육의 새로운 패러다임 전환의 이정표를 제시하는 것이 통일을 향한 숭실대의 비전이다.

외부평가로 인정받은 일류대학

통일 교육 이외에도 숭실대학교는 2015년 다양한 성과를 거두었다. 손꼽을 만한 것은 교육부 대학구조개혁평가에서 최우수 등급인 A등급을 받은 것이다. 평가지표 중 학생의 학습역량 지원 및 평가와 졸업생 취업률 부문 만점과 4개 영역 12개 분야 전 부문에서 높은 성적을 획득했다. 동아일보와 채널A가 딜로이트 컨설팅과 함께 실시한 '2015 청년드림 대학평가'에

조만식 기념관(왼쪽)과 웨스트민스터홀(오른쪽)

서도 우수대학으로 선정되었다.

숭실대학교는 학생의 눈높이에 맞는 취업역량 프로그램을 운영하고 취업 지원 인프라를 갖춘 대학으로 평가받고 있다. 학교 내 경력개발센터는 취업활성화를 위한 다양한 프로그램 과정과 고시반을 운영하고 있으며 2015년 공인회계사$_{CPA}$ 합격자 22명을 배출하여 전국 대학 중 13위를 기록했다.

숭실대학교는 2015년도에 고교 교육 정상화 기여대학에 2년 연속 선정되는 쾌거도 이루었다. 학교 교육 중심의 전형 운영 및 고른 전형기회 확대를 위해 노력한 결과 바람직한 전형을 운영하는 대학으로 선정되어 총 8억 6,000만원을 지원받는다.

숭실대는 2020년 국내 10위 명문대학으로 도약하기 위한 로드맵 'Soongsil Vision 2020+'를 구축했다. 이를 위해 교육 및 지원체계의 선진화, 국내 10위 수준의 연구 성과 창출, 국내 최고 수준의 국제화, 졸업생 선호 10위 이내 평판도 등을 전략과제로 삼고 추진 중이다.

2008년부터 2013년까지 교육부 대학교육 역량강화사업을 통해 학부교육의 발전환경을 조성했으며 2013년 총장 취임 후 교육철학과 인재상을 재정립하고 전략 방향을 구축했다. 통일 시대 창의적 리더 육성을 위한 교육 및 지원체계 선진화, 융합과 특성화를 통한 대학브랜드 가치 제고, 연구 및 산학협력 성과 극대화 등 7대 발전전략을 선정하여 '통일한국의 시대정신을 이끄는 명문대학'으로 발돋움하기 위해 힘쓰고 있다.

다문화시대 맞춤형 교육과 창의교육 모델

숭실대학교는 앞으로 전개될 60년은 어떤 사회일지, 그리고 그 사회를 이끌어 갈 리더십은 어떠해야 할지 항상 고민 한다. 통일이 되면 다민족·다문화 사회가 형성되고 다양한 문화들이 충돌하거나 통합될 것이기 때문이다.

통일 시대는 새로운 시대이다. 그렇기 때문에 새로운 시대에 맞는 또 다른 리더십을 생각할 수밖에 없다. 숭실대는 통합과 화합을 선도하며 창의적 아이디어를 지닌 지도자급 인재를 배출해내고자 노력하고 있다. 이에 따라 필요한 전공을 크게 △IT 기반 제조 △중소기업 기반 통상과 경영 △복지중심 행정과 법서비스 △문화 등의 분야로 범주화하고 이 4가지 주요 분야에 초점을 맞춰 교육해 나갈 계획이다.

전반적인 사회 풍토는 문화에 의해 결정되기 때문에 사회를 이끌어가는 리더들이 풍부한 문화적 자질을 갖추는 것이 중요하다. 이와 관련해 숭실대는 2015년부터 영화예술학과를 신설하고 학생 개개인을 스토리텔러로 키우고 있다. 영화학과가 살아남기 어려운 시대에 학과신설은 흐름의 역행으로 보일 수도 있다. 하지만 그만큼 숭실대의 목적은 확고하다. 스튜디오는 물론 제작에 필요한 장비의 전폭적인 지원과 현장 중심의 제작교육을 통해 학생들의 역량을 십분 발휘할 수 있는 환경을 제공하고 있다.

숭실대는 또 캠퍼스 문화 공간 확충을 위해 지자체 및 외부기관들과 공동으로 도심 근린공원을 아우르는 문화공간을 건립하는 방안을 논의하고 있다. 궁극적으로는 독특한 볼거리가 있고 시민들도 누구나 와서 즐길 수 있는 캠퍼스로의 탈바꿈

한헌수 총장(오른쪽 두번째)이 심영복 총동문회장(왼쪽 첫번째) 및 동문들과 함께 숭실대 한국기독교박물관을 둘러보고 있다.

하는 것이 목표다. 학생들이 새로운 것을 보고 "저런 것도 있구나"라고 생각하는 자체가 창의적 사고의 시발점이며 대학은 국민의 공기公器로 누구에게나 열린 공간이어야 한다는 철학이다.

한헌수 총장은 숭실대학교가 나아갈 방향으로 '대한민국 창의교육의 모델'을 꿈꾼다. 대학에 진학하는 학생들은 12년 동안 주입식 교육을 받아 왔다. 자신이 생각해서 정리하고 새로운 것을 만들어내는 교육을 받아본 적이 거의 없다. 이에 1학년 때부터 사고의 틀을 바꾸는 훈련을 시키고자 숭실대는 다양한 교육방법을 준비하고 있다. 스스로 문제점을 발굴해내고 체계화해 타인에게 설명하고, 타인의 의견을 들으면서 종합해내는 사고의 훈련을 집중적으로 하는 커리큘럼을 개발하고 있다. 또한 대부분의 대학들이 그러하듯 우리 대학 교수들도 창의적 교육과 토론식 교육에 익숙치 않다. 따라서 교수들이 최소한 3년에 한 번 정도는 창의적 교육 참여를 의무화할 수 있도록 제도를 마련하고 있다.

글로벌 인재육성과 교육영토의 확장

숭실대학교는 융합형 글로벌 인재 양성을 위해 글로벌 교육프로그램을 운영하고 있다. 현재 56개국 270개 해외대학과 인프라를 구축하고 매학기 10여개 이상의 프로그램을 운영 중이다.

한국 대학최초로 시작한 '7+1 프로그램'은 글로벌 교육의 핵심으로 사회에서 요구하는 국제적 감각과 실용적 능력을 갖춘 인재 양성에 목표를 두고 있다. 전체 8학기 중 7학기는 교내 수업으로 전문적인 이론지식을 습득하고 나머지 1학기는 해외봉사, 현장실습, 해외연수에 참여해 학점을 취득한다.

현장실습 활동으로는 자신의 전공과 흥미에 적합한 기업을

한-베 교육협력 국제 컨퍼런스 및 베트남 동문회 창립총회를 개최했다.

선택해 인턴으로 참여할 수 있다. 미국, 캐나다, 호주 등 해외의 기업에서도 전공과 연계된 실무적인 경험을 할 수 있다는 장점이 있다. 경험도 쌓고 학점도 취득하는 일석이조 프로그램이다.

국내 봉사와 더불어 매년 라오스, 캄보디아 등으로 떠나는 장·단기 해외봉사활동과 아울러 국제협력팀이 시행하는 교환학생 제도와 경력개발센터가 진행하는 해외연수프로그램이 있다. Soongsil Honors Program$_{SHP}$ 등 교환학생 프로그램과 복수학위 프로그램이 이에 해당된다. SHP는 '숭실 엘리트' 양성을 목적으로 만들었으며 본 프로그램으로 선발된 학생은 세계 명문대학에서 최대 1년 간 수학하는 기회를 제공받는다. 복수 학위 프로그램 역시 본교와 해외대학의 학위를 동시에 취득할 수 있는 프로그램이다.

또한, SIA_{Soongsil International Ambassador}와 SISO_{Soongsil International Student Organization} 프로그램은 학생들이 국내에서 실제 외국인과의 경험을 통해 글로벌 능력을 향상시킬 수 있도록 돕는다. SIA는 학생외교프로그램으로 숭실대를 방문하는 해외대학, 기관 관계자의 의전을 담당하며 SISO는 숭실대 외국인 교환학생이 원활한 학교생활을 할 수 있도록 돕는 프로그램이다.

숭실대학교는 평양 캠퍼스 복원의 큰 꿈을 가지고 있다. 1938년 일제의 신사참배에 맞서 자진 폐교한 숭실대의 뿌리가 바로 평양이기 때문이다. 한헌수 총장은 최근 방북을 통해 다양한 구상을 하고 돌아왔다. 교육과 의료가 함께 펼쳐질 수 있는 숭실대학교 캠퍼스로의 확장을 꿈꾸는 것이다. 이번 평양 방문은 평양과학기술대를 이끌고 있는 김진경 총장 주최의 국제 심포지엄 참석차 이뤄졌다. 평양과기대는 외국어에 능숙한 공학과 비즈니스전문가 육성을 위해 설립된 북한의 유일한 사립대학이다. 김진경 총장도 숭실대 재건 1회 졸업생(1954년

2016학년도 입학식에서 한헌수 총장이 신입생들에게 강의를 하고 있다.

서울 숭실 캠퍼스 첫 입학자)이기 때문에 두 대학이 함께 다양한 사업을 추진할 수 있기를 기대한다.

또한 숭실대는 국내 최초로 대한민국 교육영토의 확장을 도모한다. 중국의 연변과학기술대 합작 운영이 바로 그것이다. 가칭 숭실 연변과학 기술대학을 물류·금융·ICT 분야를 선도하는 동북아 중심대학으로 발전시키며 북한 접경지역의 산업발전을 주도할 인재를 배출해 나갈 계획이다. 특히 중국의 연변을 포함한 동북삼성 지역산업과 연계한 특성화학과를 중점육성하고 한·중·영 3개 국어 교육을 강화하여 통일시대에 걸맞는

한반도 화해 평화통일포럼에 한헌수 총장이 발제자로 참석했다.

창의적 리더를 육성하며 다가올 통일의 날을 위해 적극적이고 구체적으로 대비해 나간다는 것이다.

숭실대학교는 학생에게 미래를 준비하는 힘을 키워주는 대학이다. 자신의 역량은 물론 시대를 읽어내는 눈과 더불어 어떠한 환경 속에서도 창의적 문제 해결 능력을 발휘할 수 있도록 교육하는 대학이라 자부한다. 한국 최초의 대학 숭실대학교는 다가오는 시대가 통일시대임을 꿰뚫어 보고 이를 위해 구체적으로 준비하며 구비된 유능한 지도자, 대한민국과 지구촌을 이끌어 갈 창의적 리더를 계속하여 육성함으로 국가와 세계에 기여하고자 한다.

1897년 창학 이래로 민족과 함께 겨레와 함께 울고 웃으며 119년을 힘차게 달려온 숭실대학교는 통일시대 통일대학의 사명을 가지고 진리와 봉사를 세계로 펼쳐나가는 오직 하나뿐인 바로 그 대학으로 우뚝 서 나갈 것이다.

세계를 품다 2016

초판 1쇄 2016년 4월 26일

지은이 글로벌 리더 선정자 30인
출판 기획 및 엮은이 서희철
펴낸이 전호림 **제1편집장** 고원상 **펴낸곳** 매경출판㈜
등 록 2003년 4월 24일(No. 2 - 3759)
주 소 우)04557 서울시 중구 충무로 2(필동1가) 매일경제 별관 2층 매경출판㈜
홈페이지 www.mkbook.co.kr
전 화 02)2000 - 2610(기획편집) 02)2000 - 2636(마케팅) 02)2000 - 2606(구입 문의)
팩 스 02)2000 - 2609 **이메일** publish@mk.co.kr
인쇄 · 제본 ㈜M - print 031)8071 - 0961

ISBN 979 - 11 - 5542 - 459 - 9(03320)
값 32,000원